司法学研究丛书

主编：崔永东

本书出版受到上海市教委重大创新计划项目
"司法学基础理论研究与学科体系构建"资助

以审判为中心的诉讼制度改革研究

YI SHENPAN WEI ZHONGXIN DE
SUSONG ZHIDU GAIGE YANJIU

崔永东 主编

人民出版社

司法学研究丛书编委会名单

司法改革的战略战术(代序)

崔永东*

司法改革既有"战术"问题,也有"战略"问题。前者是一种具体的制度、方针和方法,后者则是一种宏观设计和整体思路。有什么样的战略,就会有什么样的战术,战略决定战术。战略是一种抽象的、形而上的东西,战术则是具体的、形而下的东西。在战略和战术之间,还有一个中间环节,即可以称之为"战策"的东西,是一种将战略转化为战术的对策或策略。

司法改革的战略无疑以人道主义为价值依归,强调重视人的尊严、肯定人的价值、尊重人的自由。为了实现这一基本战略,在战策上需要坚持保权(保护人权)、限权(限制公权力)和放权(将司法权放归于一线办案人员)的策略,并在具体战术上强调权责统一、便民利民、强化监督等。

上海的司法改革正是体现了上述特点。首先,在战略层面上,上海司法改革坚持了人道主义导向。其次,在战策层面上,上海司法改革坚持了保权、限权和放权的三位一体。最后,在战术层面上,上海司法改革坚持了权责统一、便民利民、监督惩戒的结合。

打开一本由上海市高级人民法院前院长崔亚东主编的《上海法

---

* 崔永东,华东政法大学司法学研究院院长,教授、博士生导师。

院司法改革》,我们就能清晰地看到上海法院司法改革的战略和战术。该书的前言强调,上海法院司法改革的总目标是"加快建设公正高效权威的社会主义司法制度,维护人民权益,实现让人民群众在每一个司法案件中都感受到公平正义"①。这实际上是对上海法院司法改革总体战略的一种表述。

在司法改革的战术上,该书认为,司法改革的诸种举措,旨在解决如下问题:一是审判权力运行机制存在的行政化问题,二是队伍管理体制、机制不完善的问题,三是法官职业保障不到位的问题,四是人权司法保障制度不健全的问题,五是法律适用不统一的问题。② 为此,上海法院进行了如下改革:一是落实司法责任制,建立符合司法规律的审判权力运行机制;二是全面推进人员分类管理改革,建立符合司法职业特点的人员分类管理制度;三是建立符合法官职业特点的职业保障制度,增强法官的职业尊荣感;四是建立法官单独职务序列,促进法官正规化、专业化、职业化;五是推进全市人财物统一管理,保障法院依法独立公正行使审判权;六是推进以审判为中心的诉讼制度改革,有效防范冤假错案;七是推进立案登记制改革,全力破解立案难;八是推进执行体制改革,全力破解"执行难";九是全面推进诉讼服务改革,实现诉讼服务全方位、全天候、零距离、无障碍;十是推进"阳光司法"建设,让正义以看得见的方式实现;十一是推进多元化纠纷解决机制改革,满足人民群众多元化诉讼需求;十二是推进实施大数据战略,建设"数据法院""智慧法院"等。③ 上述改革举措可以说是对司法改革"战术"的展示,它是司法改革战略的具体化和实践化。

如果借用中国传统哲学术语,司法改革的战略属于"道",司法改革的战术属于"器",道高于器,又在器中,战略高于战术,又在战术之

---

① 崔亚东主编:《上海法院司法改革》,人民法院出版社 2018 年版,第 2 页。
② 参见崔亚东主编:《上海法院司法改革》,人民法院出版社 2018 年版,第 74—79 页。
③ 参见崔亚东主编:《上海法院司法改革》,人民法院出版社 2018 年版,第 99—243 页。

中,并成为战术的指导或纲领。这就是说,司法改革具有战略意义,因此需要决策者、实施者具备战略思维。只有具备了战略思维,才能站得更高、看得更远,才能将改革措施落实得更加到位、更加深入、更加系统。

　　这本论文集收录了多篇研究上海司法改革的论文,其中既有从司法改革战略层面上进行研究的论文,也有从战术、战策方面聚焦司法改革的论文,研究了上海地区司法改革的实践,总结了相关的经验,见仁见智、各抒己见,多有创获。今天重读这些文章,仍然发人深省,在体会司改成果来之不易的同时,也对下一步深化司法改革充满了信心和期待!

目　录

第 一 部 分

"审判中心主义"影响下的司法改革研究

推进以审判为中心的诉讼制度改革

——现实困境与路径选择

罗开卷*

党的十八届四中全会提出"推进以审判为中心的诉讼制度改革",这是党从全面推进依法治国,加快建设社会主义法治国家,坚持严格司法,确保刑事司法公正的现实需要和长远考虑所作出的重大改革部署。改革需要坚持问题导向。将从根本上解决制约司法公正、体现不以审判为中心的问题和弊端,作为推进以审判为中心的诉讼制度改革的出发点和落脚点。这些问题和弊端,就是改革面临的现实困境。正视现实困境,选择正确路径积极稳妥推进,才会取得实效。

一、推进以审判为中心的诉讼制度改革面临的现实困境

推进此项改革面临的现实困境,即当前诉讼中存在的问题和弊端,概括起来主要表现在以下六个方面:

(一) 在司法理念方面的表现

1.疑罪从无理念有待加强。实践中,对于证据存在较大疑点的案件,特别是因证据问题"定放两难"的案件,依法作出因证据不足而宣告无罪的判决,仍然存在很大难度。

---

* 罗开卷,工作单位:上海市高级人民法院。

2.庭审中心理念有待加强。习惯于开庭前后以书面审查案卷方式解决问题,不真正重视庭审等现象仍然存在。

3.诉辩平等理念有待加强。不能平等对待诉辩双方、对等保护双方权利,对当事人、律师提出事实调查、证人传唤等请求、对律师提出的问题和意见重视程度仍有不足。

4.配合制约理念有待加强。公检法之间配合有余制约不足;个别法官角色意识不强,自觉或不自觉地会与公诉机关站在同一角度处理问题,存在迁就起诉、轻视辩护现象。对于侦查、起诉工作中存在的一些瑕疵,如取证、补充调查等方面存在的不足,往往放松要求。

(二) 在庭审方面的表现

1.庭前会议制度尚不完善。庭前会议的召开范围、召开形式、庭前会议的效力、庭前会议与庭审的有效衔接等,都有待明确规定。有的存在庭前会议代替庭审作用的现象。

2.存在庭审虚化现象。主要表现在举证的虚化、质证的虚化、认证的虚化、裁判的虚化等方面,庭前预断、庭后阅卷定案现象仍未彻底改变。

3.庭审能力有待提高。个别人员庭审驾驭能力不强、经验不足,对证人、鉴定人、侦查人员、有专门知识的人出庭,启动非法证据排除,尤其是面对实力派律师出庭,缺乏足够自信,难以有效调控庭审秩序。

4.当庭裁判率有待提高。除简易程序当庭裁判率高、速裁程序需要当庭裁判以外,其他普通程序案件当庭裁判率较低,与庭审实质化提高当庭裁判率的要求尚存差距。

(三) 在证据制度方面的表现

1.四类人员出庭比例不高。尽管新刑事诉讼法对证人、鉴定人、侦查人员、有专门知识的人出庭作证作了较为明确具体的规定,但实践中四类人员出庭比例仍然不高,难以有效贯彻直接言词原则,其中既有出庭积极性不高的原因,也与不出庭作证缺乏有效的法律制裁、证人出庭作证的保护机制、补偿机制不完善有关,还与四类人员出庭会影响诉讼效率、担心证人出庭作证改变证言如何处理等顾虑有关。

2. 非法证据排除程序启动难排除难。尽管新刑事诉讼法规定了非法证据排除制度,但由于缺乏明确、统一的非法证据的认定标准和排除非法证据的可操作性程序细则,实践中非法证据排除程序启动难、排除难依然存在,排除的基本上是"边角料",一般不影响定罪量刑。

3. 技侦证据的转化使用有待进一步落实。由于技侦证据涉及侦查秘密,实践中存在调取难、转化难、使用难,对技侦证据如何转化使用需要进一步明确。

(四) 在辩护制度方面的表现

1. 尊重律师依法履职方面有待加强。个别人员不太重视辩护意见,限制律师发言时间甚至随意打断律师发言,在律师发言时精力不够集中,在裁判文书中对律师辩护意见的采纳与否说理不充分等。

2. 法律援助覆盖面不平衡。自新刑事诉讼法扩大法律援助范围后,刑事辩护率总体而言提高了,但也有为追求诉讼效率而忽视法律援助工作的现象。

3. 少数法律援助质量不高。少数援助律师庭前不会见被告人、庭审辩护质量不高、存在走过场等现象。

(五) 在司法审判标准方面的表现

法律适用不统一、类案不同判现象依然存在,量刑上存在不协调、不平衡问题,部分案件证据标准有待统一等,都影响审判程序法定定案标准的明确。

(六) 在配合制约方面的表现

1. 办案习惯有待进一步规范。取证程序的规范性仍有不足,有的现场勘查笔录不能准确反映现场,有的重要物证下落不明,有的未能及时固定现场录像,给案件的事实认定留下一定隐患。证据保管、保存及移交仍有不足,有的不能将录音录像及时移交给法院,给审判工作带来很大的不便。讯问笔录仍有不足,个别案件存在笔录记载内容与录音录像反映不同的情况。

2. 送所难依然存在。导致法院被迫对被告人继续采取取保候审的强制措施或者将应当判处的实刑改为缓刑,从而不当减轻被告人的刑事责任,未能体现"以审判为中心"。

二、推进以审判为中心的诉讼制度改革的路径选择

推进以审判为中心的诉讼制度改革,是一场事关司法方式改革、职权配置优化乃至诉讼程序重构的革命性变革。① 推进此项改革,需要针对当前诉讼中存在的问题和弊端,从革新理念、推进庭审实质化、强化辩护制度、完善工作机制等方面,积极稳妥地有序推进。

(一) 牢固树立现代司法理念

理念是行动的先导。没有正确的理念指导,制度难以落到实处。实践中,"重打击、轻保护""重实体、轻程序""重配合、轻制约""重审前、轻审判"等传统观念尚未得到有效克服,影响改革的有效推进。只有牢固树立与以审判为中心的诉讼制度相适应的现代司法理念,才能引领改革取得预期的效果。

1. 强化罪刑法定理念。严格落实刑法关于罪刑法定的规定。对于法律明文规定为犯罪行为的,依照法律定罪处罚;对于法律没有明文规定为犯罪行为的,不得定罪处罚。正确把握犯罪的本质特征和犯罪构成的具体要件,严格区分罪与非罪、此罪与彼罪、一罪与数罪,确保定罪准确、量刑适当。严格解释刑法,禁止类推解释,防止作出不利于被告人的扩张解释。

2. 强化人权保障理念。进一步树立惩罚犯罪与保障人权并重的司法理念,防止"重打击、轻保护"。坚决贯彻刑法、刑事诉讼法规定,真正保障有罪的人受到合法公正的审判,确保无罪的人不受刑事追究。

3. 强化程序正义理念。更加重视程序公正的独立价值,树立程序公正与实体公正并重的司法理念,防止"重实体、轻程序"。严格依照法定程序办案,使诉讼各方能够围绕诉辩主张和争议焦点,充分提出证据、发表意见,充分进行交叉询问、辩论,充分发挥举证、质证、认证各环节的作用,真正使诉讼各方有证举在法庭、有理说在法庭。

4. 强化疑罪从无理念。严格落实刑事诉讼法关于疑罪从无的规定,有效防范冤假错案。坚持刑法的谦抑原则,对于证据不足,不能认定被告人有罪

---

① 参见沈德咏:《略论推进以审判为中心的诉讼制度改革》,《中国法学》2015 年第 3 期。

的,应当作出证据不足、指控的犯罪不能成立的无罪判决,绝不能疑罪从轻、疑罪从挂,降格作出"留有余地"的处理。

5. 强化庭审中心理念。庭审是诉讼的中心、审判的重心。推进以审判为中心,关键在于突出庭审尤其是一审庭审的中心地位,推进庭审实质化,防止庭前预断、庭审虚化和庭后阅卷定案。统一庭审规程标准,严格落实直接言词原则、辩论原则、司法中立原则、公开审判原则、集中审理原则,严格规范举证质证程序、法庭辩论程序、法庭认证程序,保证庭审对案件裁判发挥决定性作用。

6. 强化证据裁判理念。证据是裁判的基石。统一证据采纳标准,严格落实证据裁判原则,依法收集、固定、保存、审查、运用证据,区分证据能力和证明力。重视对证据来源的合法性审查,严格排除采用非法方法收集的证据,严格排除不符合法律规范要求的证据,严格执行法律明确规定的证据采纳规则。坚持将在卷证据转化为在案证据,认定案件事实必须以经过法定程序审查认定的证据为根据。严格把握证明标准,认定被告人有罪必须做到证据确实、充分,排除合理怀疑。对于死刑案件,关键事实和证据的认定必须保证"零差错"。

7. 强化诉辩平等理念。坚持居中裁判,规范庭审语言、形象和行为,有效调控庭审秩序,始终做到不偏不倚,切实防止诉辩一方受到不公正待遇,确保诉辩双方地位对等。

8. 强化配合制约理念。全面贯彻宪法和刑事诉讼法关于公检法分工负责、互相配合、互相制约的规定,防止"配合有余、制约不足"。充分发挥审判对侦查、审查起诉活动的制约和引导作用,通过公开公正审理、严格依法裁判,有效防范冤假错案。

(二) 推进庭审实质化

推进以审判为中心,关键在于推进庭审的实质化,防止庭前预断、庭审虚化和庭后阅卷定案。需要重点做好以下几项工作:

1. 确保庭审在保护诉权、认定证据、查明事实、公正裁判中发挥决定性作用,实现诉讼证据质证在法庭、案件事实查明在法庭、诉辩意见发表在法庭、裁判理由形成在法庭。第一,坚持事实调查在法庭,对被告人是否构成犯罪、罪轻、罪重,应当以庭审查明、认定的事实为依据。第二,坚持证据展示在法庭,凡是用来证明定罪量刑的证据都要在法庭进行举证、质证、认证,都要通过庭审来确认,判断证据是否合法、确实、充分。第三,坚持控诉辩护在法庭,平等对待控辩双方,积极引导控辩双方紧紧围绕案件事实、证据和需要解决的争议问题展开调查、辩论,做到不偏不倚、居中裁判。第四,坚持裁判说理在法庭,不但要把事实认定、证据采信、法律适用、定罪量刑的依据和理由说清楚、说透彻,而且要对控辩双方的意见一一作出合法、合理的评判,把是否采纳的情况和理由说明白。

当前,推进庭审的实质化,需要改革庭审方式,统一庭审规程标准,严格落实直接言词原则,严格规范举证质证程序、法庭辩论程序和法庭认证程序,不断提高庭审质量和效率。实践中,要把不认罪和认罪后又翻供的案件作为推进庭审实质化的重点,最大限度防范冤假错案发生。

2. 规范庭前会议制度。推进庭审实质化不是搞程序繁琐主义,而是要充分发挥庭前会议功能,解决回避申请、出庭证人名单、非法证据排除等程序性事项,了解控辩双方争议焦点,明确庭审范围和重点,确保庭审集中、高效、有序开展。庭前会议不是庭审的必经程序,防止庭前会议代替庭审的作用。实践中,需要进一步完善庭前会议程序和实施细则,明确庭前会议与庭审关系。

3. 做好四类人员出庭作证工作。庭审流于形式与证人、鉴定人出庭难存在很大关联。受"厌讼、厌证"等传统文化的影响,加上法律意识淡薄,证人、鉴定人缺乏出庭作证的积极性和主动性。目前出庭作证的保障机制和保护机制尚不完善,特别是出于担心打击报复等顾虑,证人、鉴定人往往不愿意甚至不敢出庭作证。证人、鉴定人出庭难、作证难,直接言词原则就无法贯彻,庭审走过场就难以扭转。

推进庭审的实质化,首先必须落实证人、鉴定人出庭作证制度,着力提升证人、鉴定人出庭率,保障当事人的质证权。当前,对人民法院认为有必要出庭的证人、鉴定人,即对证人、鉴定人不出庭难以认定犯罪事实的案件,只要控辩双方提出申请,原则上应当通知证人、鉴定人出庭,并力争使证人、鉴定人都能够出庭作证。当然,要积极协调检察、公安机关及相关部门,探索建立证人出庭补偿、证人保护和强制证人出庭作证制度,完善证人、鉴定人出庭制度。要采取设置法庭专用通道、不公开个人信息、遮挡容貌、变声处理、视频作证等出庭作证保护措施,消除证人、鉴定人对出庭作证的顾虑。

其次,根据《刑事诉讼法》的相关规定,要采取有效措施落实有专门知识的人出庭接受交叉询问,保障当事人的质证权。具体措施上,可参照关于鉴定人出庭作证的规定。

最后,稳步推进侦查人员出庭。为查明案件中取证的合法性,积极协调检察、公安机关,必要时通知侦查人员出庭说明情况,或者就其执行职务时目击的犯罪情况作为证人出庭作证,做好侦查人员的保护工作。对特定情况的案件采取出庭作证保护措施。对从事密侦工作的侦查人员,不以公开方式出庭。必要的话,配合检察、公安机关探索侦查人员出庭培训工作。

4. 全面贯彻落实证据裁判规则。证据是诉讼的灵魂,对于保证办案质量、实现司法公正具有关键作用。要牢固树立证据意识,严格遵守证据规则,始终坚持全面客观审查证据与坚决依法排除非法证据并重,确保定罪量刑的事实都有证据证明,据以定案的证据均经法定程序审查属实并且排除合理怀疑,确保案件的每一起事实都经得起证明,每一个节点都经得起推敲,努力做到证据在"量"上充足,在"质"上过硬,使办理的每一起案件都经得起法律、历史和人民的检验。一是必须落实非法证据排除制度。党的十八届四中全会《中共中央关于全面推进依法治国若干重大问题的决定》也明确提出,要健全落实非法证据排除法律原则的法律制度。刑讯逼供、非法取证是冤假错案的罪魁祸首。只有在刑事诉讼特别是审判程序依法排除非法证据,才能倒逼侦查机关按照审判程序的要求规范取证行为,有效防范冤假错案,加强人权司法保障。尽管刑事诉讼法对非法证据排除程序作了全面规定,但由于缺乏明确、统一的非法证据的认定标准和排除非法证据的可操作性程序细则,导致非法证据排除制度难以发挥真正实效。严格落实非法证据排除制度,需要在实践中研究探索非法证据排除的统一司法标准,依法保障被告人及其辩护人申请排除非法证据的权利,对被告人及其辩护人提出排除非法证据的申请,只要符合法定条件的,都要及时启动程序进行调查。对经过法庭质证,确认或者不能排除存在以非法方法收集证据情形的,对有关证据应当排除,不得作为定案的根据。重大刑事案件的审理,应当将证据的合法性审查列为必须评议事项。还要敢于依法排除非法证据,不断健全具有可操作性的排除非法证据的程序细则。

二是规范技侦证据调取、转换和使用。积极协调检察、公安机关,完善工作机制,明确技侦证据范围和调取、移送程序。对于作为证据使用的技侦材料,公诉人应向法庭出示,依法经过辨认、质证等法庭调查程序。对于依法不可公开使用的技侦证据,庭外进行核实。应注重技侦证据与其他证据的有效衔接,提高技侦证据的证明力。加强技侦证据的保管和保密,不得暴露有关人员身份、技术侦查实施过程和方法。

三是严格落实全面审查原则。全面审查证据材料,既要重视对被告人的有罪指控和有罪证据,也要重视辩护人对被告人无罪、罪轻的辩护和被告人的辩解,真正做到兼听则明。加强对被告人供述、关键证据、疑点证据的审查与判断。对被告人及辩护人提供的重要证据线索,本人无法调取的,应当依职权调取,确保不遗漏重要证据。

此外,要完善证据制度,研究探索对被告人认罪与否、罪行轻重、案情难易等不同类型案件,实行差异化证明标准。

(三) 强化辩护制度

我国当前的庭审,是"等腰三角形"的控辩平等对抗、法官居中裁判的诉讼模式。因此,推进庭审实质化,必然要求强化辩护制度,实现控辩双方平等武装、平等对抗。只有通过平等对抗,才能更好地促进刑事审判的程序公正与实体公正。然而,受多种因素影响,刑事审判阶段辩护人参与案件的比例即刑事辩护率一直不高,一定程度上影响辩护职能的充分发挥,直接关系到被告人诉讼权利的实现程度以及审判公正的指数。因此,依法充分保障被告人获得律师帮助权,确保被告人有效、完整行使自我辩护权显得尤为重要。

1. 大力推进刑事法律援助,提高刑事辩护率

实践中,委托辩护受被告人的需求程度、经济状况、案情轻重、事实是否清楚等多种因素的影响,一般情况下,被告人的需求程度越高、经济状况越好、案情越重、事实越不清等,委托辩护率往往会越高,反之亦然。因此,一定时期的委托辩护率相对比较恒定。据统计,刑事案件的委托辩护率仅 30% 左右,也就意味着 70% 左右的被告人得不到律师的帮助。而多数被告人受限于专业、能力、技巧和条件,难以有效、完整行使自我辩护权。因此,强化辩护制度的理想状态,首先应该是当被告人无力聘请律师时,能够轻易地从国家获得承担援助义务的律师的帮助,从而确保其始终能够获得律师辩护,使委托辩护率与刑

事法律援助的辩护率之和趋近 100%。由上可知,提高刑事辩护率的关键在于借助外部力量,即加大法律援助力度,提高指定辩护率。

当然,实践中刑事法律援助还存在覆盖面不平衡、部分辩护质量不高、快速衔接机制有待健全、刑事法律援助工作有待规范等问题,对此,需要进一步强化人权保障理念,充分认识到律师在查明案件事实、正确适用法律、提高办案质量中的重要作用;要进一步兼顾权利保障与诉讼效率、法律援助数量与质量的关系,既要在尽量做好法律援助确保案件质量的前提下努力提高办案效率,又要在提高指定辩护率的同时相应地提高法律援助律师的辩护质量,实现保障人权、强化程序正义、实现司法公正的目的;要进一步强化权利告知,及时、全面告知被告人有权申请法律援助以及申请法律援助的条件和程序,在确保繁案精审、简案快审的前提下,充分保障未委托辩护人的被告人的辩护权;要进一步完善刑事法律援助工作机制,如建立健全"一案一评"监督考核机制,定期通报法律援助工作情况,建立刑事法律援助律师名册和培训机制,提升刑事法律援助质量;需要进一步加强与司法行政部门和法律援助中心的沟通、协调,及时向法律援助中心反馈指定辩护人信息,缩短指定辩护程序的时间,实现与法律援助中心无缝对接;要协助建立律师值班制度等。

2. 尊重和保障辩护律师依法履职

实践中,对辩护律师的权利保障仍然存在不充分、不彻底的现象。对此,需要依法充分保障辩护律师对案件进程知情权、阅卷权、调查取证权、参加庭审的权利。依法保障辩护律师充分行使发问、质证、辩论、陈述意见等诉讼权利。认真听取、积极回应辩护意见,实现诉辩意见发表在法庭,充分发挥辩护律师在实现司法公正、防范冤假错案中的重要作用。

依法保障辩护律师的诉讼权利,重视辩护律师的意见和作用,一方面能兼听则明,确保司法公正;另一方面,当辩护律师和公诉人对抗性真正增强时,就会倒逼公诉人提高工作质量。因此,司法机关要创造条件,尊重和保障律师依法履职。尤其要把同等对待控辩双方做实做细做到位,尽量为控辩双方信息对称创造条件,确保控辩双方平等对抗。只有诉辩双方信息对称,才可能形成有效对抗,"等腰三角形"的控辩平等对抗、法官居中裁判的诉讼结构才会真正形成。

3. 为确保被告人有效、完整行使自我辩护权提供方便和条件

庭审中应依法充分保障被告人的各项诉讼权利,切实维护被告人的合法权益。鉴于多数被告人自我辩护不强甚至缺失的现实,司法机关有必要为被告人有效、完整行使自我辩护权提供方便和条件,如庭审时可以考虑在不影响安全的情况下给被告人笔和纸张,便于被告人记载和发表辩护意见。至于有学者提出让被告人庭前阅卷,便于行使辩护权,由于欠缺法律的明确规定,难以有效推行。根据新刑事诉讼法的规定,辩护律师会见被告人时有权核实相关证据。对此,只要是依法进行的,就应当允许。当然,被告人也会因此而进一步了解涉案事实、辨明法律适用,从而为充分行使自我辩护权奠定基础。①

(四) 完善"以审判为中心"的工作机制

推动建立以审判为中心的诉讼制度,需要完善工作机制,确保诉讼活动、办案标准、审判资源分配、审判权力运行等体现"以审判为中心"。

1. 完善繁简分流制度

简易案件简化处理,是世界各国的通行做法。实现案件的繁简分流,确保繁案精审、简案快审,有利于节约司法资源,有效解决案多人少突出矛盾,也有利于将更多的司法资源用于重大复杂疑难案件,为推进庭审实质化创造有利条件。要依法扩大简易程序适用范围,尽可能缩短审理期限;继续深入开展刑事速裁试点工作,推动完善相关立法,让速裁程序进一步提速增效。

2. 积极探索认罪认罚从宽制度

党的十八届四中全会《决定》提出要"完善刑事诉讼中认罪认罚从宽制度"。即探索在刑事诉讼中对被告人自愿认罪、自愿接受处罚、积极退赃的,及时简化或终止诉讼的程序制度。认罪认罚从宽制度,充分体现了司法宽容精神,是我国宽严相济刑事政策的具体化,也是对刑事诉讼程序的创新。实行认罪认罚从宽制度,既包括实体上从宽处理,也包括程序上从简处理。这有利于促使犯罪嫌疑人、被告人如实供述犯罪事实,配合司法机关依法处理好案件;有利于节约司法成本,提高司法效率;有利于减少社会对抗,修复社会关系。对此,要加强与公安、检察、司法行政部门的协调,探索被告人自愿认罪、

---

① 参见罗开卷:《强化辩护制度 推进庭审实质化》,《上海法治报》2016 年 4 月 6 日。

自愿接受处罚、积极退赃退赔案件的诉讼程序、处罚标准和处理方式,构建被告人认罪案件和不认罪案件的分流机制,优化配置司法资源,为推进庭审实质化创造有利条件。

3. 健全配合制约的体制机制

"分工负责,互相配合,互相制约"是刑诉法规定的公检法三机关在刑事诉讼活动中的关系。公检法机关必须在依法履职的基础上加强互相配合,这有利于形成工作合力,发挥制度优势,以提高刑事司法的整体水平。但同样也要强调互相制约,因为既然有"分工负责"的制度设计,就有互相制约的需要,否则就没有分工的必要。强化制约可以更加有效地规范司法证明和程序运行的各环节,有利于规范公权力的依法行使和对私权利的有效保护。司法实践中很多问题的出现,例如冤假错案暴露出来的问题,多少都与办案机关无原则的配合、无有效的制约有关,致使错误没有得以及时发现和有效预防。推进以审判为中心的诉讼制度改革,必须强化公检法之间的互相制约,尤其要改变审判对侦查和审查起诉制约作用太弱的现状,强化审判的制约作用,通过非法证据排除、改变指控事实和定性甚至作出无罪判决倒逼侦查机关和审查起诉机关规范调查取证,提高证明标准,依法打击犯罪和保障人权。

4. 完善司法审判标准统一机制

统一证据采纳、程序适用、庭审规程、案件裁判等司法审判标准。完善司法审判标准不统一的发现、分析和研判机制,在确保个案公正的基础上推动类案的裁判行为规范,做到性质、类型基本相同的案件审判结果基本一致。通过案件裁判、发布典型案例等多种形式,明确统一的司法审判标准,充分发挥司法审判对社会的引领和规范作用。进一步完善证据规格、明确证明标准,引导和推动侦查终结和提起公诉的办案标准向审判程序的法定定案标准看齐,切实做到证据达不到确实、充分的案件不作出有罪判决。逐步制定、适时推出常见犯罪的证据规格和证明标准。

5. 完善审判权力运行机制

为顺利推进以审判为中心的诉讼制度改革,有必要按照中央深化司法体制改革的要求,科学设置审判组织,进一步优化司法职权配置,确立法院内部权力运行的审判中心化和审判权力运行的去行政化。完善主审法官、合议庭办案责任制,改革审判委员会工作机制,保障法官依法独立公正行使审判权,切实让审理者裁判、由裁判者负责。

6. 健全高素质司法队伍培养机制

"以审判为中心"意味着控辩双方的诉讼活动都要受到法庭的严格审查，这对双方尤其是侦查机关和检察机关工作人员的司法能力和职业素养提出了更高要求，要求其程序意识和人权保障意识更加强烈，因为违反程序、侵犯人权取得的证据可能作为非法证据予以排除。要求侦查手段更加多样化，取证能力更强，转变"口供是证据之王"的观念，改变以往主要依靠人证证明犯罪事实的做法，更多依靠科技手段获取客观证据证明犯罪事实。

"以审判为中心"意味着法院和法官在整个诉讼程序中具有举足轻重的地位，也承担着更大的责任。同时，以审判为中心也意味着法院和法官的审判活动比以往会更加受到社会的关注，法院的审判工作和法官的司法行为将承受法律职业共同体及整个社会更为严苛的审视和评判，对审判人员的司法能力和职业素养提出了更高的要求，要求审判人员不断加强政治业务学习，培育人文精神，切实提高司法能力和水平。①

---

① 参见王秋良：《转变观念 夯实举措 积极推进以审判为中心的诉讼制度改革》，《上海审判实践》2015 年第 9 期。

以审判为中心诉讼制度改革的检察应对
——机遇与挑战

上海市人民检察院课题组*

党的十八届四中全会通过的《中共中央关于全面推进依法治国若干重大问题的决定》明确指出,推进以审判为中心的诉讼制度改革,全面贯彻证据裁判规则,严格依法收集、固定、保存、审查、运用证据,完善证人、鉴定人出庭制度,保证庭审在查明事实、认定证据、保护诉讼、公正裁判中发挥决定性作用。这项改革的目的是促使办案人员树立办案必须经得起法律检验的理念,切实增强责任意识,进而确保侦查、审查起诉的案件事实证据经得起法律的检验,其实质就是通过法庭审判的程序公正实现案件裁判的实体公正,有效防止冤假错案产生。

检察机关在整个刑事诉讼过程中承上启下,以审判为中心的诉讼制度改革对刑事诉讼各个环节都提出了新的更高的要求,必将对检察工作产生重要的、全方位的深远影响,迫切需要我们对这项改革的深刻内涵、对检察工作带来的机遇与挑战进行深入分析探讨,并对检察工作如何应对改革作出及时的判断与行动,进而确保检察工作的主动权。

一、以审判为中心的诉讼制度改革的理解与意义

"当私力救济作为一种普遍性社会现象从人类文明史中消失后,诉讼便

---

* 课题组组长:周永年;副组长:顾晓敏;组员:陈茜茜、王喜娟、应悦、于爽、张昌明。

成为遏止和解决社会冲突的主要手段。"①现代法治社会中,诉讼制度是对社会正义和公众权利的重要保障。我国诉讼制度的完善既是增加社会公众对司法裁判认同感的过程,也是不断规范国家司法权力运行的过程。

1. 我国诉讼制度的发展演变

20 世纪 70 年代,我国处于百废待兴的年代,社会治安形势十分严峻,公众对社会安全和秩序的需求强烈塑造了对国家权力的依赖心理,由此,1979 年刑法确立了以追诉犯罪为目标的"职权主义诉讼模式"。其庭审活动的主要特点表现为法院集控诉职能与审判职能于一身,由法官主动讯问被告人,向控辩双方展示相关证据材料。这种诉讼模式在当时达到了及时惩治犯罪、提高诉讼效率的目的。但由于缺少分权与相互制约,导致控辩双方地位极不平等,当事人特别是被告人的诉讼权利难以得到有效保障,司法机关重实体轻程序的现象普遍存在,检察机关对侦查活动和审判活动的监督形同虚设。

1996 年,我国第一次对刑事诉讼法进行了修正,部分引入了当事人主义原则,形成混合式诉讼模式。其特点是加强了对犯罪嫌疑人、被告人诉讼权利保护,将律师介入案件的时间提前到侦查阶段,相对弱化合议庭追诉职能,强化其中立性,限制法院自行调查的权力,形成控辩对抗式的庭审模式,对控诉职能、辩护职能、审判职能加以区分,形成诉讼地位相互独立的合理格局。这些改革举措符合司法规律,对维护司法公信产生了积极的作用。

2012 年再次修改刑事诉讼法是我国民主法制建设的又一个里程碑,特别强化了对人权的司法保障,不仅将尊重和保障人权写入了刑事诉讼法总则,而且贯彻到具体的刑事诉讼制度中,包括:进一步扩大诉讼权利保障,犯罪嫌疑人在第一次讯问或采取强制措施即可委托辩护人;进一步完善刑事证据制度,确立"不得强迫自证其罪""非法证据排除"的原则,规定对非法证据的法庭调查,强调了检察机关对取证活动的法律监督;进一步完善审判程序,增加庭前会议,规定证人、鉴定人出庭范围和证人保护,并将独立的量刑程序纳入庭审过程。

尽管新刑诉法在侦查措施、证据制度、审判程序等方面凸显出权利保障和权力监督的价值取向,但我国刑事诉讼制度仍存在一些不容忽视的问题:一是

---

① [德]康德:《道德形而上学原理》,苗力田译,上海人民出版社 1986 年版。

侦查工作仍是诉讼活动的重心。案件证据的搜集工作几乎完全由侦查机关主导，取证过程缺乏配套的实施规范。二是审判活动主要依赖于案卷材料。新刑诉法回归到"卷证并送"制度，重大积弊在于法官通过预先查阅卷宗材料，可能产生被告人有罪的预断，导致庭审形式化。三是法律监督形式大于实质。由于缺乏有效的监督手段和明确的执法程序，实践中检察监督"存在着静态性、被动性、滞后性、局部性等系列问题"，①监督实效很难落实。上述问题的解决，根本途径还在于改革。

2. "以审判为中心"的历史背景及改革趋势

"以审判为中心诉讼制度改革"的提出是在一定历史背景下对系列问题反思的结果，更是执法理念的一次飞跃：司法人权保障理念的树立对诉讼制度提出更高的标准。防止冤假错案的社会呼声对诉讼制度提出更严格的要求。虽然错案的产生原因极其复杂，但"流水作业"诉讼模式显露的弊端显然不容忽视。而依法治国理念对诉讼制度则提出更明确的目标。为此，党的十八届四中全会提出了推进以审判为中心的诉讼制度改革，以通过法庭审判的程序公正实现案件裁判的实体公正，从而有效防止冤假错案产生。

以审判为中心的诉讼制度改革不仅在于诉讼程序落脚点的转变，也体现在司法职权配置的转变以及诉讼价值取向的转变：

一是从侦查、起诉、审判的"诉讼阶段论"向审前程序、庭审程序、审后程序的"审判中心论"转变。曾有人用"铁路警察各管一段"的工序论来形容我国的诉讼阶段构造，与之对应的结果是无罪判决率奇低。"审判中心主义"的改革意味着重新审视原有的阶段论模式，明确在整个刑事程序中，以庭审为中心，只有在审判阶段才能最终确定被告人的刑事责任问题。审前程序为保障定案依据能够通过庭审程序，必须根据可采性要求制约权力的运用，同时保证犯罪嫌疑人权利的行使。

二是从强调公检法配合的"司法一体化"线性关系向重视"控辩审三角诉讼结构"转变。传统刑事诉讼结构下将诉讼视为国家司法机关整体与被告人的双方组合，刑事诉讼程序容易因公权力过于强大而变成单向治罪的过程。在向"以审判为中心"的诉讼制度转变过程中，侦查阶段形成的结论作为控方

---

① 侯存海：《谈审查批捕部门职能的转变》，正义网。

在庭审中指控犯罪的内容和基础，必须接受辩方的质证与反驳，法官处于超然的地位，以庭审调查的事实为依据作出最终的裁判，确保了控辩诉讼地位的平等与诉讼手段的对等。

三是从司法行政化向司法独立化转变。在我国的刑事司法活动中，行政作为一种支持力量存在并发挥作用，但行政对司法的过度介入会直接或间接导致审判程序的失灵和虚置，损害诉讼参与人的正当诉讼权益，使社会民众对程序公正产生疑虑。在"以审判为中心"的诉讼制度下，检察官必须从事实证据出发对案件行使起诉决定权，法官理应不受干扰地对案件事实作出判断，这其中包含了心证独立与决策独立双重含义。司法行政权则仅限于运用在制度设置、功能应用及物资保障方面，为确保司法的独立性发挥作用。

3. 以审判为中心的诉讼制度改革之重要意义

以审判为中心的诉讼制度改革标志着我国法治建设进入了全新的阶段，实现庭审实质化更加彰显刑事诉讼的程序价值，折射出人权保障的理念，并以积极的方式促进执法人员能力建设。

一是有利于明确庭审是审判活动的重心，发挥庭审对事实认定的决定性作用。审判最重要的特性是亲历性，而此种亲历性是除庭审之外其他诉讼活动难以具备的。实现以审判为中心的方法从逻辑上必然归纳为法官通过庭审对证据加以感知和判断，从而摒弃对案卷材料的过分依赖。通过庭审的交叉询问及辩论，充分发挥举证、质证、认证各庭审环节的作用，使控辩双方在信息的享有和占有上尽量平衡，从而通过对证据的全面审查，可以有效防范冤假错案。

二是有利于推动证据规则的进一步完善，明确诉讼的定案标准。我国目前尚未制定统一的证据法，缺乏完备规则体系，现行刑事诉讼证据的相关规定笼统粗疏，缺乏可操作性。全面落实以审判为中心的诉讼制度改革为完善诉讼证据制度找到切入点和突破口，从执法的现实需要上驱动证据规则的细化和落实，真正建立和贯彻"非法证据排除规则""直接言辞证据原则"，严格限制传闻证据效力，推动证人、鉴定人出庭制度，进而防止司法裁判的任意性，保证公正司法。

三是有利于遵从诉讼规律，强调庭审对案件处理的关键作用。庭审实质化可以排除证据材料的事先预判，并使内心确认形成于法庭。而公开的法庭审理与证据调查的过程,无法预先设计安排,也不以办案人员的意志为转移,在证明标准上达到了事实清楚、证据确实充分的程度才能认定被告人有罪。如庭审中因证据原因不能查清事实,无法达到符合客观真相,则只能按照疑罪从无原则作无罪处理。

四是有利于彰显人权保障,提升司法公信力。以审判为中心,通过有效行使辩护权,体现对被告人诉讼权利的尊重和保障;不断提高重要证人、鉴定人出庭比例,可以赢得社会对司法公正的认同感;庭审程序公开和公正的要求,将诉讼活动置于社会的监督之下,发挥促进事实真相发现及维护普遍社会价值及社会认可的功能,有助于提高司法公信力。

五是有利于增强司法人员责任意识和紧迫感,提高队伍素质。以审判为中心的诉讼制度改革,程序的独立价值落实在审判活动的细节中,必将促使司法人员进一步增强程序公正理念,不断强化学习,切实提高严格依法搜集、固定、保存、移送、审查、判断、运用证据的能力,庭审讯问、询问、交叉诘问的能力,以及庭审证据展示、质证和法庭辩论的能力,积极迎接庭审中对证据的质疑、筛查与审视。

4. 厘清概念、走出误区

理性地认识“以审判为中心”的诉讼制度改革,避免对概念的理解脱离我国司法实际而停留在文字表面,必须澄清以下误区:

一是“以审判为中心”不否定宪法确定的刑诉原则。我国刑事诉讼法规定公、检、法三机关在刑事诉讼活动中各司其职、互相配合、互相制约,这是符合中国国情的,具有中国特色的诉讼制度,必须坚持。以审判为中心的实施主体,不仅仅是人民法院,而要由法院、公安、检察形成合力,才能贯彻实施好以审判为中心。

二是“以审判为中心”不等于“以法院为中心”。以审判为中心不是诉讼权力的再分配,应该从确立审判作为一种职能的中心地位的角度来正确理解。“以审判为中心”不等于以法院为中心,也不等于以法官为中心,更不意味着哪个机关权力更大,必须走出重新调配部门利益的误区。

三是以审判为中心不否定审前程序的重要性。刑事审前程序的所有活动都与庭审密切相关,甚至决定着庭审的效果。侦查、起诉等审前阶段,是“以审判为中心”的前提和基础,脱离了侦查、起诉等环节,审判就成了空中楼阁,因此,必须在坚持阶段论的基础上体现审判对认定犯罪的作用。

四是以审判为中心与检察机关对审判活动的诉讼监督并不矛盾。"以审判为中心"不仅没有改变宪法和诉讼法确定的职权配置格局,没有否定检察机关在审判阶段行使诉讼监督权的权力基础,还明确提出"完善检察机关行使监督权的法律制度,加强对刑事诉讼、民事诉讼、行政诉讼的法律监督"。检察机关需进一步增强紧迫感,发挥好推进改革过程中的保障作用。

二、改革给检察工作带来的机遇和挑战

以审判为中心的诉讼制度改革是对"以侦查为中心"模式的反思和革新,对检察机关既是机遇也是挑战。

1. 以审判为中心的诉讼制度改革为检察机关职能强化提供了契机

一是有利于进一步加强检察机关对侦查的引导权。从比较法的角度来看,世界范围内的侦诉关系可以分为大陆法系的"侦诉合一"模式和英美法系的"侦诉分立"模式,[①]且两者表现为取长补短、日趋融合的趋势。现阶段我国的侦诉关系,侦查与起诉衔接并不十分紧密,存在每个诉讼阶段"各干各"的现象。强调"以审判为中心",必然促使检察机关从应对法庭质疑和律师挑战的需求出发,发挥在审前程序中的主导地位,从而使"大控方理念"真正落地,进而形成侦诉合力。

二是有利于进一步扩大检察机关审前程序的诉讼裁量权。以审判为中心的诉讼制度改革对诉讼资源和时间上的投入有很高的要求。面对已经严峻的人案矛盾,除了充实办案力量外,还必须扩大检察机关诉讼裁量权,通过案件分流,提高诉讼效率,以集中精力办理重大疑难复杂案件。其中,扩大检察机关不起诉裁量权是重点。有学者对世界各国检察机关的消极诉讼裁量权进行研究,发现我国 2009 年至 2011 年的不起诉率为 2%—5%,远远低于同期英国的 12%,美国的 25%—50%(其中多为诉辩交易),日本的 40%—50%(其中多为起诉犹豫)。[②] 不起诉裁量权的缺乏事实上不仅拖累了检察机关的办案效

---

① 参见赵靖、刘晴:《侦诉关系比较》,《西南农业大学学报》2012 年 12 月。

② 根据学者们的观点,起诉犹豫可理解为附条件便宜不起诉制度。参见何春华:《略论日本的起诉犹豫制度》,http://www.chinacourt.org/article/detail/2009/03/id/350101.shtml。

率,检察官无法集中精力办理疑难复杂案件;更由于大量轻罪案件仍然被坚持诉至法院,使大量初犯、偶犯留下案底,以后难以步入社会正轨。冗长的诉讼反而新增了许多社会矛盾。推行简案快办、轻案速裁是方向。司法实践中,被告人最终被判处较轻刑罚的案件占了大多数。2014年本市各级法院作出的有罪判决中,判处三年以下有期徒刑、拘役、管制或单处罚金的占总数的92.59%。刑事诉讼法修改以后,简易程序案件的适用扩大到基层院所有可能判处有期徒刑及其以下的案件;紧跟其后两高提出的"轻案快办"方案则主要针对可能判处三年以下有期徒刑案件;2014年6月全国人大常委会通过了《关于授权在部分地区开展刑事案件速裁程序试点工作的决定》,部分地方检察院则开始试点速裁程序,一般将范围设定在可能判处一年以下有期徒刑的轻微刑事案件。简案快办、轻案速裁的实施,可以抵消我国目前对于大量轻罪案件犯罪嫌疑人的审前羁押所带来的不利影响,①同时也可以缓解我国目前人案矛盾突出的司法现状。

三是有利于进一步强化检察机关对刑事诉讼活动的监督。"以侦查为中心",案件审查以阅卷为主,审判者很难发现卷内证据中隐藏的问题,容易造成"起点错、跟着错、错到底"的多米诺骨牌效应;"以审判为中心",要求用于定罪量刑的证据均要在庭上出示并接受质证,从而使得庭审实质化。这将有利于检察机关强化对刑事诉讼活动的监督,一方面为了应对证人、鉴定人、侦查人员出庭作证,检察机关势必要加强对相关证据合法性的审查力度,那些通过不规范途径获取的证据将难以遁形;另一方面庭审实质化使得法院审判过程更加透明,检察机关对庭审活动规范性的监督和裁判结果公正性的监督将得到有效保障。

2. 改革给检察机关带来的挑战

以审判为中心的诉讼制度改革,检察机关面临的形势十分严峻,有学者形象地比喻为"一头细一头粗",一方面法院对证据的要求越来越高、对定案的标准把握得越来越严,而另一方面公安机关对刑事案件侦查取证的基础性工作没有根本性提高,导致处于承上启下位置的检察机关面临着一系列问题和

---

① 实践中,有些轻微案件的犯罪嫌疑人审前被羁押数个月,法官发现羁押时间已达到或超过本应判处的刑期,最后法院审判时按照直接判处已被羁押的时间的刑期,使得犯罪嫌疑人被宣判完就立即释放。

困难。检察机关自身迫切需要转型以适应改革的需要。主要表现在：

一是对检察干警转变执法理念的挑战。首先，不重视办案程序，片面追求案件实体公正的思维方式受到挑战。在"以审判为中心"模式下，以往实体真实、程序存在问题的证据很有可能被律师当庭质疑，导致证据在庭审时被排除。其次，仅审查侦查卷宗，被动接受侦查材料的方式受到挑战。随着庭审的实质化，法庭会要求证人、鉴定人等出庭接受质询，庭审中言词证据发生变数几率大大增加。检察机关势必要将工作重心从书面审查转到亲历性审查，通过加强与出庭作证人员的沟通，当面核实相关证据，以保证开庭时质证、交叉询问的效果。最后，习惯庭下沟通，认为庭审走过场的方式受到挑战。实践中，如果案件存在争议，检、法往往存在各种层级的协调，容易使庭审走过场。庭审实质化要求事实证据调查在法庭，定罪量刑辩论在法庭，裁判结果形成于法庭，法官的内心确认主要来自于庭上证据而非在案证据，在控辩交锋中可能还需要法官就某些问题当场作出结论性意见，这就使得庭下沟通将会遇到前所未有的障碍。

二是对检察队伍能力素质的挑战。从检察机关自身侦查工作来说，由于职务犯罪行为人的反侦查意识较强，犯罪行为较隐蔽，案件存在一对一证据多、实物证据偏少的特点，相比公安机关，对于言词证据的依赖程度更高。改革背景下，检察指控面临变数的巨大风险。因此，亟待自侦部门转变取证思维，提高对于物证、书证、电子证据等客观证据的搜集、固定能力。从审查逮捕、审查起诉的工作来说，以"侦查为中心"，诉讼中的证据状态包括证人证言基本都是以静态的方式呈现于卷宗，而"以审判为中心"，检察机关在审查证据时就不得不考虑这些"人"出庭后可能产生的变数。为此，检察官要腾出更多的精力去做"人"的工作，更要在证明标准上努力尝试建立以客观证据为核心的证明体系，以保证证据效力在庭审中的稳定性、可采性。从检察机关出庭公诉工作来说，对庭审的掌控、应变的能力同样受到挑战。公诉人必须提高庭前准备能力和庭上应变能力，善于在顺境中牢牢把控庭审的主动权，在逆境中紧紧抓住瞬变的"胜负手"。

三是对现有检警关系的挑战。具体表现在，检察机关对公安机关采取的强制性侦查措施几乎没有监督和控制能力。由于缺乏监督，侦查机关在实践中采取强制性侦查措施存在裁量任意、变更随意、适用程序不规范等问题，与以审判为中心的诉讼制度改革思路相悖。完善对限制人身自由的司法措施和侦查手段的司法监督是党的十八届四中全会对检察机关提出的新任务。当前检察机关对公安机关监督具有书面性和滞后性,监督效果不佳。实践中,侦查机关即使在侦查活动中有不规范乃至违法的行为,往往也会被掩盖起来,仅通过卷宗审查,检察机关很难发现问题。即使事后通过监督得以纠正,也往往会被律师抓住小辫子死缠烂打,庭审效果极差。因此,如何加强对侦查活动的事中监督应当是亟待解决的问题。

四是对检察机关资源配置的挑战。首先是如何将人才留在办案一线的问题。改革对一线刑检部门检察官职业素养和专业能力提出了更高要求。然而长期以来,刑检部门优秀人才流失现象相当严重,如何让人才留在刑检办案一线,是首先需要解决的问题。其次是人案矛盾突出的问题。改革推进过程中,面对持续高发的刑事案件和越来越高的证据审查要求,案多人少矛盾愈加突出,刑检一线部门办案人员常年超负荷运转,不仅会影响案件质量,也不利于留住人才。最后是将检察技术的最新成果转化为办案力量的问题。客观证据的收集和审查需要技术部门的大力支持,如对痕迹物证、伤势鉴定、测谎测试等硬件和软件的配备。现实中部分基层院技术部门由于技术装备落后、知识结构老化、实战经验缺乏,除了同步录音录像和照摄像等视听技术外,其他门类的技术工作根本无从做起。如何整合现有的检察技术资源,将检察技术的最新成果直接运用于发现、收集、固定、复核各种证据,是检验科技强检能否实现的最重要标尺。

论以审判为中心的认罪认罚从宽程序构建

——域外启示与理性选择

张娅娅 *

　　党的十八届四中全会通过的《中共中央关于全面推进依法治国若干重大问题的决定》明确提出了完善刑事诉讼中认罪认罚从宽制度的要求。2015 年最高人民法院发布的《人民法院第四个五年改革纲要(2014—2018)》和《关于全面深化人民法院改革的意见》均提出:"构建被告人认罪案件和不认罪案件的分流机制,优化配置司法资源"。学者指出认罪认罚程序广泛存在于刑事诉讼过程中。但是法官作为适用认罪认罚制度的司法审查裁判者,在整个制度适用中始终占据核心地位。在设置科学的从宽处理规定时,需要在立法层面明确法官对适用认罪认罚制度处理的案件享有最终审查权,这是维持该制度适用正当性的保证。① 本文通过考察认罪案件改革实施现状以及国外的类似程序,提出系统地构建认罪认罚从宽程序的具体设想,期望为出台相关规范性文件提供点滴参考。

一、我国认罪认罚从宽程序的实施现状

(一) 形成了多元化的简易程序体系格局②

　　从世界范围看,建立多元化的简易程序是必然方向。英国的简易程序分

---

　　* 　张娅娅,工作单位:上海市第二中级人民法院。

　　① 　参见陈卫东:《认罪认罚从宽制度研究》,《中国法学》2016 年第 2 期。

　　② 　参见左卫民:《中国简易刑事程序改革的初步考察与反思——以 S 省 S 县法院为主要样板》,《四川大学学报》2006 年第 4 期。

为两种层次：一是治安法院和司法裁判所审理轻微案件时适用的简易程序；二是刑事法院审理重罪案件时所遵循的简易审判程序。法国的简易程序有两种：简易审判程序和定额罚金程序。德国规定有处罚令程序和简易程序。日本有三种简易程序：简易公审程序、简易命令（处刑命令）程序和交通即决裁判程序。刑事简易程序是我国轻微刑事案件适用的较普通程序相对简化的诉讼程序。现阶段提出的完善认罪认罚从宽制度，是在最高人民法院2003年出台的《关于适用普通程序审理"被告人认罪案件"的若干意见（试行）》实践基础上的推进。认罪认罚从宽程序的出现使我国在制度层面形成了一套差级有序的多元化刑事诉讼格局，进一步推动我国刑事诉讼程序的简易化和多样化，并逐步形成一套可根据犯罪案件性质选择适用的差序化程序格局。

（二）被告人诉讼权益未得到法律明确保障

1. 被告人未享有完整的程序选择权

根据现行的有关规定，法院与检察院享有适用认罪认罚从宽程序的建议权和否决权，被告人仅在法院和检察院提出该程序适用建议后有权表示同意或者不同意，即享有程序的否决权，但并不能直接向法院、检察院提出适用建议，也就是说，被告人并不享有完整的程序选择权。即使被告人和辩护人希望适用认罪认罚从宽程序，也只能通过非正式场合向法官、检察官提出请求，而控、审两方并不需要作出正式的回应。

2. 被告人未享有律师帮助权

实践表明，在被告人认罪的案件中，律师的帮助权是至关重要的，没有律师的帮助，被告人认罪的自愿性就可能受到怀疑。被告人可能受到侦查机关或起诉机关的诱导而在违背真实意愿的前提下认罪，特别在侦查权未受司法权审查限制的前提下，尤其可能出现被告人基于错误的认识而自愿认罪的情况。被告人在对法律规定不甚了解的前提下，没有律师的帮助，就很难找到对自己量刑有利的选择，最终发生认罪反遭重判的不正常结果。没有律师的帮助，被告人对程序的利用是否最终产生有利的后果并无明晰的认识，也不能理解"酌情从轻处罚"是出于自愿认罪还是案情、证据本身导致的自然后果，从而影响到对最终裁判结果的接受程度。

3. 被告人的认罪收益权未能得到法律的明确保障

现有的认罪认罚从宽程序在用词上并未对从轻处罚使用法律常用的"可以"或者"应当",反而使用了"酌情"这样的表述。这就说明被告人自愿认罪并非是像自首、立功那样的法定从轻情节,而是弹性较大的酌定从轻情节①。同时,该程序对从轻的幅度并没有作出具体的规定,法官具有很大的自由裁量权,被告人、辩护人对于程序收益的预期处于一种不确定的状态,甚至存在放弃普通程序的诸多诉讼权利后,反而可能使自身处于更加不利的诉讼地位。由于我国刑事诉讼法要求犯罪嫌疑人承担如实交待的义务,自愿认罪是犯罪嫌疑人应尽的诉讼义务,即使有"坦白从宽"的政策要求②,但并不需要法院因此承担从轻处罚的法律义务。

（三）认罪认罚对庭审程序的影响

1. 庭审时间的缩短并不是提高诉讼效率的主要办法

在我国司法实践中,按照普通程序审理案件一般只需要 2.3 个小时就能庭审审理完毕,最多也只有 1.2 天。庭审时间同整个审理期限相比极为有限。因此,提高诉讼效率的着眼点应从如何减少内部不必要的办案环节以及缩短案卷周转时间等方面切入,甚至上下级法院的请示批复,审委会讨论等法外程序。决定诉讼效率的不只是庭审效率,缩短庭审时间对整个诉讼时限影响甚微。

2. 口供有可能以新的形式成为证据之王

现有的认罪认罚从宽程序,只要被告人能够自愿认罪,被告人可以不再就起诉书指控的犯罪事实进行供述;公诉人、辩护人、审判人员对被告人的讯问、

---

① 山东省淄博市淄川区人民法院（2011）川刑初字第 122 号刑事判决中有当庭自愿认罪情节和自首情节。《量刑指导意见》中规定,对于当庭自愿认罪的,可以减少基准刑的 10% 以下。鉴于被告人当庭认罪、悔罪态度较好,确定当庭自愿认罪情节适用值为 5%。但是鉴于已经使用了自首情节,因此,该情节不再调整基准刑。该案没有对被告人从宽处罚。江苏省姜堰市人民法院（2011）泰姜刑初字第 0116 号刑事判决中同时具有认罪与坦白情节,判决认为,坦白情节以后,无需考虑被告人自愿认罪情节再予以从轻处罚,合议庭确定对被告人袁冬兵轻处 15%。山东省淄博市淄川区人民法院（2009）川刑初字第 74 号刑事判决中自愿认罪情节可减少基准刑的 5%。

② 有法官提出,坦白情节与当庭认罪原则上不能重复评价,即对于同一犯罪事实,如果已经认定为坦白了,即使当庭认罪,也不宜再单独予以从轻处罚。王宇展、黄伯青:《"坦白从宽"入律之法理研究与实践操作》,《政治与法律》2012 年第 2 期。

发问可以简化或者省略;控、辩双方对无异议的证据,可以仅就证据的名称及所证明的事项作出说明,合议庭经确认公诉人、被告人、辩护人无异议的,可以当庭予以认证。决定是否适用认罪认罚从宽程序的关键因素是被告人对侦控机关的指控是否供认。① 口供再次以新的形式成为证据之王,刑讯逼供也就在所难免。

3. 客观真实的诉讼证明标准受到挑战

从实践中看,适用认罪认罚从宽程序的前提只取决于被告人是否对指控的犯罪事实的主观态度,而与案件本身是否事实清楚、证据是否充分等客观情况无直接关系。只要法院、检察院、被告人及辩护人达成一致,定案的标准与一般普通程序不同。案件事实的认定只要达到法律真实就可以定案,而并非我国刑事诉讼法一贯奉行的客观真实。

二、进一步借鉴其他地域认罪认罚从宽程序之必要

世界上许多国家和地区都采取了辩诉交易制度,欧洲的德国、意大利、法国、西班牙、波兰、俄罗斯,南美洲的阿根廷、巴西,亚洲的日本、中国香港、中国台湾地区等,呈现出了辩诉交易全球化的趋势。无论我国大陆地区的认罪认罚从宽程序抑或其他国家和地区的辩诉交易都是一种刑事速决程序,目的都是为了实现案件的繁简分流。我国在建立被告人认罪认罚从宽程序的探索阶段,吸收借鉴先进经验显得尤为必要。

(一) 案件适用范围上的借鉴

在美国和德国等其他国家,可以适用辩诉交易的案件几乎没有限制。辩诉交易(plea bargaining)是美国的一项司法制度,指在法院开庭审理之前,处于控诉一方的检察官和代表被告人的辩护律师进行协商,以检察官撤销指控、降格指控或要求法官从轻判处刑罚为条件,换取被告人的认罪答辩(plea of

---

① 在司法实践中,导致被告人认罪案件作无罪宣告或无罪处理的情况主要有以下几种:一是通过"交易"替人顶罪;二是因亲友等特殊关系而揽责;三是当事人自暴自弃而"自污有罪";四是在刑讯逼供、诱供下的认罪。刘兆东:《适用普通程序简化审须严格甄别"被告人认罪"》,《人民检察》2003 年第 7 期。

guilty）。目前,美国97%的联邦刑事案件和94%的州刑事案件是以辩诉交易结案的。美国最高法院在判决中指出,辩诉交易不是刑事司法制度的附属物,它就是刑事司法本身。① 德国大约50%的诉讼程序曾经适用过辩诉交易解决案件,在重大的经济刑事案件中甚至已经达到了90%。②

（二）提起主体的借鉴

我国现有的认罪认罚从宽程序提起的主体是检察院和人民法院,被告人及其辩护人无权提起。且该程序的适用并没有规定需征求被告人是否适用的意见;而辩诉交易则是由控、辩双方提起,且适用必须征求被告人的意见。美国辩诉交易中,保释程序是关键程序,被告人在该阶段有获得律师的权利。③被告人有许多程序和实体权利,通过认罪,他们把这些权利出卖给控诉方,获得他们期望的让步。④ 德国辩诉交易中在检察官提起正式指控之后法官准备审判的过程中,主要是辩护律师与法官之间进行协商。当法官发现某一案件的审判会耗费大量的时间或者发现自己未审结的案件任务过于繁重时,就会主动与辩护律师接触,询问被告人是否准备在审判的开始阶段供认犯罪。辩护律师也会询问法官如果其当事人供认犯罪,法官将会处以多重的刑罚。

（三）提起时间的借鉴

美国的辩诉交易,起诉前或起诉后均可以提起适用协商程序申请,许多控方公开他们的材料,将之作为吸引认罪的途径。证据展示减少了不确定性,使双方在刑事协商中像在民事和解中一样坐到了一起。⑤ 所有的被告人在作出有罪答辩之前必须知道他可能受到的刑罚,以及控方可能提供的量刑折扣。⑥意大利则规定可以在审判前的任何阶段进行协商。在日本,适用略式命令程

---

① Sabrina Mirza, Formalizing the plea bargaining process after Lafler and Frye, *Seton Hall Legislative Journal*, Vol.39.

② 参见徐美君:《德国辩诉交易的实践与启示》,《法学家》2009 年第 2 期。

③ Charlie Gerstein, Plea Bargaining and the Right to Counsel at BailHearings, *Michigan Law Review*, Vol.111.

④ Frank H.Easterbrook, Plea Bargaining as Compromise, *The Yale Law Journal*, Vol.101.

⑤ Frank H.Easterbrook, Plea Bargaining is a Shadow Market, *Duquesne Law Review*, Vol.51.

⑥ Russell D.Covey, Plea-Bargaining Law After Lafler and Frye, *Duquesne Law Review*, Vol.51.

序及交通案件即决裁判程序判决的,协商时间为检察官向法院提出起诉前;适用简易公诉程序的,应在检察官提起公诉之后审判程序过程中进行协商。我国香港地区的 Voir dire 程序是在案件获得审理之前或审理中进行。这是一种案中案的形式,当由控方所提出的犯罪嫌疑人的认罪供述被辩方、犯罪嫌疑人或刑事被告反驳该认罪供述是在非自愿性的情况下所作出或非法程序过程中取得的,庭审法官则必须先行启动认定认罪供述证据的程序——Voir dire 或替代程序(Alternative Procedure)来审理该认罪供述可否作为可接纳性证据作为本案的证据。①

(四) 法庭审理程序的借鉴

我国认罪认罚从宽程序需要经过开庭审理,法官对有疑问的证据有调查的义务;辩诉交易则无须再经过开庭。美国刑事诉讼中存在的罪状认否程序(arraignment),在此程序中,被告人可就检察官的指控向法官作出有罪、无罪和其他方式的答辩。被告人一旦自愿作出有罪答辩,便意味着他放弃了获得公开审判的权利,继而也放弃了无罪宣告的权利。② 美国辩诉交易过程应该通过以下方式被规范:第一,认罪协议应该被要求书面的;第二,应该制定一个标准,控方有义务参加一个平等且公平的交易;第三,控方拒绝一个认罪提议的根据应该被规范化;第四,控诉委员会的口头讨论在决定是否接受一个认罪应该被减少为书面形式;第五,州法律和规则中规定的一个审判法庭可能拒绝一个认罪提议的根据,和何时否决一个被告关于律师的无效帮助声明应该被解释,是相同的法院考虑。③ 许多步骤加在一起,使得辩诉交易和正式审判一样,能够将有罪之人和无罪之人区分开来。④ 德国的辩诉交易通常在审判程序之外达成。如果审判已经开始,程序就会被中断,诉讼参与人就会走到咨询室或法院的走廊,总之是避开公众的视线进行谈判。可能并非合议庭的全体

---

① 参见杨先恒:《香港特区对防止违法取得认罪供述机制及认定之研究》,《诉讼法论丛》第 11 卷。

② 参见魏晓娜、马晓静:《美国辩诉交易根由之探析》,《研究生法学》1998 年第 2 期。

③ Sabrina Mirza,Formalizing the plea bargaining process after Lafler and Frye,*Seton Hall Legislative Journal*,Vol.39.

④ Frank H.Easterbrook,Plea Bargaining as Compromise,*The Yale Law Journal*,Vol.101.

成员都参与谈判,而只是庭长或报告人参加,陪审员通常也不参与谈判。① 法国立法者在庭前认罪答辩程序中设立了较为完善的法官审核机制。核准法官必须"核实案件事实的真实性及其司法定性",并"根据犯罪情节以及犯罪行为实施者的品格进行量刑合理性考虑",最终方可作出核准裁定。如果核准法官基于案件事实的本质、利害关系人的人格、被害人的处境或者社会利益等要素的考量而认为应当进行普通的轻罪庭审,则可拒绝检察官的量刑建议。同样,如果被害人的声明使核准法官对"实施犯罪的条件或者犯罪行为实施者的品格"产生新的看法,则核准法官也可以此为由拒绝检察官的量刑建议。②

(五) 对量刑影响的借鉴

我国现有认罪认罚从宽程序并没有明确规定认罪后会对被告人的定罪量刑产生何种影响,被告人不能准确预测做有罪答辩后可以得到的利益;而辩诉交易却规定了只要被告人做有罪答辩,必然会对其定罪量刑产生实质影响,罪数、罪名、刑罚都会有所减轻。美国辩诉交易中,控方和法院都被授以广泛的自由裁量权,没有设定的标准来表明控方或法院拒绝一个认罪提议的根据。③美国联邦量刑指南缩小了法官的自由裁量权。④ 德国辩诉交易实践的关键在于为了减轻刑罚。谈判的结果经常是以被告人的自白作为代价,换取检察官减少对被告人的多项指控中的若干项指控罪名。检察官也可能许诺在庭审中为被告人请求较轻的刑罚。我国台湾地区的认罪协商程序,将罪名协商、罪数协商排除在外,只允许审判阶段提出量刑协商申请,而不允许侦查阶段的协商。⑤ 该程序中,犯罪是否成立并无协商余地,盖因被告仅能就刑度与检察官进行协商,因此,该规定应是为了赋予原被告两造就刑度讨价还价所成立合意的规定,且协商刑度通常是被告所愿接受的范围,一般来说不会以必须得受自

---

① 参见徐美君:《德国辩诉交易的实践与启示》,《法学家》2009 年第 2 期。

② 参见施鹏鹏:《法国庭前认罪答辩程序评析》,《现代法学》2008 年第 5 期。

③ Sabrina Mirza, Formalizing the plea bargaining process after Lafler and Frye, *Seton Hall Legislative Journal*, Vol.39.

④ Frank H.Easterbrook, Plea Bargaining as Compromise, *The Yale Law Journal*, Vol.101.

⑤ 参见王小光、李琴:《台湾地区认罪协商程序的引进和运作情况分析》,《中国刑事法杂志》2013 年第 2 期。

由刑为判决之内容。①

三、以审判为中心的认罪认罚从宽程序构建

就我国而言,关键的问题并不是讨论是否应当移植或建立与辩诉交易相似的诉讼制度,而是应当在世界各国诉讼制度存在显著差异,但却基于被告人认罪认罚而迅速结案继而获得刑罚减轻的这种解决方式的一致性上得到启示,构建符合我国实际的被告人认罪认罚快速结案方式。

(一)适用范围

就案件的严重程度而言,立法上对认罪认罚从宽程序的适用范围不宜做限制性规定,而把一个具体案件是否应当或可以适用该程序的问题留给检察官根据实际情况作出决定。② 也就是说,无论是何种严重程序的案件,被告人及其辩护人都可以向检察官提出认罪请求,而是否与其进行交易,则是检察官的权力。在被告人认罪并且自愿选择的基础上,可以在立法上将认罪认罚从宽程序的适用范围进一步扩大,以在保障公平的基础上提高诉讼效率。

(二)事实条件

在英美法系国家,刑事案件要达成有效的辩诉交易,除被告人认罪外,还需具备一定的事实基础。例如,美国《联邦刑事诉讼规则》第 11 条第 6 款规定,法庭即使接受了有罪答辩,但在依据该有罪答辩作出有罪判决之前应确认该答辩有事实基础。美国联邦第三巡回上诉法院认为,要确定有罪答辩是否有事实基础,法庭必须考虑被告人的供述、控方提供的证据或者量刑前的报告。重庆市高级人民法院 2007 年发布的《关于快速办理轻微刑事案件的规定(试行)》中也指出,轻微刑事案件适用快速办理机制,除认罪外,还需具备事

---

① 参见张汉荣:《台湾辩诉交易制度的生成及争论》,《国家检察官学院学报》2009 年第 2 期。

② 参见姚莉:《认罪后的诉讼程序——简易程序与辩诉交易的协调与适用》,《法学》2002 年第 12 期。

实清楚、证据确实充分的条件。① 认罪只是引起某种特定刑事诉讼程序发生、改变或终结的必要条件。除具备认罪这个必要条件以外,还需具备事实条件,才能引起某种特定刑事诉讼程序的适用。

（三）认罪时间

认罪是指发生在刑事案件已经提起诉讼,并且已经完成证据展示,而法庭尚未开庭审理的阶段,即庭前阶段的承认行为,这是认罪成立的时间要件。犯罪嫌疑人在侦查或审查起诉阶段的承认行为不应被赋予程序法上的意义,主要是基于以下几个方面的考虑:一方面,要防止在没有查清犯罪事实前,犯罪嫌疑人为逃避重罪而承认某一轻罪,达到逃避惩罚的目的;另一方面,也要防止侦查机关或检察机关在没有查清犯罪事实的情况下,诱使犯罪嫌疑人作有罪或重罪的供述;更重要的是,由于程序法上的认罪会影响诉讼程序的进程和形式,因而只能建立在侦查和审查起诉已经结束,对犯罪的调查已经告一段落的基础之上,以使认罪行为不会对案件事实的调查产生影响。②

（四）证据展示

辩方有权要求检察院向律师展示所有收集到的材料,否则法院可以发出强制性命令,要求其展示。同时为确保控、辩双方的平衡,也应当确立辩护律师向检察院展示的义务。证据展示的具体方式,可以简便、灵活,可采取辩护人到检察院或法院查阅案卷,向法院和检察院提交载明辩护要点和争议点及理由的书面意见,辩护人所有证据也一并提交。双方证据展示后,应向法院提交书面意见,表明有无异议。就程序构建而言,证据展示程序应当在问罪程序之前进行,因为能否达成辩诉交易会影响到被告人在问罪程序中是否作出完全认罪的意思表示。

---

① 参见孙长永、曾军、师亮亮:《认罪案件办理机制研究》,《西南政法大学学报》2010 年第 2 期。

② 参见姚莉:《认罪后的诉讼程序——简易程序与辩诉交易的协调与适用》,《法学》2002 年第 12 期。

（五）问罪程序①

问罪程序是控方提起诉讼，并经过充分的证据展示后，在控方和辩方律师在场的情况下，由法官亲自讯问被告人对于针对他而提起的刑事指控的态度的刑事诉讼环节。美国的刑事诉讼中称之为到庭答复控罪（Arraignment）。经过这一程序，被告人作出的承认指控的表示便具有了程序法上的意义，构成了适用速决程序的法定前提。从程序上看，问罪属于审前程序的一个部分，它发生在证据展示以后，其程序意义在于为速决程序的选择提供一种正当性。在被告人认罪后，问罪程序所要解决的另一个问题便是审判程序的选择。在被告人认罪的基础上，赋予当事人（尤其被告人）简易程序选择权是较好的一种策略。当然，当事人的选择并非是无限制的，法律应当为程序的适用规定一个原则的框架。笔者认为，在完全认罪的情况下，如果控辩双方能够达成辩诉交易，则可以适用辩诉交易程序；在部分认罪或完全认罪而又未达成辩诉交易的情况下，控辩双方可以选择是否适用简易程序；而在被告人不认罪的情况下，则只能适用普通程序。②

（六）法庭审理阶段

检察院将适用认罪认罚制度的案件材料移送至法院，并向法院移送程序适用建议和认罪认罚协议，供法院全面审查该案件是否达到适用认罪认罚制度的法定条件，特别是需要对认罪认罚协议的合法性、正当性予以审查，只有在同意控辩双方协议的前提下方能审查同意适用认罪认罚制度。对于法院审查的内容，可归纳为以下几个方面：第一，被告人认罪认罚的自愿性。结合被告人在侦查阶段、审查起诉阶段的综合表现，并听取其辩护律师的意见。第二，被告人是否满足认罪认罚制度适用的法定条件。包括是否构成认罪认罚，且符合相应案件类型的特殊要求。第三，控辩双方达成认罪认罚协议的合法性。主要是定罪量刑在实体法上的考量，重点审查法院认定事实与协商认定事实是否相一致、认罪认罚协议是否违反刑法实体法律规定。第四，检察院移

---

① 有学者提出，应将侦查阶段和审查起诉阶段的认罪考虑进去。孙长永、曾军、师亮亮：《认罪案件办理机制研究》，《西南政法大学学报》2010年第2期。

② 参见姚莉：《认罪后的诉讼程序——简易程序与辩诉交易的协调与适用》，《法学》2002年第12期。

送程序适用建议的合法性。由于认罪认罚制度的适用在速裁程序、简易程序中均有体现,法院应着重审查是否满足不同程序类型的法定条件,有无存在程序转换的可能。第五,是否存在其他不得适用认罪认罚制度的法定因素。① 被告人认罪存在多种形式,因而法庭调查程序的简化只能及于被告人认罪的部分,对于超出认罪部分的指控,法庭必须为被告人提供在法庭上进行充分对抗的机会,否则便不能保障程序的正当性。②

(七) 对刑罚的协商

增加"应当从轻、减轻处罚"条款的具体适用情形,保障犯罪嫌疑人、被告人尽早认罪认罚的合理期待。为尽快实现审前程序分流、节约司法资源,有必要设置审前认罪认罚从宽处理的幅度要明显高于审判阶段认罪认罚可获得的从宽处理幅度,甚至在具体从宽处理的方式上也可有差别。一般来说,自首的,可以在量刑上减少应判刑期的 30% 左右;在侦查期间认罪的,可以在量刑上减少应判刑罚的 25% 左右;在审查起诉期间认罪的,可以在量刑上减少应判刑罚的 20% 左右;在法院提审时认罪的,可以在量刑上减少应判刑罚的 15% 左右;在法院审判过程中作出认罪的,可以在量刑上减少应判刑罚的 10% 左右。对于死刑案件,即使在二审阶段,被告人有真诚的认罪、悔罪表现,积极赔偿损失并且取得被害方谅解的,法官仍然可以对其从轻处罚。对于罪大恶极而必须判处死刑的被告人认罪的,可通过判处死缓来回应他们的认罪态度。③ 考虑到我国刑法规定犯罪与英美法的刑法罪刑等级差异较大,因此,一般而言,不得通过罪名变化来作为办理案件的交换条件。即使犯罪嫌疑人、被告人选择认罪认罚,也不得在协议过程中降格指控,将重罪协商改成轻罪,或协商减少指控改变罪数。这是我国探索认罪认罚制度的一个基本底线,也是与国外辩诉交易制度的明显区别。

---

① 参见陈卫东:《认罪认罚从宽制度研究》,《中国法学》2016 年第 2 期。
② 参见姚莉:《认罪后的诉讼程序——简易程序与辩诉交易的协调与适用》,《法学》2002 年第 12 期。
③ 参见孙长永、曾军、师亮亮:《认罪案件办理机制研究》,《西南政法大学学报》2010 年第 2 期。

（八）救济程序

我国台湾地区协商程序规定被告人原则上不得上诉，仅在六种例外情形下才允许上诉，且规定根据但书情况提起上诉的，二审法院仅以上诉理由所记载的事项为调查范围。认罪协商的案件原则上不允许上诉，这是因为，法院的判决主要是对认罪协商协议的认可，而既然被告人和检察官在协议中已就定罪与量刑问题达成合意，那么他对法院的判决原则上也就不得再提出上诉，这可以看作是被告人自愿与检察官达成认罪协商协议所应当承担的法律后果和所应当遵守的承诺。

论审判中心视野下的司法假定及其相关概念辨析

韩振文 *

当前学界及实务界倡导从侦查中心主义到审判中心主义的变革,但却鲜有对庭审中心的前提性过程司法假定的理论探讨,而恰恰这方面的研究直接关涉司法适用的正常启动。从"中国知网"检索结果可以看出,研究审前司法判断建构模型的资料很少,而明确提到"司法假定"的文章目前只有五篇。① 在这仅有的参考资料中,却并未清晰地厘清司法假定与司法判断、司法推定、司法认知等概念的异同,以致发生概念上的混淆甚至误读,阻碍了司法假定论题的深度展开。笔者以下尝试在审判中心视野下对司法假定及其相关概念作出辨析,以期能对此论题的深化探索有所助益,最终获致庭审的实质化。

一、司法活动中的假定

假定是人类思维与判断的基本形式之一。有时甚至是一种思考习惯,即从信息收集还相当有限或分析未及完成的阶段起,就针对问题以及解决办法

---

* 韩振文,工作单位:浙江工商大学法学院。

① 截至 2016 年 1 月 12 日,检索到的五篇文章分别为:(1)苏晓宏:《法律中的假定及其运用》,《东方法学》2012 年第 6 期;(2)韩振文:《司法假定的认知心理学阐释》,《学术探索》2015 年第 7 期;(3)韩振文:《司法假定理论基础的学科交叉透视》,《山东青年政治学院学报》2014 年第 2 期;(4)韩振文:《司法论证检验制约司法假定的制度设计》,《山东青年政治学院学报》2015 年第 2 期;(5)沙季超:《司法假定对刑事冤案的影响及其偏差控制——以认知心理学为视角》,《赤峰学院学报(汉文哲学社会科学版)》2015 年第 11 期。

所采取的暂时性答案,为此就会不断思考问题的全貌与结论。"假定"一词更多在科学研究活动中使用,按照学术惯例指称在原有科学知识基础上得出的前提性结论。历史的经验业已表明,假定是人类探究知识的最伟大的一项发明:科学理论的正统建构与对事物的完善理解都离不开假定;①而且,这里讨论的假定,在自然科学家的实验发明、艺术家的新奇创作以及企管顾问的高超经营等,跨领域地广泛运用,都足以说明其非凡的作用。胡适先生就曾坦言,要"大胆假设,小心求证"。科学的特征不是确认为真,而是证明为假。英国著名科学哲学家卡尔·波普尔(Karl Raimund Popper,1902—1994)也提及,如果我们发现结论是错误的,那么一个或多个初始假设必然也是错误的;自然科学和各种社会科学的开展都是永无终止的试错实验,科学家的程序并不依赖从实在事实归纳出的理论,而是依赖对各种问题提出的初始假设的证伪。从最宽泛的性质上来说,假定是人类在长期自然演进过程中积淀生成的先天本能心理活动,因而是一种生态学意义上的生物现象。

　　笔者提出假定思维这项命题,既非陈腔滥调亦非标新立异。不论是法官还是普通民众,在看到任何事情时,都会在头脑中自觉形成初始的假定,这种假定就是他们根据自己感官所看到、听到而缺乏当事人的事实介绍或辩解而作出的,而且虽无须费力地作出,却影响以后对事物的认识评价。② 在司法的特殊语境中,法官断然不是德沃金先生(Ronald Dworkin,1931—2013)笔下虚构的超人法官"赫拉克勒斯",也非在审判当天才降临,他或她在断案中必然受庭前信息影响而作出假定结论,只是案件裁决的最终物化载体是析理透彻的公文书而已。假定模式对于科学起着重要作用,恰恰还对法律科学(在法权中)是如此地有价值。法官断案情况与科学家的工作颇为相似,通常都为先凭直觉提出假定,然后尝试对假定进行证立检验。"司法假定"并不是一个

----

　　① 我们熟悉的有,自然法学派提出拟制的"自然状态"说、刑事责任理论中的"自由意志"论、霍布斯假定主权政府及独立政治社会起源于原始社会契约、罗尔斯在理念化正义理论中的"无知之幕"、法律身体是耶林对法学本质所作的存在与生命的假设、凯尔森在纯粹法学中"基本规范"的超验逻辑预设以及康德在界定正义含义时以"自由"为前提、制度经济学与新古典经济学派假设存在着稳定的社会游戏规则等。

　　② 笔者曾访谈过一位从业28年技能娴熟的理发师,他讲到当看到顾客的第一眼,就会结合顾客的头型快速地作出直觉性判断与选择,在头脑中形成顾客剪后应当呈现的样子。为此他不会轻易改变最初的预测构图,除非在修剪过程中顾客明显表示不满意。

正式的法学名词,有关文献并未将司法活动中的初步思维方式确切地描述为"假定",但事实上这在法律中确实是一种假定的方式,比如法官从一开始就认为"这种情形应该是一个##案件"。虽然法官们作出的预判结论可能不一,但思维过程的本质具有同一性。更何况,要求中国的法官在庭前不接触任何案情信息,根本无实现的可能性。笔者结合以上论述,大胆地把司法活动中的假定定义为,法官在待决案件面前,尤其是庭前信息尚不充分阶段,在法律前见基础上通过直觉机制对信息加工处理,所进行初步推测或预断的思维方式。司法假定的表现形式则为预判结论或假定结论。

司法假定是司法过程中作出初步判断的基本思维方式之一,也可以说是所有司法判断都无法绕过的思维环节。很难对司法假定的思维活动作出优劣性评价,但其表现形式预判结论可以得到复验改进。司法假定始终处于层级递进式的状态,本质是法官实践理性基础上职业判断能力的体现,通常表现为不完善的尝试性结论或确信效果,从而不同于纯思辨的猜想与荒诞的幻觉。司法假定作为一种思维固有的模式,并不是思维断片时候的补充。在大多数情况下,它发挥着积极作用,使得司法活动更加顺畅简洁,但有时也会带来消极影响,使裁判结果发生偏差。在康德(Imanuel Kant,1724—1804)的形而上学世界中,可抽象理解为一种先天综合性判断。而在美国法学家卢埃林(Karl Nickerson Llewellyn,1893—1962)及其忠实追随者看来,这是一种法官辨识情景类型的能力即情景感,它并不是法官个人的主观偏好,而是具有客观性的"内在法则",它的实现有赖于法官通过职业理性与生活情感的交互作用,来直觉性认知和经验性把握某类生活情景,从而发现和重述相关规则。有论者适切地指出,"法官裁判案件首先产生的是直觉,它将提供被遵守的假定,然后才是寻求法律根据以支持上述的智识性任务"。

二、包含与被包含关系:司法判断与司法假定

概念使用都有自身的学术语境。司法判断与司法假定属于裁判理论语境中两个重要的概念,对此有必要作出相应辨析。两者主要的区别表现在适用范围上,前者包含后者。判断是个体或社群在相互竞争的两难境地内,作出的

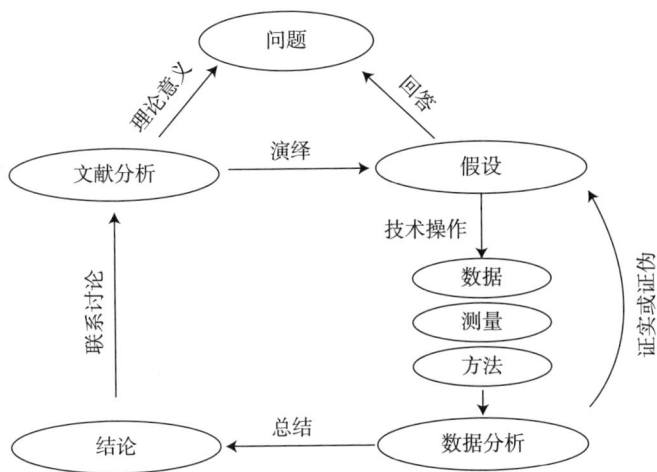

图1　科学研究活动的基本结构

符合价值理念约束的最优选择。司法判断在学术界一般指称司法作业者应用法律所得出的最佳结论或结果，又可称为司法裁决、司法决策，而法律应用包括法律发现和法律适用。法律只能透过裁决来解决问题，这意味着以形式之物来决定实质。司法判断是一种规则判断，围绕着事实与法律展开，具有连续性、规范性、主体间性与复杂性。首先，司法方法服务于它的形成，通过一系列连续地判断决定，最终的结论才得以作出；其次，它区别于高标准的道德判断，判断的规范性（当为性）推演不出行为的善恶性，因此，英国法哲学家拉兹（Joseph Raz,1939—　）将这种现象称之为规范判断与评价判断之间的"裂缝"；再次，根据"休谟法则"的逻辑面向，事实与价值无法直接相互推导，判断的规范性推导不出行为在现实生活中就已落实；复次，它并不是判断者的独断，而是一种具备"扩大的见地""再现性思维"和"共通感"的主体间性的反思判断；最后，作为大前提的法律规范是否足够有效，以及裁判者认定事实、适用法律是否足够有效，这些问题使得司法判断显得错综复杂。

　　此外，司法判断的最终结论具有终局性和既定力，一旦确立不得再向其他机关寻求救济。司法权的核心内涵是司法审判权，司法解释权、司法建议权、司法执行权和司法帮助权皆是围绕司法审判展开的。而司法审判权或裁量权本质上是一种有权力结构关系所保障的判断权，这是司法改革的理论基点。司法权既无强制又无意志，而只有判断，因而司法工作者（更精确说是法官)就是通过行使判断权来为法效劳,实现法的决定的。"司法权之所以是判断权,是因为司法权的根本任务在于对当事人之间具有争议的利益之是与非、合法与违法作出判断和裁决,以评断社会纠纷和平息社会纷争为己任,从而促进社会的和谐和发展。"对于司法判断概念的认识,人们总是关注于最终结论(形式为实存的裁判文书)的作出,却往往忽视它的连续性,其中还包括司法初步判断(结论)的部分。从形式上看,结论性判断是法官在准用规范和个案事实之间不断进行比对、调适"初步结论"得来的,即所谓的"目光的往返穿梭"理论。司法假定作为司法初步判断的思维形式,与司法判断相比较,很明显地,前者属于后者范围内的部分,也就是包含与被包含的关系。

三、逻辑思维上的差异:司法假定与司法推定

司法假定有别于司法推定。在诉讼证明中,存在严格证明与推定两种认定案件事实的方法。司法推定又称事实推定(在德日民事诉讼法上称"表见证明"),它是与法律推定相对应的概念(从历史角度看,则为法律推定的遗留),属于法官自由心证的范畴,在我国司法实践中是客观存在的。作为对司法三段论中小前提的预设,是一种事实认定的重要技术手段,其基本功能是为法官审判提供一种简捷的认定未知案件事实或争议事实的方法。它强调认定事实的思维出现断片(推不下去)之时,根据经验法则使用逻辑方式,从基础事实(间接性事实)推导出未知事实(待证事实)。在我国证据印证模式、严格证明责任下,法官不敢用、不愿用经验法则来裁判案件,尤其是案件事实处于真伪不明的灰色状态时,法官更愿选择用直接证据来相互印证事实,即使采用了间接证据证明与经验法则①的司法推定,也不愿在裁判文书中予以公开说

---

① 经验法则系指由人类生活经验抽象归纳出来的关于事物属性及事物之间常态联系的公共性知识或常识性准则。它作为长期裁判实务积累形成的不成文法则(具有法规范性),被誉为连接证据与案件事实的桥梁与纽带,其在事实推理的逻辑三段论中扮演大前提的角色。经验法则的角色扮演融合着利益权衡与价值判断的过程。经验法则虽常以"通常是如此"形式呈现,但其盖然性(或然性)程度实质上却具有高低强弱之分,这也就先天决定了自身存在被误用、偏废的局限与弊端,因此法官对此更应慎重识别、正确选用。同时,法律上也赋予遭受不利利益的一方当事人享有对经验法则提出反证的权利与机会,以此验证其适用是否为正当可接受的。

明。而司法假定是法官在案件审理前对案件结论作出的初步判断,就不仅仅包括事实认定中的假定,还包括适用法律中的假定。

司法假定存在于裁决过程中,也就是说我们无法拒绝司法人员对案件最终结果产生的心理预期。若放在刑事案件中司法人员对犯罪嫌疑人可能产生有罪或无罪的预期,但出于司法人权保障的目的,各国刑事法律要求司法人员作出无罪的预期,也即"无罪推定"原则。而从目前的实践情况来看,司法人员往往习惯于肯定一个人的罪行即倾向于"有罪推定"。依笔者之见,这里的"无罪"预设并不是司法人员在思维断片时作出的补充,而是法律所强制要求的思维假设,因而称之为"无罪假定"似乎更加妥当些。再比如,在合同法领域书面契约的解除被假定为债的清偿,在错债给付诉讼中存在有利于债权人的假定,以及关于死亡顺序的假定和妻子财产源于丈夫的假定等。

四、程序法上的区隔:司法假定与司法认知

司法假定与司法认知这两个概念属于不同范畴,由于学术界对此界定的不统一,导致两者容易发生混淆。在此有必要进行概念释义与辨析。"认知"一词主要在心理学上使用,意指人的心智或思维活动。比如认知科学学科群中的子域认知心理学就是以感觉信息的内在加工与问题解决为认知模型来研究人类的高级心理过程,这个内部运作历程是知觉、注意、记忆、知识表征、语言、情绪、思维、推理、创造力等多种因素的综合,并呈现出单向序列的阶段特性,包括信息数据的搜集、输入、编码、存储、变换、简约、提取与使用等,并以一定的行为表现出来。作为连接外界刺激与条件反应间的认知加工通道,包括直觉加工系统与理性分析机制。但此处比较讨论的是"司法认知"这一概念。司法与认知的结合却具有了法律层面的特殊意蕴。司法认知源于英美法系国家的证据法概念,本质上是一种免证事实制度。对此可定义为法官在审判过程中,依职权或依当事人申请,对某些特定的事项,无须当事人举证证明而直接确认的,并将其作为定案根据的特殊职权行为。它属于法庭的一种裁判职务行为。司法假定是法官在案件审理前对获得的不充足信息,通过直觉机制加工处理而初步确认与判断,产生的确信效果。从外在视角看,司法假定结论

本身的效力是待证的,及其对潜在危险性的防范,①都须对假定保持开放的、可修正的姿态。

司法假定与司法认知在程序法上的区别表现在:(1)司法认知发生在案件审理过程中,而司法假定主要发生于案件审理前。(2)司法认知的作出无须以任何事实的证明为基础,而司法假定的作出必然以已获得的一些案情信息为前提。(3)司法认知不可能被证据全盘推翻,不具有可反驳性或可废止性,而司法假定的结论可能被后来更强的证据所推翻,具有可反驳性。② 司法假定是由设证(假说)推理发现的,它是从结论出发试图寻找最佳前提(解释)依据的推理,本身具有可反驳性(可废止特性)。"假说推理中的看法如同灵光闪现,忽然降临。它是一种直觉,虽然是一种易错的直觉",这意味着自我的假定思维及得出的假定结论必须与他人进行平等沟通交流,谁都没有资格将自己的假定强加给别人,因而司法假定应是自由开放的、可修正的。司法假定结论的可反驳性必然要求受多种考量因素的制约与防范,最根本的是受到法官共同体实践理性的限制。(4)司法认知中法官对不具有争议的可靠事实和明确的法律予以直接认定,而司法假定中的案情信息是不完全不确定的,法官只是暂时予以确认。

结　　语

当前学界及实务界倡导从侦查中心主义到审判中心主义的变革,但却鲜有对庭审中心的前提性过程司法假定的理论探讨,而恰恰这方面的研究直接关涉司法适用的正常启动。司法假定是司法活动中法官作出初步判断的基本

---

① 法官总是习惯于把假定硬是塞入案件的后续审理中,因为这种事先练就的手法既迅捷又坚固耐用。然而,这本身就有操纵法律、使法官中立的角色滑向控告一方之危险,从而使法官忠诚法律的坚守变为凭空虚幻。同时,假定的指引在心理监控机能不完善的情况下,更有可能产生认知偏差,从而导致不公的裁判。

② 可反驳性(或译为可击败性),并非一个困难的概念,它的意义其实就是指:某些真或正确的命题并不绝对地真或正确。这些命题的正确性随时可以被更强的反面论据所否定(所击败)。Peczenik 说,"所有的法律规范都在其内容的可改变性意义上,具有可反驳性的特色"。参见颜厥安:《规范、论证与行动——法认识论论文集》,台湾元照出版有限公司 2004 年版,第93 页。

思维方式之一。具体而言,司法假定指的是法官面对待决案件尤其是庭前信息尚不充分阶段,在法律前见基础上通过直觉机制对信息加工处理,所进行初步推测或预断的思维方式。司法假定的表现形式则为预判结论或假定结论。很难对司法假定的思维活动作出优劣性评价,但其表现形式预判结论可以得到复验改进。法官庭前对案件形成的假定结论会随着庭审的推进而不断得到修正。为防止概念上发生混淆,有必要对与司法假定相关概念作出辨析。司法假定作为司法初步判断的思维形式,与司法判断相比较,前者属于后者范围内的部分,也就是包含与被包含的关系。在逻辑思维上司法推定与司法假定存在差异,司法推定强调法官认定事实的思维出现断片时根据经验法则使用逻辑方式,从基础事实推导出未知事实;而司法假定则强调法官在案件审理前对案件结论作出的初步判断,就不仅仅包括事实认定中的假定,还包括适用法律中的思维预设。从证据法角度看,司法认知本质上是一种免证事实制度,属于法官的裁判职务行为,法官对事实和法律予以直接认定,不具有可反驳性;而司法假定中所处理的案情信息是不完全不确定的,法官只是暂时予以确认,其假定结论具有可反驳性。

第 二 部 分

"认罪认罚从宽"制度改革研究

认罪认罚从宽制度试点评析及完善建议

杜文俊　孙　波*

认罪认罚制度提出于党的十八届四中全会《中共中央关于全面推进依法治国若干重大问题的决定》中"完善刑事诉讼中认罪认罚从宽制度",最高人民法院《关于全面深化人民法院改革的意见》《人民法院第四个五年改革纲要(2014—2018)》进一步提出要"构建被告人认罪案件和不认罪案件的分流机制"。认罪认罚从宽制度的提出旨在通过行为人如实供述犯罪事实以节约司法成本、减少社会对抗、修复社会关系,实现案件繁简分流。其实,早在2003年,两高及司法部就曾联合发布《关于适用普通程序审理"被告人认罪案件"的若干意见(试行)》,可以说是认罪认罚从宽制度的前身,对于该制度完善和深入也具有借鉴意义。

一、认罪认罚制度试点现状

从立法现状来讲,认罪认罚从宽制度虽然还没有成为完备的制度在我国诉讼法中确立下来,但在我国目前的刑法、刑诉法法律体系中,已经有部分条文和制度体现认罪认罚从宽精神。《刑法》中最直白的体现在总则第六十七条中,犯罪嫌疑人如实供述自己罪行的,可以从轻处罚。供述自己的罪行就是认罪的表现,从轻减轻处罚则是从宽处罚的体现。其次,在刑法分则中,刑法修正案(九)在第三百八十三条贪污罪的处罚中增加的第三款,犯罪嫌疑人在公诉前如实供述自己罪行、真诚悔罪、积极退赃,避免、减少损害结果的发生,

---

* 杜文俊,工作单位:上海市社会科学院法学所;孙波,工作单位:上海市社会科学院法学所。

可以从轻、减轻或者免除处罚。此外,在刑罚的适用中,缓刑等制度的适用要求犯罪分子"有悔罪表现",也都体现了认罪认罚从宽的精神。《刑事诉讼法》中,已经规定于刑事诉讼法中的已有的简易程序、刑事和解程序以及正在试点的速裁程序等制度设计要求犯罪嫌疑人、被告人如实供述自己的罪行或者真诚悔罪获得被害人的谅解。但是在《刑事诉讼法》中,刑事和解和速裁程序规定了在如实供述罪行、真诚悔罪获得谅解之后的量刑上宽宥;简易程序中只要求犯罪嫌疑人如实供述,对于从轻减轻处罚却没有提及。认罪认罚从宽制度的设计应该站在将现有立法进行统一、完善的立场进行。

　　从实践现状而言,我国认罪认罚制度目前还在试点阶段,具体的上位文件还没有落实,导致试点过程中基层司法机关在认罪认罚从宽制度的探索上也比较混乱。不同地区的法院对认罪认罚从宽制度的适用范围、启动机构、证明标准等各不相同,且认罪认罚从宽制度试点常常与现有刑事和解、速裁程序的使用产生重叠。以目前了解到的浙江平阳、江苏宜兴两个比较典型的基层法院为例,浙江平阳法院在公安机关、检察机关设立"认罪认罚案件办案组",对认罪认罚的案件集中移送、集中起诉;制作《认罪认罚评估表》和《量刑建议书》;量刑宽宥幅度上,犯罪嫌疑人被传唤或被采取拘传的强制措施后,如实供述并认罪认罚的,减少基准刑的10%—25%以下;刑事案件被移送检察院审查起诉阶段,犯罪嫌疑人、被告人如实供述并认罪认罚的,减少基准刑的15%以下;在一审判决作出前,被告人如实供述并认罪认罚的,可减少基准刑的10%以下。江苏宜兴法院试点中,将制度适用范围限定在"犯罪事实清楚、证据充分,适用法律无争议且依法可能判处一年以下有期徒刑、拘役、管制或独立附加刑的轻微刑事案件或者适用刑事和解的案件";制作《适用认罪认罚处理机制笔录》;检察机关在提起公诉时建议法院适用简易程序,并在同类犯罪行为正常量刑的基础上,减轻10%—20%向法院提出量刑建议。浙江平阳法院将认罪认罚从宽作为一种独立的制度适用,而江苏宜兴法院则是将其看作简易程序适用的补充和完善。

二、试点过程中的问题评析

　　窥一斑而知全豹,基层法院在试点中对于该制度的定性、适用范围、量刑宽宥的幅度、证明标准等均有差异,这就很有可能造成不同地区司法不统一的问题,呼吁上位法的出台。

(一) 适用范围

对于认罪认罚从宽制度的适用范围,不论在理论上还是实践中均有不同的理解。司法实践中,普遍将认罪认罚从宽制度适用于轻微案件,很多地区将适用范围和速裁程序、刑事和解的适用范围画等号,或者规定适用于一年以下有期徒刑刑罚的案件。有的学者提出,学习我国台湾地区,将认罪认罚从宽制度的适用范围限定在五年以下有期徒刑刑罚的案件;有的学者提出应当排除危害国家安全罪、暴恐犯罪以及重大贪污、贿赂案件的程序适用;陈卫东教授等学者则认为认罪认罚程序应当适用于所有类型的案件。

笔者同意陈卫东教授的观点。因为,一方面,根据刑法现有规定,所有类型的犯罪在如实供述自己的罪行后都可以从轻处罚。另一方面,轻微刑事案件的认罪认罚从宽,目前的简易程序、速裁程序、刑事和解程序已经较为完备,再增加认罪认罚从宽制度没有实质意义。司法改革旨在构建案件繁简分流的机制,认罪与不认罪案件分流。认罪认罚从宽制度应该是源头上分流认罪与不认罪案件审理程序的制度设计,而其他速决程序则是对认罪案件的再次分流。此外,这里的从宽应该理解为"应当从轻或减轻"。其原因在于,如果仅仅规定"可以从宽"将有可能会使"认罪认罚从宽制度"沦为"认罪制度"。以简易程序为例,在《刑事诉讼法》中没有认罪认罚从宽的相关规定,但根据我国《刑法》第六十七条第三款之规定,犯罪嫌疑人如实供述自己罪行的,可以从轻处罚。但司法实践中,司法机关往往藉由这个"可以"而仅仅得到适用简易程序带来的利益,却没有给当事人相应的量刑优惠。也是基于此,如果认罪认罚从宽制度仍将"从宽"解释为"可以从宽",那对于现有法律制度是没有突破的,其价值也将大打折扣。

(二) 证明标准

我国刑事案件证明标准区别于民事,刑事案件要求事实清楚,证据确实充分,而民事案件只要求高度盖然性。此前《关于在部分地区开展刑事案件速裁程序试点工作的办法》中规定速裁程序要求证据充分,在实践中,一般是

"基本事实+必要证据",也就是说认罪认罚时,速裁程序的证明标准低于一般刑事案件。学界对于认罪认罚案件以及现有速裁程序的证明标准是否应当降低也有很多争议。部分学者认为应当降低证明标准。其原因在于我国刑事诉讼法第五十三条规定,没有被告人供述,证据确实、充分的可以认定被告人有罪和处以刑罚,被告人的供述并不是定罪量刑的必要条件,如果已有证据已经做到了确实、充分,寻求被告人的认罪供述对于定罪量刑没有实质意义,也不符合认罪认罚从宽制度中通过认罪获得司法成本节约,进而换取量刑宽宥的立法本意。

也有学者认为,案件证据证明标准降低不仅对犯罪嫌疑人、被告人不利,公平价值缺失,其合法性也是有待商榷的。我国刑事诉讼法要求刑事案件证据应当确实、充分。降低案件证明标准很有可能使认罪认罚案件将证据链条建立在被告人的认罪之上,使口供中心主义回归。此外,必要的证据难以明确其范围,缺乏操作性。

(三) 量刑宽宥幅度

在司法实践中,有的地区认罪认罚案件适用统一的量刑宽宥幅度,有的则根据犯罪嫌疑人、被告人认罪认罚的程度不同、阶段不同而适用不同的宽宥幅度,可以减轻的范围也在 10%—25%,各地标准不同。《最高人民法院量刑标准》第二十五条规定了自首立功的量刑减轻幅度,规定犯罪分子犯罪后,犯罪事实已被发觉但尚未明确,犯罪分子自首的,轻处 30%;被告人自愿认罪的轻处 10%。从国外立法情况来看,也大多在 30% 的幅度以内考虑量刑宽宥,如俄罗斯规定判刑不超过 2/3,意大利规定从轻处罚 1/3 以内,英国规定 30% 以内。这一点上,浙江平阳法院以《最高人民法院量刑标准》为标尺,区分不同时间点认罪认罚对量刑宽宥作出区分是合理且值得推广的。认罪认罚的时间不同,体现犯罪嫌疑人、被告人的主观恶性的不同,以及其社会危险性的不同,在量刑宽宥上作出区分,也有利于激励犯罪嫌疑人、被告人积极认罪悔罪,节约司法资源,及时修复社会关系。

三、制度完善建议

2003 年,最高检在《关于适用普通程序审理"被告人认罪案件"的若干意见(试行)》的法律意见中曾强调:公诉方式改革要在宪法原则和现行法律规定框架内进行。对于法律有禁止性规定的,在法律没有修改前改革措施都不得突破。要正确处理好改革与依法创新的关系。在遵循宪法和法律基本原则的前提下,对于法律不明确的,或者依法可以改进的问题,可以大胆尝试,积极探索实现立法宗旨的新形式、新措施和新途径。认罪认罚从宽制度的构建也应该遵循这样的前提,在现有法律的制度框架下进行:

(一) 厘清与现有几种速决程序的关系

认罪认罚制度与现有几种速决程序具有功能上的相似性,都在于实现案件的分流,提高审判效率,节约诉讼成本,优化司法资源配置,但认罪认罚从宽制度应当是一个独立的制度,与其余速决程序在适用范围和条件上应当体现层次性。认罪认罚从宽制度体现的司法宽容精神,这一点上几种程序是互通的。认罪认罚从宽制度、简易程序、刑事和解和速裁程序,适用范围逐步限缩,适用条件逐步严苛,得到司法宽宥的幅度逐步扩大,认罪认罚制度应当覆盖不能为现有程序所包含的其余认罪案件,是对现有几种程序的补充和完善,是对司法宽容精神内涵的充实。每一个刑事案件在进入起诉阶段后,当事人自愿认罪认罚就可以适用认罪认罚从宽机制,获得一定的量刑宽宥,体现了认罪案件与不认罪案件的分流;现有的几种程序,则是在认罪的案件中,根据犯罪情节、认罪悔罪态度的进一步分流:若案件是理应在基层法院审理,则适用简易程序;如果涉及的是刑法第四章、第五章的罪名,可能判处三年以下有期徒刑刑罚,或渎职犯罪之外的可能判处七年以下有期徒刑刑罚的过失犯罪,且取得被害人明确谅解的,可以适用刑事和解,法院可以从轻处罚,情节轻微可以不起诉;如果案件局限于特定的犯罪,取得被害人谅解,且可能判处刑罚在一年以下有期徒刑,则可以适用速裁程序。如此,几种程序才更加体现司法的层次性。

(二) 制度设计

1. 程序启动具体而明确

启动机构而言,在 2003 年《关于简化适用普通程序审理"被告人认罪案件"的若干意见》中,赋予检察机关和辩护律师相同的提请启动程序建议的权利,法院决定是否适用。

启动时间而言,认罪认罚从宽制度旨在从源头上对认罪与不认罪的案件进行分流。我国刑法中规定了自首、坦白的从轻减轻处罚,实质上体现了认罪认罚从宽的精神,可以看作认罪认罚的起点。自首与坦白大多在侦查阶段,故而认罪认罚从宽应当从侦查阶段就开始进行考量。我国《刑事诉讼法》规定了公安机关在侦查阶段的预审程序,要求公安机关对有证据证明具有犯罪事实的案件在预审中对收集、调取的证据材料予以核实。对于行为人认罪认罚情况的考量也可以在预审中进行考量和记录,以便于检察机关提出量刑建议。

2. 庭前会议实质化

我国目前的庭前会议内容规定于《刑事诉讼法》第一百八十七条、第二百一十七条,包括普通一审程序及简易程序的开庭前准备。目前我国的庭前会议仅针对回避、非法证据排除、证人名单、证据意见交换等程序形式。简易程序开庭准备的内容则还包括确认被告人对于指控犯罪事实的意见以及是否同意适用简易程序,告知简易程序的相关规定。认罪认罚从宽的案件中,则有必要构建实质性的庭前会议,确定同时给被告人思考的时间。法国庭前认罪答辩程序规定较为完整,对我国有较大的借鉴意义。法国诉讼法中规定,该程序中,首先由被告人在律师在场的情况下以言辞形式作出承认指控犯罪事实的意思表示;检察官给出低于法定刑的量刑建议;给予被告人10天思考期限,考虑接受或拒绝量刑建议;思考期限结束后,进入审核阶段,法官对犯罪事实真实性、量刑建议适当性、庭前认罪答辩程序的合程序性进行审核。给予被告人较长思考期限,当被告人经过思考,愿意让渡自己的部分权利以获得量刑的宽宥,也能够体现刑事诉讼的公平价值。

3. "罪状认否程序"律师在场

认罪认罚从宽制度要求在认罪认罚的案件中,司法机关放弃一部分期限利益,给予一部分量刑宽宥,而当事人放弃一部分诉讼权益,互相让渡而达到平衡。美国在这一问题上,采用的是"罪状认否程序"。这一制度在我国的法律中表述为:法官确认被告人是否自愿认罪。但二者的区别在于,美国的罪状认否程序需要确认被告人的认罪是在律师帮助下作出的,并且告知丧失的权利。我国目前只有速裁程序中规定了律师帮助,其余程序中仅告知有申请法律援助的权利,没有最大程度地发挥律师对当事人权益保护的作用。

相较于犯罪嫌疑人、被告人，律师具有更高的法律素养，能够更好地对行为法律后果进行预判，也更加注重对犯罪嫌疑人、被告人利益的维护。律师的参与可以最大化地减少由于利益让渡给犯罪嫌疑人、被告人造成的正当利益的损失，最大化地确保行为人作出有罪供述是出于自愿。故而在庭前会议、庭审中，法官都应当确认行为人是否自愿作出认罪供述，是否在律师帮助下作出认罪答辩。

4. 被害人一方参与监督

认罪认罚机制给予当事人和检察机关进行认罪协商的权益，如果没有很好的监督机制，容易发生花钱买刑等新的司法腐败、司法不公问题。目前主要采用的监督方式包括，要求检察机关两人以上同当事人进行协商以及全程同步录音录像。但在花钱买刑的情况下，行为人与检察机关成为利益共同体，协商过程及录音录像的现有监督方式不能完全排除司法腐败的可能性。被害人一方在我国刑事司法程序中的作为能力有限在我国一直饱受诟病，在协商中发挥被害人一方的作用，让被害人一方充当部分监督者的角色，可以最大程度上减少这类司法腐败，同时这种情况下，犯罪嫌疑人最大程度悔罪、退赃退赔也可以保证认罪认罚从宽程序的社会效果。

认罪认罚从宽制度的理论探究

陈 明[*]

2014 年 10 月,党的十八届四中全会通过的《中共中央关于全面推进依法治国若干重大问题的决定》(以下简称《决定》)中提出:"要完善刑事诉讼中认罪认罚从宽制度。"为了贯彻、落实《决定》的精神和要求,最高人民法院、最高人民检察院等司法机关和部门也作出了积极的响应。可以说,认罪认罚从宽制度是我国刑事诉讼制度改革的重大举措,也是我国刑事诉讼理论界和司法界在今后相当一段时间内讨论和研究的重要对象。虽然,不少地方依照中央部署对认罪认罚从宽制度进行了试点和探索,但立法意义上的认罪认罚从宽制度并没有完全得以确立,司法试点的做法也不尽统一。这背后隐含的问题是,作为一个新事物认罪认罚从宽制度在理论上并没有做好充分的铺垫。由此,对认罪认罚从宽制度进行基础理论研究是非常必要的。

一、对认罪认罚从宽制度的界定和理解

认罪认罚从宽制度一词仅出现于中央决策和司法机关的文件中,目前没有法律文件对认罪认罚从宽制度进行权威性界定,因此,我们对其概念的界定和理解,只能从字面意思、制度提出者和设计者的初衷和相关文件的描述去加以概括提炼。

---

* 陈明,工作单位:上海市黄浦区人民检察院。

（一）认罪认罚从宽制度的概念解析

长期以来，我国刑事诉讼程序的公正价值受到了过分的强调，查清案件事实，准确惩罚犯罪成了刑事诉讼的首要价值目标。为了查清案件事实，不计成本、不计时间地进行诉讼程序，这势必会影响诉讼效率。与此同时，我国正处在社会转型时期，各类刑事案件急剧上升，而司法资源却相对有限，这使得司法机关处理刑事案件的负担日益加重。因此，合理地配置、利用有限的司法资源，提高刑事诉讼效率就显得尤为重要。这应该是这项制度的提出者和设计者的初衷。由此，结合字面意思和相关文件的描述，我们认为，认罪认罚从宽制度是指，在刑事诉讼中，犯罪嫌疑人、被告人承认对其所提起的指控并愿意接受刑事处罚，进而与国家追诉力量达成一致，最终获得相对较轻惩罚的一种制度安排。

其中，对于"认罪"的理解，学界存在不同的看法。有学者指出，依据我国《刑事诉讼法》的规定，认罪不仅包括承认自己所犯罪行，对指控的犯罪事实没有异议，还包括对适用简易程序没有异议。① 有研究者认为，认罪必须获得程序法上的意义才能对诉讼程序的进程和形式产生影响，认罪可能发生在侦查、审查起诉和审判各个诉讼阶段，但犯罪嫌疑人在侦查、审查起诉阶段的认罪不应具有程序法上的意义，能够对诉讼程序和形式产生影响的认罪只能是被告人在审判前阶段的认罪。② 但也有学者认为，所谓认罪，仅指被告人在正式的法庭上承认控方提出的指控。③ 此外，还有研究者指出，认罪包含着主观与客观两方面的要求，在主观上，必须坦诚地述说自己的犯罪事实，是真心实意的，而不是被逼迫的、被动的承认；在客观上，被告人须将所犯客观事实如实交待。主客观相结合才是认罪。④ 事实上，认罪从主观角度可判断罪犯已认识到自身错误，通过对犯罪事实的供认以达到改过自新的目的，从客观角度则体现在罪犯对自身的恶劣行径真正做到供认不讳。

---

① 参见张建国：《论对被告人认罪之确认亟需解决的几个问题》，《赤峰学院学报》2005 年第 4 期。

② 参见郭明文：《被告人认罪案件的处理程序研究》，西南政法大学博士学位论文 2007 年，第 1 页。

③ 参见马贵翔：《刑事诉讼结构的效率改造》，中国人民公安大学出版社 2004 年版，第 228 页。

④ 参见余胜：《认罪从宽制度刍议》，湘潭大学硕士学位论文 2009 年，第 11 页。

所谓认罚,则是一个比较新的概念,在形式上它表现为犯罪嫌疑人、被告人在认罪的基础上,愿意接受刑事处罚或处理。它包括两个层面的含义:首先,犯罪嫌疑人或被告人对面临的刑罚或者刑事处理决定是清楚的、理解的;如果犯罪嫌疑人或被告人对面临的刑罚或者刑事处理决定不清楚、不明白,而是通盘全吃——无论怎么处罚,怎么处理,他都表示接受——那就不是"认罪认罚从宽制度"意义上的认罚。其次,犯罪嫌疑人或被告人自愿接受已明晰的刑罚或刑事处理决定,亦即不存在法律层面外胁迫、欺骗致使犯罪嫌疑人或者被告人接受刑罚或者刑事处理决定。

从宽是指被告人能够在量刑或者处理上获得优惠。量刑优惠是从宽处理的最一般表现形式,包括从轻或者减轻处罚,在实践中它还包括作出不起诉决定、缓刑判决,以及免除刑罚判决等。当然,从一个更加宽泛的角度而言,从宽还可能包含罪名的选择。需要特别指出的是,从宽必须是制度上的、经验上的,而不是个案上的——尽管个案上确实存在相当大的差别,但从认罪认罚从宽制度上讲,从宽是相对稳定的,被告人对量刑结果能够形成合理预期。此外,从宽还是一个动态过程,实践中它有一个协商合作、达成一致、从宽建议和最终确认的过程。

综上,我们认为在理解认罪认罚从宽这个概念时,需要注意以下几点:首先,认罪认罚应确保其自愿性。犯罪嫌疑人、被告人是自愿承认其所犯罪行,而不是在强大的证据面前被迫承认其犯罪事实。其次,认罪的时间段不宜局限于某个诉讼阶段,但应保证其连贯性。在犯罪发生后,只要犯罪嫌疑人、被告人自愿承认相关犯罪事实并且随后不存在翻供的情形,就可以认定为认罪。再次,将认罪限定为主、客观的结合固然有助于查明案件事实,但从程序运作和逻辑发展的角度来看,这一限定未必合理。因为被告人是否如实交待是需要经过审理来查明和验证的,它是审查的对象而非前提。最后,要准确理解认罪认罚从宽制度的内在逻辑,即认罪认罚与从宽的关系。我们认为,认罪认罚可能导致从宽处罚,但二者并不存在必然联系。为了确保量刑的合理性、科学性,应当综合考虑每个案件中的具体情况。

(二) 认罪认罚从宽制度的特征

结合对认罪认罚从宽制度的界定,我们认为在理解认罪认罚从宽制度时应把握以下特征：

1. 认罪认罚从宽制度的前提是犯罪嫌疑人、被告人自愿认罪

本制度得以运行、实施首先应确保犯罪嫌疑人、被告人自愿认罪。一旦经过公安、司法机关的审查和确认，自愿认罪可以产生特定的法律意义，其独特的价值在于可以帮助司法机关在诉讼程序的繁简分流中作出合理的选择，也可以帮助犯罪嫌疑人、被告人本人获得相对有利的诉讼处境，包括程序意义上的和实体意义上的。因此，本制度实施的关键首先在于准确地判断是否存在自愿认罪这一情形。

2. 认罪认罚从宽制度是一种融合了认罪确认、快速办理、激励机制等要件于一体的制度

诚然，自愿认罪是本制度的前提，但本制度得以有效实施还有赖于其他要件的推动，这里值得一提的是快速办理和激励机制。如果认罪没有一定的激励机制并且依旧需要经历漫长的诉讼流程，那么犯罪嫌疑人、被告人很可能会缺乏认罪的动力，进而本制度也难以实施。因此，在特定类型的案件中，当犯罪嫌疑人、被告人自愿认罪后，应当有一个完整的制度应对，即在较短的时间内进行审查确认，然后给予较轻的处罚。

3. 认罪认罚从宽制度是合作型司法在我国刑事司法中的重要体现

在传统的对抗性司法中，为了确认被告人是否有罪以及刑事责任如何认定，控辩双方会充分地展开对抗，程序公正是人们关注的焦点。而认罪认罚从宽制度则体现了合作型司法的基本特征，由于被追诉方的自愿认罪，诉讼程序的对抗性大为降低，控辩双方都因此获得了相应的诉讼利益，诉讼效率也得到了一定的提升。

4. 认罪认罚从宽制度应该体现出一定的经济性

通过刑诉法的修订，刑事诉讼简易程序得到了一定程度的完善，但其适用仍显僵化，不能从根本上解决案件积压问题和司法资源紧张的问题。认罪认罚从宽制度虽然本质上建立在合作型司法的基础上，但政策倡导者的初衷仍有借助之提高诉讼效率和优化司法资源配置之意，故而它应体现了一定的经济性要求，否则它将失去生命力和活力，也将会受到司法界的排斥。因此，在构建认罪认罚从宽制度时，它的经济性必须得到考虑。

二、认罪认罚从宽制度的理论支撑

（一）当事人主义诉讼结构理论

我国刑事诉讼的模式正在渗入越来越多的当事人主义成分。当事人主义诉讼结构的机理是通过控辩双方作用和反作用,达到制约政府权力,揭示案件事实真相的目的。刑事诉讼模式的这种转变为认罪认罚从宽制度的构建提供了必要的条件。

1. 控辩平等为认罪认罚从宽制度提供了基本的前提

当事人主义特别强调控辩双方的平等性,当事人主义诉讼结构是建立在主体平等和控制权力基础之上的。这意味着每个人在诉讼中都拥有相同的尊严和权利,这种权利被认为是自然的,不存在国家施舍和等级之分。反映在诉讼实践中,诉讼参与者在人格上是平等的,检察官尽管作为国家或社会公众的代表追诉犯罪,但在诉讼中的地位只属于控诉一方的当事人。在当事人主义的诉讼模式中,被告人的主体地位得到了空前的加强,被告人可以自主地影响乃至决定自己的命运;为了维护被告人的这种自主权,充分的辩护制度和平等武装的理念被引入其中。控辩平等为认罪认罚从宽制度提供了结构基础,也为认罪认罚从宽程序推进提供了主体条件。

2. 权力的设计和控制保证了认罪认罚从宽的良好运转

对于处于相对弱势地位的被告人,确保其合法权益免受公权力的侵害成为认罪认罚从宽制度设计中一个必须考虑的问题。在当事人主义诉讼模式中,控辩双方共同推进刑事诉讼进行,而控辩双方作用的发挥又取决于各自所拥有的适度的处分权。从控诉方的角度,检察官所拥有的追诉权和起诉裁量权是其在刑事案件处理中作出选择的资本;从辩护方的角度,被告人所拥有的辩护权、律师权和有罪答辩的权利则是其应对指控的资本。当事人主义诉讼模式中所特别强调的侦查中的司法控制,令状主义、司法审查、律师帮助以及各种非法证据排除规则构成了一个严密的网络,非常有效地控制着公权的滥用行为,使得被告人在参与刑事诉讼中获得"平等武装"的保障,获得了其与代表政府公权的检察官进行较量或协商的能力。

3. 消极居中的法官为防止认罪认罚从宽制度的异化提供了监督保障

当事人主义诉讼模式下,法官处于消极、中立、被动的地位,从他们的角度来看,如果双方当事人都没有争议,而且从宽处理又不损害他人或公众的利益,不违反法律公平正义的价值,就可以予以确认,自然也就没有干预的必要。认罪认罚从宽一定程度上是尊重当事人的程序主体地位和自由处分权。认罪认罚从宽的协商不过是一种争议的自我化解机制,在这种机制中除了双方存在合作之外与对抗制没有什么区别,法官也不会因为双方存在合作而感觉自己裁决的权力受到了侵害,因为所有在合作中达成的意见最终会接受法官的检视。在当事人主义的影响下,法庭相信控辩双方可以通过协商最大限度地接近于事实,也有利于作出对整个社会来说公正的裁决,这一点不同于职权主义的传统观点。

实际上,认罪认罚从宽体现的充分尊重诉讼主体的精神,既蕴含平等、自由的价值理念,又是刑事诉讼民主化、刑事诉讼民事诉讼化的体现。合意型民主化刑事诉讼模式要求以法官、检察官、律师、被告人之间的合作来补充司法官员对客观真相的寻找。这种模式实际上也是最有效的事实发现机制之一,与全面对抗相比,它花费较少的成本,也极易获得稳定的收益。

（二）高度发达的契约自由观念

发达的契约观念是合作型司法得以生存和发展的一个很重要的因素,也是认罪认罚从宽制度得以确立的重要观念基础。当然,契约自由最初只是存在于市民社会的一种生活习惯,在私法领域起着至关重要的作用,但如果我们认为契约的意义仅在于私法领域,那么就大错特错了。随着近代启蒙思想运动的发展,契约理论逐渐渗入公法领域。事实上,卢梭在《社会契约论》中已经对整个国家的统治秩序和权力构造进行契约化的描述。而赫费在其《政治的正当性》一书中也论及:契约不仅是私法的法律形态,而且也是公法的法律形态。社会主义核心价值观中的自由、平等、公正和诚信等也与契约精神相合。事实上,契约精神为现代宪政国家、法治国家的建立及其法律制度的构建提供了强有力的理论支撑——人们逐渐认识到契约在公法领域同样有不可思议的巨大作用。契约观念作为一种方法、理论,其本身包含着平等、参与、对话、谈判、妥协及意思自治等成为公法领域中合作型司法理论的支撑之一。契约观念所包含的"合意"和"互利"的基本原则从根本上克服了传统对抗式诉讼制度的非合意性、不确定性和不可预测性,满足了人们追求未来生活确定性、避免冲突的欲望,避免两败俱伤的结果。实际上,认罪认罚从宽制度本身就包含着契约观诸多的内容:

1. 自治

自治是契约观的核心内容,当事人在法律允许的范围内享有完全的自由,按照自己的自由意思决定缔结合同关系,为自己设定权利或对他人承担义务,任何机关、组织和个人不得非法干涉。自治原则由平等原则派生而来,但其内容却极为丰富,也更为关键。认罪认罚从宽制度的自治强调犯罪嫌疑人或被告人认罪认罚是出于自愿,是其出于权衡利害后的理性选择。放弃自己愿意放弃的,选择自己愿意选择的,这才是意思自治最本质的反映。

2. 协商

契约意味着退让,意味着妥协,意味着彼此合意。在订立契约过程中,契约者只对自己的行为负责,并尊重彼此一致的意见,只有在这样的基础上建立起来的契约关系才对所有当事人有约束力,并使得契约能够被信守。在认罪认罚从宽制度中,控辩双方以各自掌握的证据、牢靠的经验和高超的谈判技巧彼此之间展开博弈和妥协,并在这一过程中寻觅双方的平衡点。当然,控辩双方的合意并不是无条件的妥协,而是在平等自愿的基础上进行的,它在本质上仍属于一种力量上的较量,也是一种对抗,只不过这种对抗遵循特定的规则以协议的方式完成。

3. 互利

契约的目的在于保证缔约方的利益,从功能角度来说,契约对缔约者都有利。因此,契约可以称得上是一种世俗的、互利的、实用主义的活动。认罪认罚从宽制度在互利性上也不例外。坦率地说,互利是控辩双方进行合作的动力,双方都规避了风险,(几乎)获得了庭审前的确定利益。在传统正式的刑事程序中,审判的结果是非赢即输,而通过认罪认罚从宽可使控辩双方达到"双赢"。

4. 诚信

诚实信用被人们描述为民事活动的"帝王原则",意思自治意味着契约是当事人真实意思的表示,违约是不被允许的和应该受到惩戒的。认罪认罚从宽制度并不要求诚实原则贯彻于程序始终,但要求达成一致的控辩双方应该保证契约的履行。在这一程序中,控辩双方达成协议,被告人不得随意撤回有罪自白,检察官不得随意撤回承诺。这种诚信和互约不仅在控辩双方间得到了信守,而且协议之外的人也以包括默认在内的各种形式予以尊重。

(三) 实用的司法功利主义

每一种制度背后总有文化的力量,甚至可以说,是文化造就了制度——不必申辩的是,认罪认罚从宽制度充满了司法的功利主义文化。正如边沁在《道德与立法原则导论》一书中指出的那样:按照看来势必增大或减小利益有关者的幸福的倾向,亦即促进或妨碍这种幸福的倾向,来赞成或非难任何一项行动。任何法律的功利,都应由其促进相关者的愉快、善与幸福的程度来衡量的。

1. 实用主义的文化倾向

按照美国实用主义哲学家杜威的观点,思想、概念和理论只不过是人为了达到目的的工具,只要它们对集体适应环境有用,它们就是真理。[①] 冯友兰在《三松堂自序》中对实用主义做了很好的阐释:"实用主义的特点在于它的真理论。……所谓真理,无非就是对于经验的一种解释,对于复杂的经验解释得通。如果解释得通,它就是真理,是对于我们有用。有用就是真理。所谓客观的真理是没有的。"认罪认罚从宽制度正是实用主义一项很好的例证,它的出现不在于高深的理论支撑和严密的逻辑推理,它的强大来自于它的"有用"或"好用"——它给诉讼的各方都带来了利益,它减少了司法成本,有助于解决犯罪高发等问题——你暂时还找不到替代的方法;而且你还可以从这种实用性中找到理论支撑,比如当事人主义的平等和自由,公正和效率的巧妙融合,等等。

2. 司法效益均衡观

经济基础对整个社会制度的形成和演变的重要影响一刻也不曾停息,诉讼也需要讲求效益。诉讼的效益性早先被视为正义的附属价值,然而当今时代大多数的法学家都已经认识到:程序的经济效益性和程序本身的内在价值

---

① 参见邱仁宗:《20 世纪哲学名著导读》,湖南出版社 1991 年版,第 59 页。

及其外在价值一样,都是评价和重建一项刑事审判程序时所要考虑的重要标准。① 诉讼主体从司法成本和效益观出发,必然追求以诉讼过程中投入成本的最小化来获得诉讼结果效益的最大化。② 司法效益观不能容忍人们对社会资源过度消耗的忽视,强调公正的相对性是站在更高的层次考虑整个社会的公正。认罪认罚从宽制度就是充分体现了司法效益观,公正是可以通过成本较小的协商获得,而且有时候公正通过协商更易获得,它实现了效益的最优化。务实而有效率的正义或许是在司法资源有限以及犯罪案件激增条件下最有利于实现社会正义的方式。

三、对公正争议的反驳:公正的
多元性、个性化及偶然性

"公正"是社会主义核心价值观中的重要内容。当前,对认罪认罚从宽制度最大的争议在于,它是不是遵循了公正的价值观。否定者质疑认罪认罚从宽制度违背司法公正的原则,并进而担心它会使司法沦为一场极不严肃的"讨价还价"。我们的意见是,认罪认罚从宽制度并没有违背司法公正的原则,它仅仅是突破了一些人固守的公正界限,将司法公正提升到一个更为实在、更为具体的层面。

毋庸置疑,"公正"在司法观念中一直是占有极高地位(甚至是最高地位)的概念。罗尔斯称:"正义是社会制度的首要价值,正像真理是思想体系的首要价值一样,作为人类活动的首要价值,真理和正义是绝不妥协的。"③具体到法的价值理念中,公平常常被人们视为法律的基本精神,"真正的和真实的意义上的'公平'乃是所有法律的精神和灵魂"。④ 在刑事司法中,公平首先体现为同等对待同类主体,其次表现为同等对待类似的事项。另外,司法活动中的公平还突出地表现为对不同情形的不同对待——即在法律的框架内通过合

---

① 参见陈瑞华:《程序正义理论》,中国法制出版社2010年版,第190、191页。
② 参见项振华:《美国司法价值观的新发展》,《中外法学》1996年第2期。
③ [美]罗尔斯:《正义论》,何怀宏等译,中国社会科学出版社1988年版,第3页。
④ 参见[美]金勇义:《中国与西方的法律观念》,陈国平等译,辽宁人民出版社1989年版,第97页。

理化的程序得出最符合法律意义和社会意义的结果。这是极为重要的公正理念,我们应该注意到了公正的个案意义,特别是在司法处置的过程中,公正应该更加具体而真实,更应该考察整个案件的背景。这使得我们联想到法的公正应然性和实然性问题。

关于法的应然性问题和实然性问题是人们长期关注的问题,从法的公正价值的角度,同样也存在着应然和实然两个方面,相关的学说很多,在此不作过多讨论。我们所关注的是两个问题:法律所体现的公正从应然性到实然性是怎样一个过程? 对于立法者和司法者来说,应然性和实然性,应该做怎么样的考量? 法的应然价值是人们法律上的奋斗目标,当然人们也公认这种应然性是一种理想状态,依靠司法的力量是难以到达的;无论是秩序、平等、自由、人权还是公正都必须经历一个从应然到实然的过程,而应然向实然的转化正是我们最关注的问题。必须承认的是,公正这种应然与实然层面的互动是一种对立统一的辩证运动,但两者经常处于矛盾之中,"而人类的法的价值永远只是在追求理想的价值实现,当二者完全重合的时候,法本身就难以存在了。"①

立法者总是关注每一个特殊问题所隐含的一般规律,他们立法的最主要关注点在于秩序的规范,在于设定一种权利和义务关系维系整个社会稳定,提示人们秩序的存在,给人们最一般的行为规范;但司法者的关注点在于解决纠纷,在于用体现一般规律的法律去解决一个又一个活生生的案例——在司法者的世界里,你几乎看不到相同的案件。当然这不意味着,司法者不追求最一般的公正,他们心里清楚,对法的公正(应然)的追求永远是无限制地接近它。在应然性的公正向实然性的公正转变的过程中,我们更愿意将之称为"偶然性"的公正——从应然性的公正走向实然性的公正,无不是通过一个个具体的案件来实现的,而这些案件无一不是偶然发生的,立法者永远也不会预测出每一个具体案件的发生,无论是人还是事。公正是一个多元的变化的概念,正是基于此,我们认为:个案公正的实现是极为重要的,尤其是在司法活动中。进而,当法律的一般公正性体现于个案的司法活动,它的一些公正要素很可能遭到分解,这些实体正义、程序正义、效率、报应、人权、被害人的补偿、社会影响等要素都可能在

---

①　卓泽渊:《法的价值总论》,人民出版社 2001 年版,第 38 页。

不同的案件有不同程度的放大或缩小;人们的关注点都会有所侧重,人们关注点的变化会导致案件处理上的个性化,进而实现个案的公正。于是我们很容易理解一个有趣的社会现象:为什么同样是一起交通肇事案件,当犯罪嫌疑人驾驶一辆豪车肇事就可能受到人们更为严重的非议;为什么同样的数额一致的盗窃案件,当被害人为老人、残疾人等弱势群体时人们会对犯罪嫌疑人表现出更多的愤慨;为什么人们会大声疾呼"迟来的正义非正义"!

刑事诉讼的立法与实践中坚持并发展了无罪推定原则、排除合理怀疑原则、被告不得强迫自证其罪原则、法官独立原则以及证据排除规则等,这些原则与普通法的传统相结合,都是用来丰富和实现理想主义公正观。认罪认罚从宽似乎恰恰违背了这些原则,其实不然,认罪认罚从宽并不是对这些基本原则和规则的背离,相反它是这些原则和规则的现实化。

首先,认罪认罚从宽程序中,对被告人权利处分自由的维护、对被告人答辩自愿性的保证、对辩方全面参与协商的顾及恰恰体现了对当事人的权利的尊重,这比所谓的控辩双方对抗制下的平等地位来得更为直接和现实。

其次,公正观要求诉讼能客观真实地再现案件事实,但谁都知道这更多的是一种一厢情愿。在我们一遍遍强调沉默权、不得强迫自证其罪权时,法律却对检察官规定了更为严格的证明要求、证明标准以及各种各样的证据排除规则;而排除合理怀疑原则又是一个难以琢磨的理念,更不说那充满不确定的自由心证制度和陪审团制度,这些大大加重了检察官的压力。一个完美的案件处理过程好比竖立一个桌子的四腿:"法律""证据""证明""诉讼技巧",检察官的胜诉好比要将四个桌腿全部撑起,而辩方却只需拆毁任何一腿,就足以使桌子倾覆。这是刑事诉讼的特殊性要求。但是一个明显的事实摆在面前,还原事实的全貌是存在相当大的难度的——即使完整诉讼也很难做到。如果是这样的,在被告人是案件事实最好的证明人的情况下,为什么我们要排斥一种自愿性的有罪答辩? 进而我们为什么要放弃用一种更为现实的方式去追求事实的真相?

再次,如果我们强调程序正义的独立价值,那么程序正义的本质是什么? 罗尔斯提出了程序正义的三种形态:纯粹的程序正义、完善的程序正义以及不完善的程序正义,并着重对纯粹的程序正义进行了论述。① 罗尔斯进一步指

---

① 参见[美]罗尔斯:《正义论》,中国社会科学出版社 1988 年版,第 80—83 页。

出这种纯粹的程序正义不存在任何有关结果正当性的独立标准,但是存在着有关形成结果的过程或者程序正当性和合理性的独立标准,因此只要这种正当的程序得到人们恰当的遵守和实际的执行,由它所产生的结果就应被视为是正确的和正当的,无论它们可能会是什么样的结果。① 由此,司法程序这种独立价值被理解为:那些其权益可能会受到刑事裁判或者刑事审判结局直接影响的主体应有充分的机会并富有意义地参与法庭裁判的制作过程,从而对法庭裁判结果的形成发挥有效的影响和作用;它又被分解为:参与性、中立性、对等性、合理性、自治性和及时终结性。很明显的是,认罪认罚从宽程序几乎将这些程序正义的要素均考虑周到,它吸引了辩方的充分参与,将辩方视为平等契约的订立者,尊重被告人的意思自治,依靠证据作为博弈的工具而不是随机、任意处理,最终在极为经济的时间内展开合作,并接受中立的法官的审核。因此,认罪认罚从宽程序并不违背程序正义。

最后,如果我们把对抗制的诉讼模式视为一种充满公正并进而能够得到结果的方式,那么认罪认罚从宽不过是把这种对抗前移到起诉阶段——检察官仍然需要对全部的证据和法律进行审视,进而展开与辩方的对抗和博弈,这种对抗性在检察官和辩护律师专业性的背景下并不比对抗制的诉讼模式少太多;更需要关注的是,认罪认罚从宽制度中的对抗更能达到一个为人们接受的结果,更为高效和有序,充满了人性关怀和对社会影响的考虑,而且能够避免对抗制中的论辩技巧的影响。需要进一步指出的是,认罪认罚从宽制度导致了对犯罪轻处罚的结果,是不是违背了罪刑相一致的原则? 回答这个问题仍然要考虑公正应然性问题——罪刑相一致原则从来都是抽象的而不是具体的,更何况罪刑相一致并不排斥特定条件下的对被告人的宽宥处理;进而如果我们把"罪"和"刑"刻画成一一对应的关系,那不正说明了对认罪认罚展开具体协商的合理性吗?

我们认为,用理想主义的公正观来评析认罪认罚从宽的公正本身就是一种错误。认罪认罚从宽本不过是一种理想正义实现的方式,它的公正应从其程序的独立价值去评判——在它满足程序正义的各种要素时,你不能对它有过分的要求;它所实现的公正是一种现实的公正,更是一种偶然的公正——在

---

① 参见[美]罗尔斯:《正义论》,中国社会科学出版社1988年版,第80—83页。

它实现的正义如果没有偏离整个社会的价值观念,没有造成层出不穷冤假错案,你不能对它的高效视而不见,不能称之为对"公正"的背叛。当然,在肯定认罪认罚从宽的公正价值时,我们应该注意批判三个错误的倾向:一是把认罪认罚从宽制度的公正视为完美的公正,这无需多言——它只是追求理想公正的一种方式,它实现的是实然性、偶然性的公正,而不是完美的公正,它存在缺憾、不足。二是不能把认罪认罚从宽程序的公正仅仅理解为"确保有效定罪,迅速结案"。① 认罪认罚从宽程序的公正应该建立在程序价值独立评价的基础上,它的内容更为丰富多彩,"效率"仅仅是其最为显性的表现而已。三是对审判近似理论批判。认罪认罚从宽制度可能会引起相似案件处理的不对等,这并不一定意味着不公正。同罪同判虽然是理想的刑法状态,但没有一个案件是真正相同的,更何况认罪认罚从宽制度并没有从根本上排斥这一理想状态。

---

　① 参见项正华:《美国司法价值观的新发展——评"辩诉交易"》,《中外法学》1996 年第 2 期。

刍议检察环节认罪认罚从宽制度

童　君　侯婉颖*

党的十八届四中全会提出了"完善刑事诉讼中认罪认罚从宽制度"的概念。但于我国刑事理论界和实务界而言，认罪认罚从宽制度仍是一个崭新概念，其价值导向不甚明确，其内涵和外延均不够清晰。对于检察机关而言，如何定位和准确理解认罪认罚从宽制度显得十分重要。

一、认罪认罚从宽制度概述

（一）认罪认罚从宽制度的基本概念

1. 认罪的含义

关于"认罪"，一直以来理论界都存在不同的理解。有学者认为，所谓认罪，仅指被告人在正式的法庭上承认控方提出的指控。[①] 还有研究者指出，认罪包含着主观与客观两方面的要求，在主观上，必须坦诚地述说自己的犯罪事实，是真心实意的，而不是被逼迫的、被动的承认；在客观上，被告人须将所犯客观事实如实交待。主客观相结合才是认罪。[②] 笔者认为，在界定认罪的概念时，一方面应尽量放宽，不应对认罪做严格的限制。另一方面亦需要区分不同的情况给予不同程度的处理，例如，区分事前认罪与事后认罪；主动认罪与被动认罪；完全认罪与部分认罪；共同犯罪中部分嫌疑人认罪与部分嫌疑人不

认罪;认罪后对行为的辩解;认罪后是否同意适用简易程序;等等。

2. 认罚的含义

"认罚"是一个比较新的概念。笔者认为,界定认罚的概念,需要明确三方面。第一,"罚"是仅指司法机关的刑事处罚还是包括恢复性司法中民事处罚和被害人的索赔。第二,认罚主要指行为人的态度还是行为,当行为人主观认罚但客观没有能力接受处罚时,特别是经济处罚时是否适用。第三,认罪与认罚的关系问题。一般而言,认罪与认罚是进行从宽处理的充要条件,二者缺一不可。

3. 从宽的内涵及外延

从实体上看,从宽主要指量刑上的优惠,包括从轻或减轻处罚,一般不应包括罪名上的妥协;从程序上看,从宽主要指适用简易程序、作出不起诉决定等程序上的优待。

(二) 我国认罪认罚从宽制度的政策依据

党的十八届四中全会通过的《中共中央关于全面推进依法治国若干重大问题的决定》提出,"完善刑事诉讼中认罪认罚从宽制度"。

《人民法院第四个五年改革纲要(2014—2018)》中第 13 项要求:"完善刑事诉讼中认罪认罚从宽制度。明确被告人自愿认罪、自愿接受处罚、积极退赃退赔案件的诉讼程序、处罚标准和处理方式,构建被告人认罪案件和不认罪案件的分流机制,优化配置司法资源"。2015 年最高人民检察院《关于贯彻落实〈中共中央关于全面推进依法治国若干重大问题的决定〉的意见》中强调,"坚持宽严相济刑事政策,规范刑事和解制度,探索建立刑事案件速裁机制,完善检察环节认罪认罚从宽处理机制,对轻微犯罪坚持轻缓化处理。"

《完善司法管理体制和司法权力运行机制》一文指出:"当前,我国刑事犯罪高发,司法机关办案压力大增,必须实行刑事案件办理的繁简分流、难易分流。2014 年 6 月,全国人大常委会授权最高人民法院、最高人民检察院在部分地区开展刑事案件速裁程序试点工作。十八届四中全会《决定》提出:'完善刑事诉讼中认罪认罚从宽制度。'这是我国刑事诉讼制度改革的重大举措。要加强研究论证,在坚守司法公正的前提下,探索在刑事诉讼中对被告人自愿认罪、自愿接受处罚、积极退赃退赔的,及时简化或终止诉讼的程序制度,落实认罪认罚从宽政策,以节约司法资源,提高司法效率。"

因此,认罪认罚从宽制度的落脚点在于提高效率,同时强调公平,即在公平基础上的效率。

(三) 认罪认罚从宽制度的法律依据

目前,我国《刑法》和《刑事诉讼法》及相关规定确立了部分涉及认罪认罚从宽原则的制度。从实体法看,规定了被告人认罪、自首、坦白、特定犯罪中的"交待"等不同的表述,还规定了中止犯从宽制度、对确有悔改表现的认罪人适用缓刑、减刑和假释的制度,以及主动交待行贿从宽制度、主动交待介绍贿赂从宽制度等。

从刑事诉讼的制度设计和司法实践中看,司法机关通常会给予认罪认罚的犯罪嫌疑人部分程序优待。例如,确立了简易程序制度、刑事和解制度、轻微刑事案件速裁制度等,对认罪认罚的犯罪嫌疑人采用较为便宜的诉讼模式;如果犯罪情节轻微,检察机关可能会作出不起诉的决定;即便提起公诉,人民检察院也会提出从轻处理的量刑建议。

(四) 我国认罪认罚从宽制度的功能定位与文化渊源

认罪认罚从宽制度应当兼具司法效率和个别预防双重功效。从提高效率的角度看,其理论依据包括当事人主义的诉讼结构理论、契约自由观念、实用的司法功利主义、正义的多元性及偶然性理论。从个别预防的角度看,其理论依据主要是罪责刑相适应原则、恢复性司法等。从制度上看,我国历来奉行的直接政策基础是"坦白从宽,抗拒从严"的刑事政策。而宽严相济刑事司法政策更是与认罪认罚从宽制度在价值取向、行为选择上密切相关。

从历史上看,认罪认罚从宽制度在我国有着深厚的文化基础。"和"的理念始终是中国古代伦理思想的核心。传统农耕文化使得"和合"思想深入人心,在儒家思想占主体地位后,倡导"和为贵",厌诉思想显著。直至今日,"无讼"思想仍然在社会上影响深刻。

二、检察环节认罪认罚从宽制度实践中的问题

在对认罪认罚从宽制度进行理论研究和实践探索的过程中,发现了诸多

细致却至关重要的问题。

（一）认罪认罚从宽制度与其他相关制度的关系

认罪认罚从宽制度提出后,面临的第一个问题就是如何与现有刑事制度进行衔接。认罪认罚从宽制度与其他刑事制度是隶属关系还是补充关系,应认可其特殊价值、对其设置独立的程序,还是仅认可其基本理念、具体运作仍纳入现有程序内,会对实践运行产生不同的指引效果。

笔者认为,刑事案件认罪认罚从宽制度应当是立足于现有制度的基础上的一种整合和补充。在目前法律尚无具体规定的情况下,认罪认罚从宽制度的运行应当纳入现行刑事诉讼制度中。

（二）认罪认罚从宽制度的案件范围界定

检察机关在选取试点案件时,曾就案件范围问题展开多次讨论。概括而言,相关疑问集中在三方面:是否应将所选案件限定在轻案范围内;是否限定特定的案件种类;是否限定在有被害人的案件。

笔者认为,引入认罪认罚从宽制度的目的是提高诉讼效率,如果只限定适用于轻微刑事案件将达不到应有的效果,且基本与现有刑事制度重复。同时,认罪认罚从宽制度的一个最主要的特征就是被告人行使自己的诉讼权利来选择诉讼程序,基于此,所有的被告人在法律面前是平等的,不应因为犯罪的轻重就区别对待。然而,由于危害国家安全犯罪、危害国防利益犯罪等案件具有特殊性,普遍认为不适宜采纳这一制度;在目前条件不成熟的情况下,是否将贪污贿赂案件等自侦案件引入亦存在争议。目前情况下,首先将认罪认罚从宽制度的案件范围设定在犯罪嫌疑人、被告人认罪认罚的侵财类、人身伤害类、毒品类、信用卡诈骗类、非法经营类普通刑事案件,以及未成年人犯罪案件。

此外,由于无被害人案件侵害的是国家利益或社会秩序等特定法益,在处理该类案件时,检察机关能否代表国家对嫌疑人表示谅解是需要厘清的问题。从保守的角度看,应当排除无被害人案件适用这一制度,然而,从恢复性司法和人权保障的角度看,在没有具体被害人的犯罪案件中,以认罪认罚从宽制度补充刑事和解的盲区反而显得更有意义。

（三）　认罪认罚从宽制度的从宽方式和幅度确定

检察机关启动认罪认罚从宽制度的案件的处理方式包括不起诉和提起公诉。在法律的框架内，认定自首、立功、坦白或其他情节，对其作相对不起诉处理是落实认罪认罚制度的一种方式。笔者建议，对于最终提起公诉的案件，参照《人民法院量刑指导意见（试行）》中对于自首情节与积极退赃退赔情节的量刑规定，对于认罪认罚者，可以在同类犯罪行为正常量刑建议的基础上减轻10%—40%的幅度向法院提出量刑建议。

然而，无论是作出不起诉决定或是提起公诉并附上量刑建议，均存在从宽幅度如何确定的问题。目前来看，一方面，如何结合其认罪认罚的阶段、心理状态和态度确定不同的幅度存在疑问，例如对于诉前认罪、诉中认罪、当庭认罪者，对于主动认罪、被动认罪者，应科学设置不同的从宽幅度。另一方面，由于不同案件中嫌疑人供述对于案件办理的意义不同，是否应当以诉讼经济为依据确认不同的量刑幅度存在争议。

（四）　认罪认罚案件中被害人态度问题研究

关于嫌疑人"认罚"究竟要达到怎样的程度，对嫌疑人适用认罪认罚从宽制度是否需要被害人的同意、赔偿数额是否需要达到被害人的预期有两派不同的观点。有的认为，从恢复性司法的角度考量，犯罪嫌疑人的认罪、认罚必须是充分的、完全的，不仅需要有认罪认罚的表示和行为，亦需要被害人的接受。有的认为，认罪认罚是嫌疑人自己的行为，嫌疑人只要自己付出了努力，哪怕被害人不接受，也表明其人身危险性下降，可以适用这一制度。从保守和维稳的角度出发，应当将被害人接受作为启动认罪认罚从宽制度的必要条件。

然而，实践中发现，被害人的态度问题已经成为践行刑事和解及认罪认罚从宽制度的一大难点甚或障碍。在某些财产类案件中，被害人索要的赔偿金往往数倍甚至数十倍于实际损失。

（五）　检察机关的地位及检察环节认罪协议的效力

在缺乏立法的情况下，检察机关是否有权力启动认罪认罚从宽制度、以怎样的方式启动亦是值得研究的课题。笔者认为，结合我国的刑事诉讼制度，应当采用由检察机关提起，嫌疑人及其律师决定的方式进行。

从程序上看,检察环节认罪认罚从宽制度的案件的最终处理结果包括不起诉和提起公诉。其中,检察机关提起公诉的案件,其最终决定权在法院手中,这就导致检察机关与嫌疑人达成的认罪认罚协议或承诺的效力具有不确定性。在无法降格指控的情况下,一旦法院不认可检察机关的量刑建议,就必然造成检察机关前期与嫌疑人达成的协议失去效力,影响检察机关执法行为的权威性。在目前缺乏由多部门参与的、统一的、连贯的制度的情况下,为避免产生这一问题,检察机关可以在与嫌疑人达成认罪认罚从宽协议之前先行征询法院的意见,然而,这一做法又与以庭审为中心及司法独立的一般原则相背离。

三、理论反思与路径选择

为了寻找上述种种疑问的答案,笔者借鉴了西方国家现有的相关制度。其中,较具代表性的是以美国为代表的辩诉交易制度与以德国为代表的认罪协商制度。

(一) 美国辩诉交易制度概览

1. 制度背景和基础理论:一方面,19 世纪,美国犯罪率出现惊人的增长;另一方面,在正当程序原则指引下,司法中刑事案件的办案效率明显不足。基于此,"国家为了建立新的秩序改造了传统法律机制的策略,法院从坚守无罪推定转移到一种称为辩诉交易制度的妥协状态"。[1] "对于置身于这项制度之中的各方而言,通过辩诉交易制度能够获得利益,即成为他们乐于接受这项制度的内在原动力。因此,有理由认为,正是这种实用主义哲学观使得辩诉交易制度在美国社会获得广泛的认同。"[2]

2. 制度概况和主要优点:目前,美国联邦和州的刑事案件中,被告人认罪答辩的超过 95%,达成辩诉交易的 90%以上。在辩诉交易制度中,交易主体主要是检察官和被告人;交易内容是被告的罪责,包括罪名、罪数以及刑罚;交

---

① 张智辉:《辩诉交易制度比较研究》,中国方正出版社 2009 年版,第 34 页。
② 汪建成:《辩诉交易的理论基础》,《政法论坛》2002 年第 6 期。

易双方的自愿性和平等性;交易的目的是提高诉讼效率。

试行辩诉交易制度,一是有利于案件繁简分流,节约司法成本;二是有利于保护控方证人;三是可以避免陪审团审判的不确定性;四是适应美国刑法上罪名的"碎片化"及数罪并罚量刑的简单相加制度。

3. 主要缺点:一是迫使无辜者违心认罪;二是在共同犯罪案件中,主犯可能通过指认其他共同犯罪人达成辩诉交易,反而获得较轻刑罚,导致刑罚不相当;三是检察官享有的裁量权过大,有变相行使司法权之嫌。

(二)　德国认罪协商制度相关分析

1. 制度背景和理论基础:认罪协商制度是社会转型时期传统刑事诉讼一味追求真相理念与现实刑事诉讼需求之间的冲突不可调和的产物,德国恢复性司法的发展及大陆法系正义理论等均是其产生的依据。[①]　长期以来,"几乎每个人都知道它,几乎每个人都实践它,只是没有任何人谈论它",[②]直到2009 年 8 月才以立法的形式正式确立。

2. 制度概况和主要优点:在德国,约有 20%—30%的案件都经过了某种形式的协商。德国的认罪协商制度分为两类,第一类是处罚令程序的协商;第二类是非处罚令程序中的协商,包括依据《德国刑事诉讼法典》第 153 条 a 所进行的暂缓起诉的协商和重大疑难案件中的自白协商。[③]

实行认罪协商制度,一方面有利于案件繁简分流,节约司法成本;另一方面,法官的充分参与,确保了结果的准确。

3. 缺点:一是目前来看,认罪协商制度的适用范围较为狭窄,仅适用于少部分案件;二是目前看来,程序选择不够顺畅。

(三)　美德两国制度的比较分析

美国的辩诉交易及德国的认罪协商制度,均是在司法资源有限、司法机关

---

① 　参见杨佳:《美国辩诉交易制度与德国协商制度之比较研究》,宁夏大学 2013 年硕士学位论文。

② 　[德]约阿希姆·赫尔曼:《德国刑事诉讼程序中的协商》,王世洲译,《环球法律评论》2011 年冬季号,第 412 页。

③ 　参见孙瑜:《认罪案件审判程序研究》,对外经济贸易大学出版社 2012 年版,第 23—26 页。

无法解决日益增长的刑事案件之背景下产生的。然而经比较,二者存在诸多不同之处。第一,司法制度的基础不同,分别为当事人主义诉讼模式和职权主义诉讼模式。第二,参与主体及检察机关的地位不同,主导者分别为检察官和法官。第三,案件适用范围不同,美国辩诉交易制度的适用案件是不受限制的,德国限于轻罪案件。第四,交易的内容及幅度不同,美国辩诉交易的幅度大。第五,案件审理程序不同,美国辩诉交易的达成时间必须在正式审判之前。

(四) 检察环节认罪认罚从宽制度的模型塑造

我国检察环节对于认罪认罚从宽制度的探索,应当在尊重历史和传统的基础上,借鉴域外的成果与实践经验,在遵从自愿、公正、人权保障等基本原则的基础上,选取适合自己的运作模式。

1. 案件范围。参照目前简易程序与普通程序简化审理的规定,对认罪被告人给予一定程度的程序优待是理论界和实务界都接受的方式,不应拘泥于轻罪案件。虽然认罪认罚从宽制度原则上可以适用于一切案件,但是考虑到危害国家安全、危害国防利益等犯罪行为的特殊性质,对实施这些犯罪行为的嫌疑人不宜适用认罪认罚从宽制度。

此外,由于无被害人案件被《中华人民共和国刑事诉讼法》排除在刑事和解范围之外,实施该类犯罪的嫌疑人的认罪行为无法得到法律上,特别是实体法上的优待,造成了某种程序的不公平。因此,从恢复性司法的角度考虑,应当将这类案件纳入认罪认罚从宽制度的案件范围内。

2. 启动和参与主体。无论是英美法系还是大陆法系国家,为保证顺利完成侦查活动、避免腐败,侦查机关都不能作为认罪认罚相关制度的提起和参与主体。借鉴同为大陆法系的德国的模式,认罪认罚从宽制度的参与主体应当包括法官、检察官、被告人及其律师。其中,检察机关和被告方可以作为启动主体。检察机关可以根据法律规定,对部分嫌疑人认罪的案件直接做不起诉处理。

3. 从宽方式和幅度。作为成文法国家,认罪认罚从宽制度执行过程中必须严格遵守法律的规定,从宽幅度应当仅限于量刑方面,不能涉及定罪领域。但笔者认为,这其中存在一种例外情形,即当行为涉及何种罪名本身存在争议的情况下,检察机关可以依据嫌疑人认罪认罚的情节而选择刑罚较轻的罪名提起诉讼或作出不起诉决定。

4.被害人的参与程度问题。从保护被害人利益的角度出发,应当在制度设计过程中考虑被害人的意志及其受损权益的恢复情况,将被害人纳入广义的认罪认罚从宽制度参与主体的范围。然而,出于刑事政策和人权保障两方面考虑,不应排斥被害人不谅解案件中犯罪嫌疑人的参与资格。否则可能因为被害人拒绝协商、不接受赔偿或漫天要价而使得嫌疑人丧失获得刑法优待的权利,造成另外一种不公平。这样亦可以从理论上解决无被害人案件中嫌疑人的从宽问题。

四、余论——诉讼效率与公正之间的价值取舍

美国辩诉交易制度、德国认罪协商制度的不同路径选择,归根结底反映了设计制度时所追求的不同价值目标。检察机关研究与探索认罪认罚从宽制度过程中产生的种种疑问亦是由于刑事诉讼不同目标导向相冲突而产生的。

任何刑事诉讼制度均具有落实刑事政策、实现公平正义和优化司法资源、提高司法效率双重功效。然而,公正和效率永远是一对不可调和的矛盾,二者往往呈负相关态势分布。具体到认罪认罚从宽制度中,制度设计和案件处理过程中,更多地偏向公正一方或更多地偏向效率一方,会导致路径选择时大相径庭,并会产生完全不同的效果。

司法权力让渡得越多,司法效率越高,司法资源的节约程度也越高,继而对公正的牺牲程度也越大。而对公正的追求程度越高,消耗司法资源越多,效率越低。美国辩诉交易制度就是追求诉讼效率和诉讼经济的典型代表,基于这一出发点,其制度设计将一切犯罪类型均囊括在内,确立了广泛的交易空间,交易过程中排除了被害人的参与,规定法官仅对交易结果进行形式审查,确定了较为简洁的程序。德国的认罪协商制度则从设计初衷上看功能定位正相反。

我国目前探索与推行的认罪认罚从宽制度,应当定位于保守的德国模式与开放的美国模式之间,兼顾程序正义和诉讼经济两方面目标,力争实现办案的法律效果和社会效果的有机统一。案例选择时,追求公正的案件和追求效

率的案件均可纳入进来。但当二者产生冲突时,必须在目标导向上有所取舍。程序的经济效益性和程序本身的内在价值及其外在价值一样,都是评价和重建一项刑事审判程序时所要考虑的重要标准。① 在案件数量大幅度上升,绝大多数案件为轻案的背景下,固守理想的正义观和理性司法的观念将会导致人们陷入司法超负荷的泥潭。笔者认为,应当确认效率优先的价值理念,多数案件应当在价值选择时站到诉讼经济或效率一边,只有在处理少数重罪案件时才应选择对正义的无限追求。唯有将诉讼效率和诉讼经济作为核心理念赋予绝大多数案件,才能实现促进案件分流的制度设计初衷。在这一理念指导之下,认罪认罚从宽制度中案件类型选择、案件参与主体、从宽幅度确认、被害人参与程度等问题就迎刃而解了。当然,确立效率优先原则后,应当辅之以完善的监督制约机制,唯有如此,才能确保制度运行中公正原则亦不偏废。

---

① 参见陈瑞华:《程序正义理论》,中国法制出版社 2010 年版,第 190、191 页。

效率与公正的平衡

——认罪认罚从宽制度的困境和出路

甘喆辰 *

党的十八届四中全会提出"推进以审判为中心的诉讼制度改革"的工作目标,其中"完善认罪认罚从宽制度"被明确写入了《中共中央关于全面推进依法治国若干重大问题的决定》。随着司法改革的深入,2016 年 1 月的中央政法工作会议再次提出,2016 年要在借鉴辩诉交易等制度合理元素基础上,抓紧研究提出认罪认罚从宽制度试点方案。在此背景下,这一制度受到司法界内外的普遍关注。

一、认罪认罚从宽制度的国内实践基础和制度内涵

(一) 国内认罪认罚从宽制度的司法实践基础

1. 简易程序制度

在《刑事诉讼法》2012 年修订之前,针对被告人认罪的刑事案件的审理,最高人民法院、最高人民检察院、司法部于 2003 年制发了《关于适用普通程序审理"被告人认罪案件"的若干意见(试行)》和《关于适用简易程序审理公诉案件的若干意见》,对此类案件试行普通程序简化审理方式及充分适用简易程序,并提出对自愿认罪的被告人,人民法院酌情予以从轻处罚。2012 年《刑事诉讼法》的修订,全面调整了简易程序的适用范围,使简易程序能适用于基层法院审理的大多数刑事一审案件,除刑诉法第二百零九条规定的不能适用

---

* 甘喆辰,工作单位:上海市金山区人民法院。

简易程序的几类情形外,符合以下条件:案件事实清楚、证据充分的;被告人承认自己所犯罪行,对起诉书指控的犯罪事实没有异议的;被告人对适用简易程序没有异议的,都可适用简易程序。而由于刑诉法本身的程序法性质,对适用简易程序的案件的被告人是否以及如何从宽处理,没有作出规定。

2. 轻微刑事案件速裁制度

2014 年,全国人大授权最高人民法院、最高人民检察院在全国十八个城市开展刑事案件速裁程序试点工作,对部分轻微刑事案件的审理,进一步简化刑事诉讼法规定的相关诉讼程序。① 按照最高人民法院、最高人民检察院、公安部、司法部制定的《关于在部分地区开展刑事案件速裁程序试点工作的办法》,对被告人自愿认罪、退缴赃款赃物、积极赔偿损失、赔礼道歉,取得被害人或者近亲属谅解的,可以依法从宽处罚。截至 2015 年 8 月 20 日,183 个试点法院和检察院共适用速裁程序审结刑事案件 15606 件 16055 人,占试点法院同期判处一年以下有期徒刑刑罚案件的 30.70%,占同期全部刑事案件的 12.82%,从成效上,刑事案件速裁程序提高了诉讼效率,一定程度上减少了被告人羁押时间,有效避免"刑期倒挂""关多久判多久"现象。②

3. 刑事和解

2012 年刑诉法第二百七十九条规定:"对于达成和解协议的案件……人民检察院可以向人民法院提出从宽处罚的建议;对于犯罪情节轻微,不需要判处刑罚的,可以作出不起诉的决定。"刑事和解体现了被害人与被告人之间一定程度内的"协商"和"交易",即被告人通过各种方法取得被害人的谅解,减小或则消除对被害人的不利影响,从而换取司法机关从宽处理的机会。刑事和解相比简易程序,更重视被害人的参与。

(二) 制度内涵

1. "认罪"的概念

从刑诉法关于适用简易程序的规定看,"认罪"应是指被告人承认自己所

---

① 具体范围为事实清楚,证据充分,被告人自愿认罪,当事人对适用法律没有争议的危险驾驶、交通肇事、盗窃、诈骗、抢夺、伤害、寻衅滋事等情节较轻,依法可能判处一年以下有期徒刑、拘役、管制的案件,或者依法单处罚金的案件。参见《全国人民代表大会常务委员会关于授权最高人民法院、最高人民检察院在部分地区开展刑事案件速裁程序试点工作的决定》。

② 参见《最高人民法院、最高人民检察院关于刑事案件速裁程序试点情况的中期报告》。

犯罪行,对指控的犯罪事实没有异议的。而从"认罪"的语义上进行分析,应当也能认为,"认罪"包含着被告人自愿认错和主动悔过的含义。虽然我国目前的认罪认罚从宽制度并没有建立一起整套独立的体系,①但从广义上说,认罪的概念当然地包括了目前刑法中的"自首"与"坦白"等法定从轻或者减轻的情形,但同时认罪的含义也显然超出了"自首"与"坦白"等的范畴,后者要求的"如实供述自己的罪行"比之"认罪"有更高的标准。

2."认罚"的概念

现行刑事法律法规对"认罚"这一概念并没有很直接的阐述。根据文义解释,"认罚"即愿意受罚,结合这一概念在司法实践中的表现,"认罚"可以分为实体和程序两个方面。

在实体上,"认罚"应当理解为犯罪嫌疑人、被告人在认罪的基础上对即将判处的刑罚以及对量刑建议的认同。值得一提的是,无论是起诉前依据法条或者先前判决可预测的量刑结果,还是起诉后公诉机关就量刑种类和量刑幅度向法院提出的法律意见,均非通过审判程序得到的量刑结果②,更强调的是犯罪嫌疑人、被告人对拟定的处罚在主观上的知晓和认同。此外,被告人主动赔偿被害人以取得被害人谅解的做法,在司法实践中也被很大程度地视为"认罚"的一种表现。

而在程序上,"认罚"包含了被告人对诉讼程序简化的认可,尽管学者的普遍观点认为,通过诉讼程序的简化减少羁押时间、缩短办案期限,保障被告人获得迅速审判的权利,同样可以减少被告人的痛苦,有助于被告人刑事司法领域的人权保障状况的改善,但是其实现的方式归根到底是被告人部分放弃自己的诉讼权利,例如同意压缩法庭调查与辩论等诉讼环节的诉讼权利等,客观而言是对自身权利的限制,是不利于被告人的,因此也是被告人自愿接受处罚的一种体现。

3."从宽"的概念

认罪认罚从宽虽然是一个比较新的概念,但是其内涵在我国既有刑事法律政策如"坦白从宽"等中均有不同程度的表述。"从宽"这一概念,简单理解

---

① 参见孔令勇:《论刑事诉讼中的认罪认罚从宽制度——一种针对内在逻辑与完善进路的探讨》,《安徽大学学报(哲学社会科学版)》2016年第2期。

② 参见陈瑞华:《论量刑建议》,《政法论坛》2011年第2期。

可以认为是量刑从宽和程序从宽。之所以是量刑从宽,是因为在目前我国刑事法律体系之下,并没有对罪数和罪名进行协商的可能,①被告人能够期待的是在法定刑之内一定幅度的宽减。值得一提的是,由于认罪认罚的范畴既涵盖"自首""坦白"等法定从轻减轻情形的范畴,也存在法律没有明确规定可以从轻或者减轻的情形,因此在认罪认罚从宽制度下,量刑从宽还要区分为法定从宽和酌定从宽。而程序从宽,诚如前文所及,即通过诉讼程序的迅速运行、不拖延,使被告人尽快脱离权利不稳定的状态,减少被告人的痛苦,相对来说,程序上的"从宽"更为隐性,而且也在很大程度上被其负面作用抵消,很难认为对当事人是一种真正的宽减。

二、认罪认罚从宽制度的疑惑与困境

(一) 非必要的从宽:认罪认罚的形式化

认罪认罚从宽制度的建立和完善,不能脱离于被告人诉讼权利的保障而运行。整体而言,我国对犯罪嫌疑人、被告人的人权保障有了很大的进步,但是也需要承认国内公检法机关在刑事案件侦查、起诉、审判过程中依然有着较为强势的地位。例如,目前的刑事诉讼法并未赋予犯罪嫌疑人、被告人绝对意义上的沉默权,这就让其在作出认罪与否的决定时没有太多可以选择的余地。

此外,在我国,进入起诉阶段的刑事案件绝大多数属于事实清楚、证据确凿,案件审理的结果有很高的可预见性,当事人认罪与否对案件的事实认定实际上不具有直接且明显的影响。我们总是自觉不自觉地将认罪认罚从宽制度和美国的辩诉交易制度进行类比(尽管大多数观点不支持全面引入辩诉交易模式),但是我们时常忽视的一点是,美国辩诉交易模式存在的土壤及其价值体现,一是因为其普通程序的极端复杂,导致普通程序诉讼效率的极度低下;二是由于英美法系陪审团模式下,事实认定的结论有较大的不确定性和不可预见性,迫使检察官需要更多地考虑败诉的风险从而转向寻求辩诉交易的解决方式。② 而在我国的司法实践中,经过侦查、起诉两个阶段的刑事案件,其

---

① 参见陈卫东:《认罪认罚从宽制度研究》,《中国法学》2016 年第 2 期。
② 参见张建伟:《"辩诉交易"之辩》,《中国改革》2014 年第 11 期。

最终的审判结果(尤其是事实认定)通常具有高度的可预见性和确定性。在公诉方压倒性的胜诉率面前,加之对进行无罪辩护甚至罪轻辩护可能对判决结果带来的负效应的疑虑,绝大多数被告人在可能的情况下都会倾向于选择对自身更为有利的"认罪认罚"来换取从宽处理。

但在这种情况下的"认罪认罚"是否还符合其应有的含义、是否能代表被告人的真实意思,就变得很可疑了。由于认罪认罚是被告人理智选择下可能减轻刑责的"最优解",让我们需要担忧未来的认罪认罚从宽制度可能存在被泛化使用的危险,这在结果上又可能导致实质上的普遍性降低刑责的局面,损及刑法的价值和严肃性。

(二) 功利化的取向:司法效率的争议

纵然在大多数刑事诉讼案件中,公诉方都有着极为明显的优势,但普通程序仍然无可避免地占用了大量司法资源。而法院、检察院在员额制改革的背景下,纵然一线办案的法官和检察官在相对比例上会有上升,但绝对数量却很难有增加,人少案多的局面难以得到扭转。从法经济学的角度,诉讼制度运行的成本是必须要考虑的一个问题。[1] 事实上,推动刑事案件的繁简分流,优化资源配置,提高司法效率确实一直是被作为认罪认罚从宽制度的一项重要价值。

在这一背景下,被告人同意认罪认罚,接受简易程序以及其他进一步的程序简化,以换取从宽处理。司法机关则可以按照二八定理,通过区分简单多数与复杂少数来确定不同的程序处理方式,以优化法律资源的配置。[2] 这似乎为控辩双方提供一个有效的协商和博弈空间。但是我们不得不思考这样一个问题:纯以"认罪认罚"为代价换取刑罚的减轻是否符合制度本身的理念? 笔者认为这显然是与制度理念相悖的。正如上文分析的,刑事诉讼案件的结果具有很高的可预见性和确定性,被告人不认罪对这一点并无实质影响。反过来说,被告人认罪实质上并未付出过多代价,因此相当部分被告人的"认罪认罚"难言是其真实意志的体现。这种情况下,如果鼓励司法机关与被告人认

---

① 参见[美]理查德·波斯纳:《法律的经济分析》,蒋兆康译,法律出版社 2012 年版,第593 页。

② 参见李本森:《法律中的二八定理——基于被告人认罪案件审理的定量分析》,《中国社会科学》2013 年第 3 期。

罪协商,实质上实现的最大的价值是提高刑事案件侦办和诉讼的效率。司法效率固然是一个重要的价值,但是纯粹地追求司法效率则是一种过分功利化的表现。我们需要明确,区分案件繁简,提高司法效率的目的还是为了更好地审理复杂案件,维护公平正义,如果简单为了追求司法效率,而允许对仅仅是表面上"认罪认罚"的被告人从宽处理,则会动摇刑罚基本正义理念和价值追求,因而是一种本末倒置。

(三) 不稳定的宽容:量刑从宽的模糊性

认罪认罚从宽制度是党的十八届四中全会和本轮司法改革中提出的一个概念,具体应该如何执行尚未定论。但是从我国既有的司法实践基础来看,对被告人认罪案件的从宽处理并不十分明确。2003 年的《关于适用普通程序审理"被告人认罪案件"的若干意见(试行)》和《关于适用简易程序审理公诉案件的若干意见》仅提出人民法院对自愿认罪的被告人酌情予以从轻处罚。而 2010 年刑诉法实施后,上述两个意见均已废止,对被告人认罪案件如何从宽处理没有直接的依据。即使在判决时法官酌情对此类当事人从轻处罚,也在很大程度上取决于法官个人的裁量权,有较大的随意性。此外,由于前文已述的我国刑事案件判决的高度可预见性和确定性,在对被告人是否真实悔罪的判断存在困难的情况下,为避免不必要的困扰,法官也会倾向于严格把握量刑从宽的尺度。

这样的情况同样带来了问题。第一,由于难以保证对真正悔罪并认罪认罚的被告人一定幅度的从宽处理,认罪认罚从宽制度所体现的宽严相济的刑事政策无法真正落实,无法实现让确实悔过、社会危害性低的被告人更快地回归社会的目的,使认罪认罚从宽制度更容易流于形式,陷入只为了司法效率而存在的尴尬局面。第二,由于缺乏明确的量刑从宽的标准,被告人在认罪认罚时难以准确衡量从中获得的刑期利益,这让被告人在认罪协商中处于更为不利的地位,即使被告人认罪认罚,能否从宽处理以及从宽处理的幅度也仍然由法院裁决,并没有解除被告人在等待审理阶段的不安定性,这对被告人认罪认罚的积极性将是一个打击。[1]

---

[1]　参见吴思远:《认罪认罚从宽制度有待进一步完善》, http://www.chinacourt.org/article/detail/2015/12/id/1759973.shtml,访问时间:2016 年 6 月 10 日。

（四）正当性的负担：认罪认罚从宽制度中的律师代理

在域外司法实践中，被告人认罪案件一般均要求有律师代理，这一点无论是在英美法系国家抑或大陆法系国家，都有相近的规定。[1] 律师的强制代理，在被告人认罪案件中无疑具有重要的作用，被告人在刑事诉讼中居于弱势地位，而刑事法律理论和规则具有较强的专业性，被告人很难自行准确理解具体的法律条文，这就可能让被告人在认罪认罚时处于一个非常不利的环境，很难对公诉机关的罪行认定（对罪行构成何种罪名的认识正确与否不是认罪与否的判断标准）和量刑建议的合理性进行判断。通过引入律师强制代理，可以一定程度上平衡控辩双方的力量，彰显控辩双方平等对抗的诉讼精神，使得认罪协商在一个更为公平和透明的环境中进行。律师通过向被告人释明法律、说明认罪认罚与否的得失，帮助被告人作出理性的选择，防止公诉机关以强迫或者诱导等方式促使被告人认罪认罚，体现了被告人知情同意的原则，实际上也提高了认罪认罚从宽制度的正当性。

但是我们需要考虑一个现实的问题，律师代理是有成本的，目前我国的刑事诉讼程序中，有律师代理的案件占比仍然不高，律师代理费对不少被告人而言是一笔不小的负担，而司法援助资源的有限性又不允许在现阶段实现普遍性的法律援助。在这种情况下，如果要求被告人在认罪认罚时一概需要律师的强制代理，则实际上变相地增加了认罪认罚从宽制度的门槛，可能会产生另一种不公正：有财力请律师才有资格获得认罪认罚从宽的机会。此外，从诉讼经济原则上看，轻微刑事案件中如果强制要求律师代理，也显得不那么合理，甚至可能让很多原本可以程序从简的案件被排除出适用范围而不得不消耗更多的司法资源。由此来看，如果我们不顾实际的在认罪认罚从宽制度中规定律师强制代理，则不仅可能会削弱认罪认罚从宽制度的实用性，更可能会制造出另一种形式的不公正，反而损及制度本身的正当性。

（五）舆论的冲击：认罪认罚从宽的潜在风险

在互联网新媒体时代，信息传递的速度成倍提高，过往存在的社会舆论对

---

[1] 参见张吉喜：《被告人认罪案件处理程序的比较法考察》，《时代法学》2009 年 6 月第 7 卷第 3 期。

司法审判的压力和影响表现得更为突出和明显。公民对某些特定案件的关注,如重大责任事故、涉访案件、贪腐案件等,对法院审理案件难以避免地产生着影响。虽然很多学者从不同角度分析过认罪认罚从宽制度与国外(特别是美国)辩诉交易制度存在的差异,着重指出我国的认罪认罚从宽制度建立在事实清楚、证据确实等基础上,并严格在刑法规范内操作,不会对罪名、罪数进行交易,①不会影响实体上的公正和正义。但认罪认罚从宽本身表现出的认罪协商的形式很难避免被与典型的辩诉交易制度联系起来,笔者也注意到2016年中央政法工作会议提出的借鉴辩诉交易等制度的合理元素基础上,抓紧研究提出完善认罪认罚从宽制度的试点方案,显然也没有意图回避两者的关联性。事实上,从一个非专业人士的直观的感受看,认罪认罚从宽制度更像是"中国特色的辩诉交易",②两者在本质上存有的差异并不容易受到普通人的关注和认知。

辩诉交易制度即使在国外也是存在争议性的,在对司法公信力尚未完全建立的中国,认罪认罚从宽制度很可能会在特定案件中引起舆论的非议。如果在一些舆论关心、媒体炒作的热点案件中适用认罪认罚从宽,按照目前国内的司法舆论环境,恐怕很难得到公众的认可和理解,尤其在存在直接被害人或者"民愤极大"的案件中,可以预料会出现极大的争议和舆论压力。而由于认罪认罚从宽缺乏明确的标准,舆论和公众不难寻找到相似案件适用的从宽处理的差异(包括减刑的幅度、适用缓刑与否等),从而进一步质疑认罪认罚从宽制度的透明度和公正性,对司法的公信力也将是一种损害。而如果这种舆论的压力影响到法官对被告人适用认罪认罚从宽的裁量,则又会损害到认罪认罚从宽制度的价值,导致舆论审判下的不公正问题。

三、认罪认罚从宽制度的价值归位和再构建

(一) 价值归位

认罪认罚从宽制度目前尚在探索和试验时期,这一制度能否起到预期的

---

① 参见陈卫东:《认罪认罚从宽制度研究》,《中国法学》2016年第2期。

② 参见《聚焦中国版"辩诉交易"》,《财新周刊》2016年第19期。

效果,笔者认为目前也是最关键的一个时期。由于法学界和司法界对这项制度本身并未形成一个明确的和体系化的认识,认罪认罚从宽制度会走向何方,也就有些难以预测。笔者认为,我们在推行这一制度以前,必须准确把握住制度价值的核心,如此才能避免认罪认罚从宽制度偏离了应有的发展轨道。从目前的司法实践和理论研究情况看,认罪认罚从宽制度由于是由司法机关直接主导,因此较多地偏向于司法效率的提高,且对司法效率的理解较简单地局限在了案件办理速度。笔者认为,认罪认罚从宽制度实质上是宽严相济刑事政策的体现,承载了现代刑法学的宽容性和谦抑性,通过对一部分真心认罪、诚心悔过的当事人从轻处理,使得社会危险性低,再犯可能性小的被告人更快地完成改造,回归社会,也是真正实现了司法效率的提高。反之,如果单纯地强调案件办理速度的提高,刑法预防犯罪的效果就会受到损害,实质上是对司法效率的一种损害。因此,我们必须正确把握认罪认罚从宽制度的内涵,并以此为基础对认罪认罚从宽制度进行完善。

(二) 制度构建完善的思考

1. 重视认罪认罚真实性的审查。正如前文所述,认罪认罚理应包含着被告人对犯罪行为的自愿认错和主动悔过,单纯地寻求从轻处理的"认罪认罚"或在没有更好选择余地下的"认罪认罚",实质上都不符合这项制度的要求。为制度价值能真正实现,对认罪认罚真实性加强审查有其必要性。

(1)法官裁量权下的综合考察。了解一个人的内心真实意志毫无疑问是困难的,这要求法官在审查时具有一定的能动性,"在许多情况下,机械地适用规则就意味着非正义。我们需要的是个别化的正义,也就好似说,正义的程度要适应单个案件的需要。只有通过裁量方能个别化正义目标"[①]。但是认罪与否的判断也并非是毫无依据的,笔者认为,法官可以结合案件本身的性质、犯罪恶意和故意程度、被告人的刑事处罚和行政处罚记录、庭审时认罪的具体表现、被害人的谅解等进行综合的考察和裁量。但是需要提出的是,被告人仅就法律适用问题等提出的异议,也不能一概地认为认罪态度存在疑问。

---

① [美]肯尼斯·卡尔普·戴维斯:《裁量正义》,毕洪海译,商务印书馆 2009 年版,第20 页。

（2）认罪程度和从宽程度的层级化。就广义的"认罪"而言,我国现行《刑法》已经按层级进行了规定,即关于自首、坦白及其不同处罚原则的规定。自首通常表明行为人认罪的程度更强些,所以从宽处罚的程度比坦白也要大些。除了自首中的认罪、坦白中的认罪表现之外,还有不构成自首或坦白的认罪。在改革阶段,从刑法修改角度的设计,结合既有的刑法规定,设置具体从宽处理幅度的层级性,针对不同时间节点、不同认罪认罚的具体方式来设置认罪认罚的从宽幅度,一定程度上也将认罪认罚真实性的考量纳入。

（3）从宽处理的事后监督。强调对从宽处理的被告人的事后监督,也是保证被告人认罪真实性的一个补充。具体的做法有,一是对纠正情况进行考察,如果被告人在缓刑、假释期等违反相关规定,应及时从重予以处理。二是参照刑法上累犯的概念,对同一罪名再犯的被告人不得适用认罪认罚从宽程序,并且在量刑时应酌情予以加重考量。

2. 准确把握从宽的范围。认罪认罚从宽制度的适用范围,有着不小的争议。目前我国试点的轻微刑事案件速裁制度,范围局限于特定类型,这从侧面可以反映出对认罪认罚从宽的适用范围,司法实践还比较谨慎。这在现阶段是可以理解的,但笔者认为,认罪认罚从宽制度的建立,不应该排除刑责较重的案件。刑责较重的案件,被告人未必就不能真诚悔过、认真改造,此时对被告人的特殊预防就缺少意义;相反,轻微刑事案件如交通肇事等,被告人的认罪认罚也未必是真实的。因此,在我国探索建立认罪认罚从宽制度时,应把大多数刑事案件类型纳入其中。

作为补充,对现阶段不适合适用认罪认罚从宽的案件,可以相应地建立"负面清单",例如黑社会性质组织犯罪、重大贪污腐败案件等。一方面此类案件中案件被告人的认罪、悔罪的真实性令人怀疑,另一方面也是对潜在社会舆论的一种妥协,与其可能在引起争议时破坏既有的规则,不如在制度建立时就将其排除在外。同时,对可能判处死刑的严重刑事案件,也应予以排除,这一方面是考虑到此类案件可能存在的争议性,另一方面也是考虑到审判层级的因素。①

---

① 参见王瑞君:《"认罪从宽"实体法视角的解读及司法适用研究》,《政治与法律》2016 年第 5 期。

这里有一个较有争议的话题,即疑罪案件能否适用于认罪认罚从宽。目前而言,多数观点认为现阶段不适合允许疑罪案件适用认罪认罚。其原因是我国疑罪从无的观念建立仍未牢固,疑罪从轻的观点无论在司法界还是一般公民眼中,都有一定的支持者,允许疑罪案件的认罪认罚也容易引发冤假错案的发生。① 笔者认为,对疑罪案件的认罪认罚从宽应保持谨慎的态度,但是也没有必要否认在疑罪案件中的认罪认罚从宽的正当性。试想,司法机关虽然尚未查清事实,但犯罪嫌疑人一方面基于良心的不安,另一方面担忧于刑事侦查中的不安定性而决定认罪认罚,法院却不能予以认可,这是一个多么不合理的局面。对此形成制约的是,对适用认罪认罚从宽的被告人,应允许其仍有一定的上诉权作为司法救济。

3. 提高量刑从宽的透明度。从宽处理的幅度除程序上体现从简以及可能带来依法不捕等后果以外,主要体现在刑法规定的从轻、减轻处罚。为充分体现从宽处理精神,一方面,增加"应当从轻、减轻处罚"条款的具体适用情形,实现"应当型"从宽与"可以型"从宽的协调适用,保障犯罪嫌疑人、被告人尽早认罪认罚的合理期待;另一方面,遵循刑法的相关规定,在最高人民法院《关于常见犯罪的量刑指导意见》等司法解释的基础之上,进一步明确从宽量刑指导原则,设计科学的量刑基本方法,最终确定宣告刑。一方面对法官自由裁量权进行一定的规范,另一方面也为检察官与被告人协商提供明确指引,增加量刑从宽的透明度。

4. 被害人成为协商主体之一。类似于现有的刑事和解制度,认罪认罚从宽制度的构建应当充分考量被害人的意见。对此,或许有人会提出"花钱买刑"的担忧,但是我们需要从另一个层面对这个问题进行认识。如果一个刑事案件的被告人,在有经济能力的情况下却不愿意对被害人作出补偿,我们如何能够认为他的认罪认罚是表达了自身的真实意志的呢? 恰恰相反,这增加了对认罪认罚真实性的质疑。同时,被害人作为协商的一方,实际上是增加了认罪协商角色的多元化。笔者需要提出的一点是,被害人明确作为协商的一方,不代表其凌驾于公诉方和被告人而具有超然的地位。如果被害人提出的赔偿和补偿要求远远超出被告人的能力要求,或者被告人确实无能力负担的,

---

① 参见陈卫东:《认罪认罚从宽制度研究》,《中国法学》2016 年第 2 期。

被害人的意见对不能作为对被告人是否从宽处理的一票否决存在(针对目前存在的取得被告人谅解的实际困难)。反之,如果被告人在自己能力范围自愿对被害人进行了补偿和赔偿,即使被害人不能满意于赔偿的程度,法官在审理案件时仍需将此作为认罪认罚的一个情节予以考量(当然其从宽的程度可能未必与被害人谅解时的相同)。这在另一个方面也减少了"花钱买刑"的风险,避免让从宽成为经济能力强的人的特权,导致了另一层面上的不公正。此外,被害人参与认罪协商,可以避免认罪认罚从宽案件引起社会舆论的关注和争议,减少潜在的公信力风险。

5.配套制度的完善。认罪认罚从宽制度不应当是一个孤立的制度,其价值的实现离不开配套制度的完善。例如,不被强迫自证其罪,是绝大部分国家的刑事政策,我国也不例外,但不被强迫自证其罪不等于赋予了当事人沉默权,按照规定,我国的犯罪嫌疑人、被告人是没有沉默权的。这很大程度上就使得被告人在刑事诉讼中居于相当不利的地位,客观上导致了"认罪认罚"是唯一选择的后果,增加了对认罪真实性区分的难易度。我们不宜期待认罪认罚从宽制度从建立之初就能成熟,相反,我们可以根据认罪认罚从宽制度实施中遇到的制度性障碍,确立深入改革的方向,例如进一步加强刑事诉讼人权保障,有条件地赋予犯罪嫌疑人沉默权;为律师有效辩护提供更好的环境;逐步扩大法律援助的范围等,以此通过配套制度的完善,来让认罪认罚从宽制度真正走向成熟。

结　　语

认罪认罚从宽制度是一项涉及面非常广泛的系统工程,既有刑事实体法、程序法层面的法律修改、完善,又有司法机制、体制的建构、调整和发展。认罪认罚制度的改革无疑会对我国整个刑事司法体系的发展产生不可估量的影响。虽然认罪认罚从宽制度应当如何构建目前尚未有定论,其存在的阻力和障碍也很多,但是我们也期待这项制度和本轮司法改革的其他措施一样,推动中国法治的向前发展。

刑事诉讼认罪认罚从宽视野下的繁简分流

——刑事速裁程序运行机制的改革与探索

林哲骏*

2014 年 10 月,党的十八届四中全会通过了《中共中央关于全面推进依法治国若干重大问题的决定》指出,要完善刑事诉讼中认罪认罚从宽制度。随后,《最高人民法院关于全面深化人民法院改革的意见》进一步提出要健全轻微刑事案件快速办理机制。完善刑事诉讼中认罪认罚从宽制度,刑事速裁程序就是迈出的第一步。① 当前在诉讼案件急剧增长、轻微犯罪案件比例逐渐提高的背景下,刑事速裁程序作为对轻微刑事案件快速处理的一种审判程序,能够在刑事审判领域建立一种过滤机制,该繁则繁,当简则简,对案件进行分流,进而有效缓解当前日益增长的案件压力。在之前速裁程序的改革试点过程中,各相关地方和司法机关积极探索,勇于改革,积累了丰富的经验,也发现了大量的问题。如今,试点工作已告一段落,本文即从试点经验的基础上对刑事速裁程序的构建进行一定的思考和探索。

一、理论奠基:速裁程序的内在价值与功能定位

(一) 速裁程序构建的现实需求

刑事速裁程序,是指对事实清楚,证据充分,被告人自愿认罪,当事人对适用法律没有争议的危险驾驶、交通肇事、盗窃、诈骗、抢夺、伤害、寻衅滋事等情

---

* 林哲骏,工作单位:上海市徐汇区人民法院。

① 参见罗灿:《刑事速裁程序是及时实现公平正义的创新》,《人民法院报》2015 年 3 月 27 日。

节较轻,依法可能判处一年以下有期徒刑、拘役、管制的案件,或者依法单处罚金的案件,进一步简化刑事诉讼法规定的相关诉讼程序。① 从这一定义可以看出,刑事速裁程序适用范围立足于一年以下有期徒刑、拘役、管制的案件,也即轻罪案件。从我国社会发展背景和司法实践需求来看,刑事速裁程序的构建有其紧迫的现实需要。表现在:第一,任何一个国家的司法资源在一定时期都是恒量存在的,普通程序在尽最大可能保障程序公正性的同时,也消耗了大量的司法资源。如果对所有案件不加区分地适用繁复的普通程序,将使司法资源平均分配,导致真正疑难重大案件得不到更多的照顾。因此,在刑事诉讼中构建更为轻简的速裁程序是实现刑事案件繁简分流、司法资源轻重分配的必然要求。第二,当前,我国正处于经济结构调整、矛盾纠纷多发、刑事犯罪高发的历史时期,为了有效维护社会的稳定,将一些普遍存在的违法行为予以犯罪化规制,成为立法的一个显著发展趋势。因此,在废除劳教制度以及不断更正的刑法修正案将危险驾驶等违法行为纳入刑罚体系后,轻罪案件的比例逐渐提高,轻罪案件的处理愈加需要重视,也就愈加需要构建专门适用审理轻微犯罪的新的刑事诉讼程序。

(二)速裁程序的价值追求

在我国现有的刑事诉讼程序中规定了普通程序和简易程序两种程序模式。普通程序的价值追求体现在于公正性,其对诉讼整体的把握在于情愿花费大量的司法资源以保证诉讼进行的合理、公开、严谨以及可救济。在普通程序中,程序公正的目的在于以完备、细致的程序确信被告人具有无可争议的犯罪事实,从而最大限度地保证实体上的公正。与之相比,简易程序的价值追求在于保障公正性的同时兼顾对效率的追求,在被告人自愿认罪的基础上,防止被告人含冤蒙雪的公正性需求具有一定程度的降低,而防止诉讼拖延,保证被告人获得快速审判权利的效率性需求则更为被重视。程序越正当,诉讼成本就越高。在司法资源恒量,而案件数量不断增长的情形下,社会对于效率价值就有了更多的追求。因此,全国人大常委会试点开展的速裁程序,就是根植于

---

① 参见《全国人民代表大会常务委员会关于授权最高人民法院、最高人民检察院在部分地区开展刑事案件速裁程序试点工作的决定》,《全国人民代表大会常务委员会公报》2014 年第4 期。

追求效率的价值取向,基于轻罪案情简单,且被告人自愿认罪的基础,进一步降低对于公正性的绝对化追求,转为重视对诉讼效率的追求,用较少的司法资源解决更多的诉讼案件,保证刑罚的迅速和及时。刑事诉讼程序的价值追求如下图所示:

	公正	效率
普通程序:	高	低
简易程序:	中	中
速裁程序:	低	高

(三) 速裁程序的结构定位

在对待轻微犯罪案件的处理上,域外国家有着不同的快速审理程序。德国作为大陆法系国家的代表,其刑法中将重罪规定为最低刑一年以上的违法行为,对于可能判处一年以下有期徒刑的轻罪案件,德国刑事诉讼法适用独立的快速审理程序,包括:简易程序、处罚令程序和保安处分程序;美国作为普通法系国家的代表,其在制定法上也将轻罪的界限定为可能判处一年以下有期徒刑的犯罪,对于这类案件总体上是由州内区法院的辩诉交易程序和基层治安法庭的微罪审理程序(适用于判处非监禁刑罚的案件)来交替适用。[①] 对比我国刑事诉讼程序的设置,对于轻微犯罪的处理并无独立快速审理程序,被告人认罪案件统一划为简易程序处理范围,结构单调,细分不明。而从程序的价值追求上看,面对大量轻微刑事案件,简易程序难以体现高效、速决的优势,难以达到有效提高诉讼效率的目的。[②] 需在简易程序中分出一定范围的轻微刑事犯罪,创设对应处理的新诉讼程序,形成刑事诉讼普通程序、简易程序、速裁程序三层并列诉讼处理结构。

在试点实践中,有学者提出速裁程序在诉讼结构中应定位于类似德国的处罚令程序。笔者认为,从名称上看,德国刑事诉讼快速审理程序中的简易程序、处罚令程序与我国刑事诉讼的简易程序、速裁程序有着很强的承接对应关

---

① 参见李本森:《我国刑事案件速裁程序研究——与美、德刑事案件快速审理程序之比较》,《环球法律评论》2015 年第 2 期。

② 参见刘广三、李艳霞:《我国刑事速裁程序试点的反思与重构》,《法学》2016 年第 2 期。

系,但从程序的内容实质上看则不然。首先,德国的简易程序适用于可能判处一年以下有期徒刑的轻微刑事案件,与我国简易程序的适用范围存在较大的差异性,反而与速裁程序适用范围相类似;其次,德国处罚令程序因为仅针对可能判处缓刑和罚金刑的案件,采用书面审理的方式,而我国刑事速裁程序涵盖的范围仍然包括了自由刑,不能仅以书面处罚令的方式进行审理。因此,在程序的结构对应上,速裁程序的地位应类似于德国的轻罪简易程序。

当然,目前我国刑事诉讼在构建普通程序、简易程序、速裁程序三层并列的诉讼模式之外,仍然可以预留空位,在速裁程序建立完善和成熟之后,借鉴德国的处罚令程序和美国的微罪审理程序,考虑将可能判处缓刑和罚金刑的轻微犯罪案件进一步从速裁程序中剥离出来,构建第四层并列的不开庭书面审理程序:

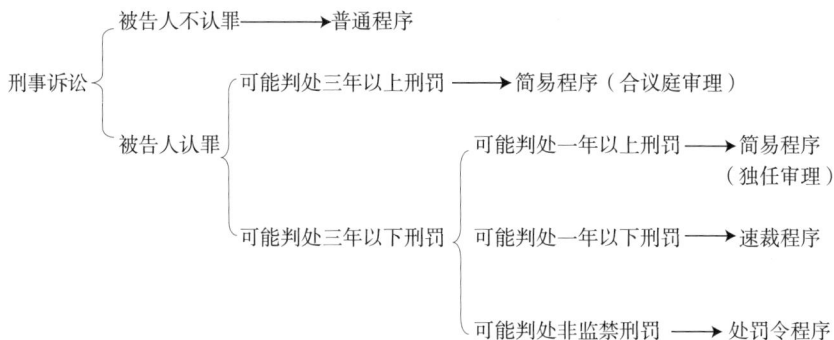

```
                    ┌ 被告人不认罪 ──────→ 普通程序
                    │
                    │              ┌ 可能判处三年以上刑罚 ──→ 简易程序(合议庭审理)
刑事诉讼 ┤          │
                    │              │              ┌ 可能判处一年以上刑罚 ──→ 简易程序
                    └ 被告人认罪 ┤              │                          (独任审理)
                                   │              │
                                   └ 可能判处三年以下刑罚 ┤ 可能判处一年以下刑罚 ──→ 速裁程序
                                                  │
                                                  └ 可能判处非监禁刑罚 ──→ 处罚令程序
```

(四) 速裁程序的内容核心

在确定速裁程序的结构定位后,从比较法视野上看,速裁程序应当对应借鉴德国轻罪简易程序和美国辩诉交易程序进行构建。但从程序内容上看,美国辩诉交易程序要求被告人在认罪的基础上与控方达成量刑协议,在法庭确认阶段,法官不再就证据等事实进行实质性审查;而德国轻罪简易程序则除了要求被告人认罪外,并没有关于同意检察官量刑建议的硬性要求,法官仍要通过庭审进行实质性证据调查。[①] 根据最高人民法院、最高人民检察院、公安部

----

① 参见李本森:《我国刑事案件速裁程序研究——与美、德刑事案件快速审理程序之比较》,《环球法律评论》2015 年第 2 期。

和司法部联合印发的《关于在部分地区开展刑事案件速裁程序试点工作的办法》(以下简称《试点办法》)第六条的规定,我国速裁程序适用的前提不仅包括被告人自愿认罪并同意适用速裁程序,还要求被告人对检察院拟定的量刑建议没有异议;同时,《试点办法》第十一条规定,速裁程序的审理不再进行法庭调查和法庭辩论。① 可以看出我国速裁程序在内容设计上更接近于美国辩诉交易程序。

在美国辩诉交易程序中,其内容核心在于检察官与被告人可以就指控罪名的降级和量刑减让达成书面协议。与之相比,我国作为成文法国家,各项罪名有着严格对应的构成要件,且在司法传统理念中,刑事诉讼更应追求案件的实质真实性,因此就目前来说,我国尚不具备就罪名进行协商的条件基础;但另一方面,我们设立速裁程序的目的在于节约司法资源,提高诉讼效率,在被告人自愿认罪且放弃法庭调查、法庭辩论等诉讼权利的情况下,有必要对等地给予被告人一定的量刑优惠,以吸引和激励更多的被告人认罪且选择适用速裁程序。因此,诉辩双方就量刑减让进行协商达成一致,是速裁程序构建的内在需要,应当成为程序构建的内容核心。

二、实体构建:速裁程序的规则体系与运行机制

速裁程序作为与普通程序、简易程序并列的第三层独立的刑事诉讼程序,其诉讼规则体系及运行机制的构建,需要对其适用范围、审理方式、审级结构等内容进行全新的制度设计和考量。笔者粗略的以庭审阶段为划分,从庭前、庭审及庭后三个阶段对速裁程序的一些内容问题进行构建探讨。

(一)庭前准备与完善

1.速裁程序的适用范围

目前试点阶段,我国刑事速裁程序的适用范围有着严格的限制,不仅有概念性的限缩条件,还有禁止性规定。

(1)在限缩条件方面,《试点办法》第一条规定了三个方面的内容:第一,速裁程序只适用于危险驾驶、交通肇事、盗窃、诈骗、抢夺、故意伤害、寻衅滋

---

① 参见最高人民法院编:《刑事案件速裁程序试点实务与理解适用》,第10—11页。

事、非法拘禁、毒品犯罪、行贿犯罪、在公共场所实施的扰乱公共秩序犯罪这11类罪名;第二,只适用于可能判处一年以下有期徒刑、拘役、管制或者依法单处罚金的案件;第三,需被告人自愿认罪且对适用法律无异议、同意适用速裁程序和量刑建议。在限缩性条件中,对于第三方面的内容并无多少争议,这是程序适用的基础,实践中争议较大的主要在前面两个方面。

对于速裁程序是否只适用于所列举的罪名,有学者提出,"只要将速裁程序的范围限定在可能判处一年以下有期徒刑的案件即可,而没有必要再对其适用罪种进行限定"[1],笔者赞同这一观点。首先,在刑法450余项罪名中,规定所涉的11类罪名仅占极少部分,实践中情节较轻的侵占罪、妨害信用卡管理罪等众多案件,本身社会危害性并不大,也都可能被判处一年以下有期徒刑、拘役,却因为罪名限制而无法适用,极大地限缩了速裁程序的适用范围,导致速裁程序成为一些特定罪名的专属程序;其次,故意杀人等暴力犯罪在刑期上有着天然的限制,不可能突破刑法的规定判处如此低的刑期,而恐怖活动、黑社会性质犯罪等则基本为共同犯罪,为查明事实的方便以及保证程序的统一性,也不可能部分被告人适用普通程序或简易程序而其余被告人适用速裁程序。因此在速裁程序的适用范围上可放开罪名限制。

对于速裁程序适用的刑期范围,有部分观点认为,"随着经验的积累以及制度的完善,在下一步的探索改革中,可将刑事速裁程序的适用范围扩大至可能判处三年以下刑罚的案件"[2],笔者对此不予认同。首先,在之前速裁程序的结构定位中已论述到,速裁程序是独立于简易程序之外的诉讼程序,而目前我国简易程序独任审理的案件适用范围即为"可能判处三年以下刑罚的案件",如果将适用速裁程序的刑期范围进一步扩大,其将与简独程序混同,导致二者都失去程序的独立性价值,造成适用上的混乱;其次,速裁程序的价值取向在于诉讼效率,必然损失一定的公正性,现阶段将程序适用的刑期范围仍然限定在"一年以下",其对公正价值的牺牲微乎其微,易为公众所接受,同时也能过滤掉一些严重犯罪因减轻处罚而可能符合速裁适用。

(2)在禁止性规定方面,《试点办法》第二条从八个方面对速裁程序的适

---

① 汪建成:《以效率为价值导向的刑事速裁程序论纲》,《政法论坛》2016年第1期。

② 张勇、程庆颐、董照南、张爱晓:《推进刑案速裁 促进繁简分流——天津高院关于刑事案件速裁程序试点工作的调研报告》,《人民法院报》2015年9月24日。

用进行了限制,包括:被告人是未成年人、盲、聋、哑人及精神病人的;共同犯罪中部分被告人对犯罪事实、罪名、量刑建议有异议的;被告人可能无罪或辩护人作无罪辩护的;经审查认为量刑建议不当的;被告人与被害人方未达成赔偿协议的;被告人违反取保候审、监视居住规定;被告人系累犯或教唆未成年人犯罪的;以及其他不宜适用速裁程序的情形。笔者认为,试点阶段由于经验不足,对公正和效率难以平衡把握,从而严格限制速裁程序的适用确有其必要性,但程序正式建构后,则可以将如此众多的条框限制予以去除。从内容上看:第一,之所以限制未成年人、盲、聋、哑人和精神病人适用速裁程序,是因为他们可能由于认知能力的不足而不具有程序的自主选择权,不能清晰知晓适用速裁程序的后果。但同时,这种涵盖性的规定也不可避免地限制了大量具有清晰意识及独立能力的被告人的程序选择权。对于这类被告人程序选择能力的鉴别完全可以通过提讯和庭审进行双重甄辨,并不需要以此来限制速裁程序的适用。第二,共同犯罪案件为了利于查明事实及保证程序的统一性,并不会在同一案件中适用多种程序,之前也没有共同犯罪同时适用普通程序和简易程序的先例,因此也不需要对这一条予以特殊规定。第三,经审查可能无罪、量刑建议不当或律师作无罪辩护的,可立即进行程序转换,这属于速裁程序的救济手段,而不是适用范围。第四,对被害人损害的赔偿问题属于刑事和解的内容,是衡量被告人悔罪态度的表现,可以此作为量刑的参照(累犯问题也如此),而不是剥夺被告人的程序选择权,而且在司法实践中,盗窃、诈骗、交通肇事、故意伤害、寻衅滋事等多个罪名都涉及损害赔偿问题,很多被告人因为经济能力较差无力进行赔偿,在这种情况下仍以"未就赔偿问题达成和解"作为限制被告人选用速裁程序的理由就显得极为不公平。第五,被告人违反取保候审、监视居住规定的,司法机关应当及时予以告诫,严重时变更强制措施即可,与程序选择无关。

2. 速裁程序的律师作用

随着试点实践的展开,我们发现速裁程序运行中辩护律师的作用与简易程序及普通程序相比有较大不同:一方面,速裁程序在法庭审理阶段省略了法庭调查和法庭辩论环节,辩护律师在庭上作用较小,其在开庭过程中仅需回答两个问题,即对"是否申请回避""对本案指控的事实、证据、罪名及量刑建议是否有异议"回答"是"或"否",并没有也不需要充分发挥刑事辩护律师在庭审过程中对于案件性质及量刑的辩护职能。另一方面,在速裁程序中,被告人对于案件事实本身并无争议,且认罪认罚,其真正需要的法律帮助在于对速裁程序内容的了解,对适用程序所造成法律后果的认知以及对量刑建议进行参考分析,确认是否有利于自身。可以说在速裁程序中,辩护人在庭前的作用远大于庭审期间的作用。因此,在速裁程序的运行中,要转变思想观念,把律师的职能作用从庭审辩护向庭前阅卷和提供法律意见进行转移,及时为被告人提供法律咨询和建议,告知被告人适用速裁程序的法律后果,帮助其进行程序选择和量刑协商。

此外,为了充分保障被告人的合法权益,在被告人无力聘请律师时,要及时为其提供相应的法律帮助,这就要求完善相关的法律援助制度。一方面进一步推进落实派驻看守所、法院法律援助值班律师的制度工作,保证在押及取保候审的被告人能同等且及时地获得律师帮助。另一方面,司法机关要加强对派驻律师进行速裁程序相关内容的培训,使派驻律师能熟知程序要求,明确自身职责,重视庭前阅卷,帮助被告人做好程序选择。

3. 速裁程序的证明标准

《试点办法》第九条规定了速裁程序的证明标准为:"事实清楚、证据充分"。[①] 而这正是我国刑事诉讼法第一百九十五条和二百零八条分别规定的普通程序和简易程序所需要达到的证明标准。通常意义上看,刑事诉讼涉及对被告人人身自由和财产权利的剥夺处罚,确应审慎严谨地遵循严格的诉讼证明标准,但这是基于程序对公正性有较高追求的基础。在速裁程序以追求效率为价值目标,对公正性的价值追求较普通程序及简易程序有所降低的情况下,是否还应遵循同一证明标准呢?

笔者认为,对于适用速裁程序的轻微刑事案件,其证明标准可以有所降低。何家弘教授曾概括我国司法实践中采用的证明标准为五层:第一,"铁证"或"铁案";第二,"案件事实清楚、证据确实充分";第三,"基本案件事实清楚、基本证据确实充分";第四,"案件事实基本清楚、证据基本确实充分";第五,"虽有疑点,也能定案"。[②] 除了第一标准太过严苛和第五标准以疑罪定

---

① 最高人民法院编:《刑事案件速裁程序试点实务与理解适用》,第11页。
② 何家弘:《刑事错判证明标准的名案解析》,《中国法学》2012年第1期。

案外,第二层标准即为我国刑事诉讼法的要求标准,这一证明标准对应了诉讼程序中的普通程序和简易程序。而速裁程序和将来可以构建的处罚令程序根据其对公正性价值的追求程度,则分别可以对应第三和第四层"两个基本"的标准。一方面,在速裁程序中,被告人与公诉机关量刑协商的达成实际上是通过放弃自己的诉讼对抗权而获取从宽处罚,在诉讼对抗程度降低的情况下,公诉机关的证明义务就可以随之降低;另一方面,在量刑协商已达成的情况下,法官确认被告人确属自愿认罪后,被告人的有罪供述就应当成为具有较高证明力的证据,此时案件事实的查明,应围绕被告人的供述,是否与其他证据相佐,确认认罪的真实性;最后,盗窃、故意伤害、寻衅滋事等案件在犯罪情节轻微时,存在过程短暂、现场灭失较快、无监控录像或证人证言难以搜集等特点,其证据链的完整程度确实难以达到普通程序的标准,在案情简单明了的情况下,非要苛求形式的周正,将极大地拖延诉讼的进程,于被告人不利,于司法机关也无益。因此,对于使用速裁程序的轻微刑事案件,可以适当地降低对证明标准的要求,达到"基本案件事实清楚、基本证据确实充分"的标准即可。

(二) 庭审实施与确认

1. 速裁程序的量刑协商

速裁程序的内容核心在于量刑协商,通过给予被告人一定的量刑优惠以换取诉讼效率,但在《试点办法》中这一量刑优惠仅规定为"可以从宽处罚",虽然一般认为"从宽处罚"包括从轻、减轻或者免除处罚,[①]但毕竟不是法律术语,如何从宽、从宽多少都没有一个具体的幅度,在这种情况下,公诉机关的量刑建议也就只能泛泛而谈。以笔者接触的审判实践为例,公诉机关除了危险驾驶类案件的基本量刑建议为"拘役两个月以下并处罚金的刑事处罚"外,其余案件均为原则性地提出建议判处一年以下有期徒刑、拘役、管制的刑事处罚,根本体现不出对被告人的量刑优惠在何处。而且由于量刑建议的幅度过于宽泛,基本等同于可以适用速裁程序的刑期范围,于被告人而言并无商论之意,导致被告人无明确的心理预期,当法院宣判后,对于法院判决存在量刑过重的异议,致使法官需要花费大量时间进行法庭教育及法理释明,违背了程序

---

① 参见张淼:《从宽处罚的理论解析》,《法学杂志》2009 年第 5 期。

设计体现诉辩协商,提高诉讼效率的初衷。

被告人自愿认罪并放弃诉讼对抗是有对价的,这种对价就体现在对被告人的量刑优惠。被告人总是通过对自身利益的整体衡量来对程序选择进行预先评估,以量刑优惠激励为基础才能实现诉辩双方的量刑协商,才能保证速裁程序为被告人所选择适用。因此,在速裁程序的构建中,需要进一步明确被告人适用速裁程序可获得的量刑优惠,可以参照《最高人民法院关于常见犯罪的量刑指导意见》中对于被告人如实供述及自愿认罪减少基准刑的比例,设定相应的量刑优惠。同时,还要进一步规范公诉机关的量刑建议,使其相对精准且幅度范围合理,这样才能使被告人对自身所应受的处罚有较为明确的预期,从而在确认无异议后达成量刑协议。为此,可以就盗窃、毒品犯罪等适用速裁程序比例较高的常见犯罪进行量刑情节的细化,固定部分常见情节的量刑幅度,使公诉机关能进一步缩小量刑建议的幅度范围,给予明确区间,例如对有期徒刑的建议幅度一般不超过 2 个月;拘役、管制的建议幅度一般不超过 1 个月等。

2. 速裁程序的审理模式

根据《试点办法》第十一条的规定,速裁程序的审理不再进行法庭调查和法庭辩论,相比于简易程序,速裁程序的开庭时间已大为缩短。但在试点过程中,有部分学者提出速裁程序的开庭仍不够简化,不如直接省去,借鉴德国处罚令程序构建书面审理的方式,①笔者对此不予赞同。首先,德国处罚令程序适用的范围仅仅针对缓刑和罚金刑,若要涉及限制人身自由的刑罚,则仍然要交由简易程序来审理,这一理念是符合基本的诉讼公平价值观的。缓刑和罚金刑虽然隶属刑罚,但实际上并没有剥夺犯罪人的人身自由,即使存在审判的错误,仍然可以通过撤销或返还予以弥补。而自由刑则不同,其对犯罪人人身自由的剥夺是过后所无法原样弥补的,因此刑事诉讼对于犯罪人判处自由刑的处罚仍应当严谨、审慎地对待。况且目前在我国司法监督机制尚不健全、法官社会威望和尊崇感仍不高的情况下,如果对涉及自由刑处罚的案件仍以法官通过书面签发处罚令的方式进行审理,并不足以服判息诉,刑罚过轻,涉诉被害人对判决结果表示不信任;刑罚过重,则被告人不服判决。其次,速裁程

---

① 参见徐玉、李召亮:《我国刑事提讯速裁程序构建初探》,《山东审判》2014 年第 6 期。

序因被告人自愿认罪而削弱了被告人的诉讼抗辩权,为了保证程序的基本公正,法官必须要认真核对判断被告人对其罪行的认知和悔罪态度,而对于这一判断仅凭卷宗文字并不足以确信,仍需要通过庭审讯问以及听取被告人最后陈述予以真实确认。而且速裁程序的内容核心在于量刑协商,量刑协商的核心则在于被告人对量刑建议的真实认可,这就也需要法官通过庭审询问被告人意见,确认被告人对量刑协商认可的真实性。最后,在多元化诉讼程序的构建框架内,仍然有预留空位,考虑将可能判处缓刑和罚金刑的轻微犯罪案件进一步从速裁程序中剥离出来,构建第四层的处罚令程序,不需一蹴而就在速裁程序中将庭审模式省略。

(三) 庭后终结与救济

1. 速裁程序的审级层次

我国《刑事诉讼法》规定了诉讼程序实行两审终审制,但以提升诉讼效率为目的的速裁程序在审级构建上是否仍应当沿用这一体制,实践中存在较多争议。有学者予以默认;有学者则提出应当适用一审终审;[①]还有学者提出要建立有限制的上诉,通过设置前置过滤审查程序,淘汰不符合上诉条件的上诉案件。[②]

笔者认为对十速裁程序可以考虑适用一审终审制,理由在于:首先,在普通程序及简易程序中,被告人对公诉机关指控的犯罪事实或量刑建议是存在争议的,在这种诉讼对抗的模式下,为防止法官在居中裁判的过程中出现偏差,就需要赋予被告人上诉寻求再次救济的权利。但在速裁程序中,被告人对犯罪事实并无争议,对量刑建议已同意确认,诉讼对抗性已大为削弱,此时设置上诉程序进行法律纠错和请求救济的动因已不存在,没有必要再行设置上诉程序。其次,速裁程序赋予了被告人充分的程序选择权,被告人通过量刑协商对诉讼后果已有了较为明确的心理预期,且在经过侦查起诉和庭审阶段的多次询问而其并没有提出异议的情况下,在法庭宣判后再行上诉反悔的,不仅有违诚信也是对诉讼资源极大的浪费。再次,在试点实践中,大部分适用速裁

①　参见汪建成:《以效率为价值导向的刑事速裁程序论纲》,《政法论坛》2016 年第 1 期。

②　参见李本森:《我国刑事案件速裁程序研究——与美、德刑事案件快速审理程序之比较》,《环球法律评论》2015 年第 2 期。

程序的被告人均服判息诉,仅有的少数上诉案件原因基本在于判处实刑的被告人为了留待看守所服刑以及判处缓刑的被告人为处理个人事务而通过上诉来拖延执行时间。在这里,上诉已成为拖延执行的手段而非实现其本来的纠错、救济之目的。最后,取消上诉并非意味着救济渠道的消失,确有特例需要纠错救济的仍然可以通过再审申请予以更正。可以参考前期试点成功的民事诉讼小额速裁程序,同样在设置一审终审的同时,赋予被告人再审申请的救济权。

2. 速裁程序的救济方式

速裁程序以追求效率为目的,在程序简化上压缩了被告人的诉讼权利,由此可能造成的风险后果就包括侦查机关为了早日结案而存疑定罪以及被告人为了早日脱离羁押而无奈认罪。因此,速裁程序在追求诉讼效率的同时还需要完善相应的救济方式以保障诉讼基本的公正,主要包括两个方面:一是判决前速裁程序向简易程序及普通程序的转换;二是判决后再审申请的救济。

对于速裁程序的转换,首先应赋予被告人充分的程序选择权,在判决前允许被告人反悔适用速裁程序。因为在速裁程序适用范围扩大而证明标准又降低的情况下,程序的公正性很大程度上依托于被告人的自愿认罪及认可量刑建议,因此在诉讼过程中,需要绝对保证被告人对指控的事实、罪名及量刑建议没有异议,若有异议的,应立即转换为简易或普通程序审理。其次应赋予法院对程序的决定权,法院站在客观中立的角度需要审查程序公正性的基础,在经审查发现量刑建议不当、被告人可能无罪或律师作无罪辩护的,应立即进行程序转换。最后还要赋予检察院对程序的监督权,检察院既是刑事诉讼公诉机关,也是国家的法律监督机关,其在履行法律监督职能时发现有不符合速裁程序适用情形的,应及时向审判机关提出纠正意见。

由于构建一审终审制限制了被告人的上诉权,在判决后对被告人的救济就体现在再审程序上。再审申请应只对事实及法律适用错误进行受理而不受理量刑异议,过滤以此为借口的诉讼拖延。同时因为存在事实及法律适用错误的可能,再审开庭就应适用普通程序进行审理,恢复法庭调查和法庭辩论以查明事实,但由此造成的诉讼进程拖延由于非因被告人的过错,再审审理不得因此而减少已给予的量刑优惠。

在我国刑事诉讼中实行辩诉交易制度的思考

逢　政[*]

辩诉交易也即认罪协商,即在法官开庭审理之前,作为控诉方的检察官和被告人或辩护律师进行协商,以控诉方撤销指控、降格指控或要求法官从轻判处刑罚为条件,换取被告人的认罪答辩。辩诉双方达成协议之后,法官便不再对该案进行实质性审判,而仅在形式上确认双方协议的内容。只有当法官认为辩诉交易的内容违反了自愿和公正的原则时,才可以拒绝接受辩诉交易。笔者曾于2000年和2005年撰文试论辩诉交易在我国实行的可行性及对我国移植辩诉交易制度进行价值分析。尽管一直以来国家对辩诉交易持慎重态度,但司法实践对辩诉交易的跃跃欲试及现实依赖再次引起笔者对辩诉交易制度在我国应用的关注。本文将从实践基础、理论辨析和现实价值等方面探讨辩诉交易在我国的必要性、可行性,并通过观念的更新保障辩诉交易的实践探索。

一、我国实行辩诉交易的司法实践基础

辩诉交易在国际司法实践中普遍存在。虽然我国现行法律并未规定正式的辩诉交易制度,但如果对我国的侦查与检控制度进行考察,不难发现,在我国的刑事司法实践中不乏具有辩诉交易特征的一些做法。当然,这些做法同以美国为代表的典型的、制度化的辩诉交易存在一定的区别。

1. "坦白从宽"实质上是一种非制度化的辩诉交易。辩诉交易与我国"坦

＊　逢政,工作单位:上海市浦东新区人民检察院。

白从宽"的刑事政策在本质上是一致的,都是司法机关以处罚上的让步换取被告人认罪[①]。司法实践中对于主动认罪的被告人,检察机关在提出有关量刑的建议时,也会提请法院考虑该事实,这与辩诉交易在精神上有相通之处。我国刑事司法所实行的"坦白从宽、抗拒从严"政策,为辩诉交易提供了一个平台,"从宽"为利诱性条件,"从严"作威胁性后援,加上一部分证据的展示,促使甚至迫使被告人认罪坦白。这一过程往往因其互动性、交涉性而具有一定的交易性:控方让渡处罚的严厉性,被告人让渡一部分权利和自由,从而形成一种协议。与正式的、制度性的辩诉交易不同的是,这种协议未以书面形式确定下来,因此有一定的不确定性,因此,可以说这是一种非典型性的、非制度化或者说制度化要素不足的辩诉交易。

2. 简易、速裁程序与辩诉交易速决程序的价值具有趋同性。我国刑诉法规定了审理案件的简易程序,此后,最高人民法院、最高人民检察院、司法部《关于适用普通程序审理被告人认罪案件的若干意见(试行)》进一步明确,"应当向被告人讲明有关法律规定、认罪和适用本意见审理可能导致的法律后果,确认被告人自愿同意适用本意见审理。"该意见还规定,对自愿认罪的被告人,酌情予以从轻处罚。2014 年 6 月,第十二届全国人民代表大会常务委员会第九次会议决定:授权最高人民法院、最高人民检察院在北京、天津、上海、重庆、沈阳、大连、南京、杭州、福州、厦门、济南、青岛、郑州、武汉、长沙、广州、深圳、西安开展刑事案件速裁程序试点工作。"两高两部"出台《关于在部分地区开展刑事案件速裁程序试点工作的决定》,在强制措施、量刑等方面进一步朝着从宽方向迈进,并首次规定了侦查机关、辩护人对启动程序的互动。不难看出,我国的刑事诉讼法律客观上包含了辩诉交易的因素,且辩诉交易的某些特征体现得越来越明显。以"认罪"为交易条件换取被告人口供以提高诉讼效率,体现了公正与效率两大诉讼价值理念。

3. 检察机关在司法实践中不同程度地运用辩诉交易。在司法实践中,检察机关由于某种需要不得不对某人提出指控,即使证据不足;或放弃指控,即使证据充分。前一种情况是:当某人被公众或国家认为必须有罪,而司法机关

---

① 参见赵菁:《中国适用辩诉交易的理性分析》,《政法论坛》2003 年第 6 期。

由于自身所限不能提供充分证据,可以通过"内部协调"①的方式实现犯罪追诉。这种方式显然不如辩诉交易更加接近文明司法。事实上,"内部协调"本身带有交易性质,只不过漠视了被告人的诉讼主体地位。后一种情况则是:于法应予追诉但实践中应放弃指控。这主要是指犯罪行为并非情节显著轻微,因而依法应当起诉,但起诉会损害更大的司法利益,因而需要做变通性处理,放弃对犯罪嫌疑人的指控。最典型的情况就是查处受贿案件:如没有行贿人的配合,查处受贿案件将会面临极大的举证困难。但是,行贿者如果承认行贿,就会"自陷于罪"。在这种两难境地下,检察机关为了打击社会危害性更为严重的受贿罪,可能采取与行贿者进行交易的做法,即让行贿者作为控方证人作证,控方对其行贿行为的刑事责任不予追究。② 这些情况反映了司法实践对辩诉交易的现实需要以及这种做法与现行规范间的矛盾。

二、辩诉交易的理论辨析

任何事物都有利弊两个方面,辩诉交易制度也是这样。辩诉交易的缺陷主要包括以下三方面:其一,对公正的潜在危害。辩诉交易虽然维持了公正的基本格局,但由于效率因素所占的比例太高,终致它不得不选择主要以解决纠纷为目的的运作方式,这本身就是一种次等的价值追求。它隐含着一个显而易见的后果,那就是犯罪者得不到恰如其分的惩罚,被害人得不到完整意义上的赔偿与安抚。这是在案件积压和司法资源不可能大量增加的严酷的现实条件下所形成的难以补救的缺憾。其二,对协议合理性的担忧。辩诉交易的协商与审查的主体实际上由两部分人组成:一部分人是最关心案件结局的、有着切身利害关系的被害人、犯罪嫌疑人、被告人,另一部分人则是以职权或职责行事的检察官、法官和律师组成。这就形成了一种可能,即后一部分人有可能基于懒惰、图省事或其他原因,反复劝说前一部分人接受一个糟糕的方案,而

---

① "内部协调"并非指某一司法机关内部协调,而是针对实践中侦、控、审之间基于某一平台而对某些案件所达成的妥协与安排。

② 典型案例如重庆綦江"彩虹"垮塌案。在该案中,检察机关指控收受贿赂的林世元构成受贿罪,林被判死缓,而行贿人费上利以证人身份出庭作证,尽管行贿情节严重却未被追究刑事责任,该案引起法学界与社会的强烈反响。

前一部分人则完全有可能受到这种劝说的干扰,最终对形成一个合理的协议产生消极影响。当然此种可能性并不会从根本上影响到辩诉交易制度本身的合理性和必要性,它只不过是一种消极因素而已,因为控辩平等对抗、法官居中裁判的格局毕竟是主流。其三,辩诉交易可能使犯罪嫌疑人、被告人在定罪可能性不大,但面对检察官巨大处刑折扣的诱惑之下难以选择而陷入窘境。因为如果他认罪很可能造成错案,如果他不认罪则可能被处重刑。如果没有辩诉交易制度则不存在这种情况。这种情形正如一位美国学者所言:辩诉交易为无辜的被告人制造了一个难题,因为倾向于在定罪可能性不大的时候强制审理案件①。防止此种缺陷的一个较为可行的方法是限定辩诉交易的案件适用范围。②

持否定态度的人对辩诉交易提出了较多的批评,本文在此把一些主要的观点列举出来,试作评析③:

1.认为辩诉交易危害了公共利益。理由是辩诉交易是以被告人的认罪换取较大幅度的量刑折扣,这对被告人是有利的,但量刑折扣意味着让公共利益作出让步,明显违背罪刑相适应原则。笔者认为,辩诉交易是在司法机关面对无法承受的案件积压和财政投入不可能无限制增加的情形下而采取的一种变通性的措施,如果一定要按照常规程序予以解决的话,这些案件只能依据疑罪从无的原则宣判无罪,这些犯罪行为人将逃避法律的制裁。也就是说,按照常规程序处理案件才是严重危害公共利益的做法。相反,如果适用辩诉交易程序,则可以对这些犯罪人予以一定程度的制裁,使公共利益所受的损害控制在较小的限度内。所以,从这种意义上说,辩诉交易不但不损害公共利益,反而维护了公共利益。至于罪刑相适应原则,它本身是一个实体原则,用它来衡量程序制度是不恰当的。

2.认为辩诉交易违背了无罪推定原则。理由是无罪推定要求在事实不清证据不足的情形下,实行疑罪从无,即判决被告人无罪。而辩诉交易在证据不

---

① 参见［美］斯帝芬·J.斯卡勒胡弗尔:《灾难性的辩诉交易》,邓荣杰译,载江礼华、杨诚主编:《外国刑事诉讼制度探微》,法律出版社2000年版。

② 参见马贵翔:《辩诉交易程序结构分析》,《政法论坛》2002年第6期。

③ 《人民检察》2002年第7期组织专题讨论,刊登了3篇笔谈文章,均表示在现阶段我国采用辩诉交易程序审理刑事案件应当慎行或者缓行。

足时却要追究嫌疑人的刑事责任,这是与无罪推定原则背道而驰的。笔者认为,无罪推定与辩诉交易的适用情况并不相同。无罪推定适用于司法机关已尽其所能但客观上确实无法查明的案件。而辩诉交易则适用于可以查明但查证困难的案件,是基于效率和效益的考虑而放弃了对案件事实的查明,是在案件急剧膨胀而司法资源又无法保障的情况下所采取的一种务实性措施。简言之,无罪推定适用于确实无法查明的案件,系客观不能;而辩诉交易适用于能够查明但代价过甚的案件,系主观不为。此其一。其二,在辩诉交易中,定罪证据不足的犯罪嫌疑人、被告人被认定有罪是其自愿选择的结果,而不是法院依据有罪推定而作出的武断判决,①因而并不违反无罪推定原则。

3.认为辩诉交易是以原则或权利作交易,是一种极不严肃的解决案件的方法。原则或权利能不能交易是一个在学理上纠缠不清的问题,现在尚无定论。但就辩诉交易而言,它的实质是一种"风险交易",即被用来交易的只是某种"风险",而不是"原则或权利",所谓的原则或权利交易只是一种表面现象。辩诉交易的当事方实际上不是就权利本身进行交易,而是互换了这样一种风险,即事后出现的结果将使得一方或另一方后悔事先没有达成协议。在决定交易以前,被告人承担着被处以重罪的风险,检察官则承担着经过高成本的审理后被告人作无罪判决的风险。一项可行的辩诉交易重新分配了这些风险。在辩诉交易后,被告人承担的风险变成:要是诉诸审理的话,或许被判无罪或获刑较轻;检察官承担的风险则是:如果案件被提交审理的话,可能会赢得更为严重的判决。由于难以预料在风险的博弈中哪一方享有优势,当事双方减少不确定性和可能的损失的唯一途径是自愿交易。所以,辩诉交易并没有拿原则或权利进行交易。

4.认为辩诉交易影响了公正和正义。辩诉交易追求效率,但不是不讲公正,而是坚持公正与效率并重,并未忽视对公平正义的实现。我们还认为,迟来的正义非正义,追求效率也是一种正义,而辩诉交易体现了公正优先下对效率的高度容纳。在我们看来,辩诉交易实现的是较高层次的公正,是相对的公正,而绝对的公正是不可能实现的。引入辩诉交易,有助于实现效益最大化,

---

① 参见马贵翔:《辩诉交易程序结构分析》,《政法论坛》2002 年第 6 期。

实现最大限度的公正,"惩罚犯罪的刑罚越是迅速和及时,就越是公正和有益"①。也有学者指出,辩诉交易可能牺牲正义造成放纵或冤枉的忧虑是有道理的,但应辩证地看。正义是多元性的,是开放性的,传统的"有罪必罚"的正义观固然是正义的重要内容,但辩诉交易使原本漫长的诉讼过程变得快速高效,这也是公正。正如美国经济分析法学派代表人物波斯纳所说,"公正在法律中的第二个意义,就是效益"②。众所周知,美国居高不下的犯罪率和刑事案件的积压已成为社会极为头痛的事情。据一资料载,曼哈顿200名助理检察官每年经办10万件刑事案件,如果每起案件都经过正式程序,法院就会被压垮③。而辩诉交易体现的却是这样一种公正观:确保有效定罪,迅速结案。这种公正观就是现实主义公正观。我国引入这一制度时,对于可能产生的对正义的损害或损害威胁,可以通过相关的制度和措施加以有效地防止。

5. 认为辩诉交易减轻了刑事诉讼的威慑力。犯罪本身是一种社会现象,其背后往往都有复杂的社会背景。消除犯罪的根本方法是消除滋生犯罪的社会背景,用严刑峻法和从重从快来遏止犯罪自古就难以奏效,刑罚的存在往往只能起到有限的震慑作用。在此举一个简单的例子:我国《刑法》所规定的对贪污、贿赂等犯罪的惩罚不可谓不严厉,但是近年来国家机关工作人员的腐败现象却有不断滋长的势头,这种现象已经迫使我们开始在刑罚之外,从制度本身去寻找医治腐败的方法,即"从源头上寻找腐败的原因,从源头上抑制腐败的滋长"。

三、我国实行辩诉交易的现实价值

辩诉交易在我国既有司法实践的现实基础,又有刑事理论上的相容性,同时又具有现实价值。在我国引入辩诉交易制度,对于控辩双方以及法院乃至社会,都将带来裨益,具体而言:

1. 有利于提高诉讼效率,节约司法资源。如何利用司法资源,使最小的投

---

① ［意］贝卡利亚:《论犯罪与刑罚》,黄风译,中国大百科全书出版社1993年版,第56页。
② ［美］波斯纳:《法律之经济分析》(中文译本),台湾商务出版社1987年版,第18页。
③ 参见项振华:《美国司法价值观的新发展》,《中外法学》1996年第2期。

入产生最大的收益是刑事诉讼永恒的主题。① 辩诉交易在此表现为:在侦查阶段将会缩短破案周期;在起诉阶段,可以减轻检察机关的出庭压力,集中力量办理其他重大刑事案件;在审判阶段,也必将大大减轻法院的审判压力,并使被害人的利益得到切实维护。这些年来,我国刑事案件数量逐年上升,公安司法机关负担明显加大,在这样的情势下,采用快速便捷的诉讼程序成为必然要求。简易程序、速裁程序所要达到的也是提高诉讼效率这一目的,但简易程序、速裁程序适用范围受限,与辩诉交易的速决程序具有明显区别。

2. 体现刑事诉讼的民主性。采用辩诉交易制度是对被告人程序主体地位的肯定,有利于培育尊重被告人程序主体地位的观念,并使其获得实际的好处。对于被采取强制措施的犯罪嫌疑人、被告人而言,他们最需要的莫过于恢复人身自由以及获得精神上的解脱。通过辩诉交易,可以尽早地结束羁押的不稳定状态;可以获得较轻的刑罚,尽快摆脱诉累;有利于犯罪嫌疑人、被告人心理压力和抵触情绪的减轻。辩诉交易还赋予被告人实体和程序上的选择权,也体现了文明和民主。

3. 有利于发挥我国"坦白从宽"刑事政策的功能。采用辩诉交易制度可以使"坦白从宽"的刑事政策贯彻执行,真正体现鼓励被告人认罪的精神,有利于促使犯罪人认罪和悔罪,有利于其回归社会,也在一定程度上有利于解决司法实践中存在的刑讯逼供与超期羁押问题。以前司法实践中往往出现"坦白从宽,牢底坐穿;抗拒从严,回家过年"的反常现象,大大降低了被告人认罪的积极性,导致被告人形成抗拒的极端心理,不利于对犯罪人的改造。

4. 有利于被害人的权利保障。被害人在遭受人身和财产的损害后,无疑渴望尽早从讼累中解脱出来,特别是尽快获得赔偿,辩诉交易恰能满足被害人的这一要求;而且辩诉交易能够节省被害人在诉讼过程中的开支,降低其诉讼成本。这一点在伤害以及交通肇事等案件中表现得尤为突出。司法实践中,被害方往往难以实际得到被告人的民事赔偿,合法权益得不到维护。如果能够在辩诉交易的过程中考虑被害人的因素,尊重被害人参与交易权,把赔偿金额和赔偿金的支付也当作协议的内容,无疑被害人的权利能得到更加充分的保障。

---

① 参见赵菁:《中国适用辩诉交易的理性分析》,《政法论坛》2003 年第 6 期。

值得一提的是,现阶段引入辩诉交易对于我国另有特殊的意义。在近年来的司法改革中,法官、法院在刑事诉讼中的地位在上升,权力在逐渐增大。这当然是树立司法权威、实现司法公正的必然要求。但是也应看到,由于我国没有建立小陪审团制度,无法对法官审判权进行合理分割与制约,导致法官在案件解决中逐渐获得至高无上的权力。不幸的是,在实践中有时会演化为法官滥用权力,这与现有一些法官素质不高,不能适应公正司法的要求密切相关。在这种形势下,引入辩诉交易制度,通过发挥诉辩双方的协商机制在解决刑事案件中的作用,对于防止司法权的过度集中化无疑具有重要意义。

四、辩诉交易与刑事诉讼观念的更新

尽管辩诉交易对于我国刑事诉讼而言有着诸多裨益,但受纠问式审判模式及传统刑事法哲学的影响,传统的刑事诉讼观念存在着绝对化、形而上的倾向,成为建立辩诉交易制度的阻碍。为了将辩诉交易制度引入我国,传统的刑事诉讼观念亟待更新。

1. 树立刑事诉讼目标的多元性观念。有学者认为,我国刑事诉讼的任务在于求真,在于发现案件客观真实,并在真实的基础上彰显正义。但是笔者认为,刑事诉讼固然要求真,但同样要注意纠纷的解决,通过辩诉交易结案,令诉讼各方均感满意,又何尝不是完成了诉讼任务,实现了诉讼目标?一味求真,在求真不成时,必然导致纠纷的延续乃至加深,申诉案件大量存在就有这方面的原因。如果将刑事诉讼的目标确定为求真和解决纠纷两个层次,求真体现公正和正义,解决纠纷反映效率的要求,当求真难以实现或成本过大时,退而以解决纠纷为目标,那么辩诉交易就成为刑事诉讼制度的可行性选择。

2. 树立公共领域具有可交易性的观念。按通行的观点,公共管理领域,包括政府活动与司法活动领域不应适用市场原则,然而,正义的不可交易性与公共管理的非交易性却受到实践的巨大挑战。这是道德原则与社会实践、理想与现实、应然与实然的冲突和矛盾。这种挑战除了市场原则不可避免地渗透而导致公共管理包括司法活动背离正常轨道外,也包括制度化地允许市场原则在公共管理和正义实现中占有一席之地。而辩诉交易在各国刑事司法实践中的普遍存在(虽然程度不同),就是这种冲突与矛盾的一个重要反映①。社会交往可以被设想为一种至少是两个人之间的交换活动。② 笔者认为,交换是一种基本社会机制,同时也可以是一种诉讼机制。当然,交换的适用有一个前提,即该行为的最终目标只有通过与他人互动才能达到。而刑事司法活动正是一种需要与他人互动才能达到目标的活动。这种互动包括警察、检察官与犯罪嫌疑人之间的互动。嫌疑人是重要的证据来源,由于他最了解案件发生过程,因此可以被称为"第一证人"。在证据裁判主义之下,检察官需要从嫌疑人那里获得支持指控的证据,某些情况下,如果没有嫌疑人配合,案件将难以证实,责任将难以追究。而要求嫌疑人配合的过程,由于受到正当程序及人道原则的限制,不能以强力实现,往往不得不采用交换利益即交易的方式。可见,交换也是现代刑事诉讼的一种重要机制。

3. 树立刑事诉讼过程中对抗的"博弈性"观念。刑事诉讼的对抗性质,使其成为一种博弈,即以求胜为目的的游戏和竞技,为规避风险、降低成本,诉讼当事人可以相互妥协以达成和解。"人们可以预计理性的诉讼当事人可能会发现和解符合他们的利益"③。辩诉交易就是一种典型的讨价还价博弈。在这场以刑事诉讼为背景的博弈中,参与人是检察官和被告人,控辩双方在追诉与反追诉的对抗中,均可以采取一定的攻防进退战略。辩诉交易正是理性的诉讼当事人即控辩双方面对较大的诉讼风险以及昂贵的诉讼成本,发现进行交易更符合他们的利益,从而达成一致,选择退出诉讼,并获得相应收益的"辩诉和解"。和解的结局不是非赢即败,而是一种"双赢"。这也是国外司法实践中,辩诉交易普遍存在的基本原因。长期以来,我国司法实践将被告人被判无罪视为畏途,这并不是务实的司法态度,也不符合检控的基本特性。

4. 树立正义"有限性"观念。通过刑事诉讼实现的正义是有限的,即正义的"有限性"。所谓"双赢"的说法是指,一方面,正义得到了有限的实现;另一方面,被追究者也得到了一定的利益。当然,这并不是理想的模式,因为理想的模式是正义的彻底伸张和邪恶的最终灭亡。应当说,这是我们的追求,而且

① 参见龙宗智:《正义是有代价的》,《政法论坛》2002 年第 6 期。

② 参见[美]彼德·布劳:《社会生活中的交换与权利》,孙非、张黎琴译,商务印书馆 2008 年版,第 5 页。

③ [美]拜尔等:《法律的博弈分析》,严旭阳译,法律出版社 1999 年版,第 280 页。

在许多个案中确实也实现了或可能实现这种追求。但从总体上看,就像真理是相对的以及事物是不完美的一样,正义的实现也是有限的,否则,就不会有"破案率""犯罪黑数"这样的概念。因此,有限正义的观念,应当是一种现实的司法观念。而有限正义论也许正与一种思想契合,即相对合理主义①。

5.树立正义"有价性"观念。正义的实现是有代价的,即正义的"有价性"。也就是说,无价的、至上性的正义只是存在于观念形态中。而现实形态的正义,则是有价的。因为正义实现过程(诉讼过程)中的利益交换即交易性,就意味着正义的"上市"。这种市场背景,使正义的有价性具有了前提与条件。而正义的实现过程中的妥协与利益的让渡,产生了正义的代价,这个代价,即为了实现正义而牺牲的部分正义②。正义的有价性甚至可以量化,可以用"价格"来体现。例如,通过交易而减少的刑期,就是正义的价格。

综上,笔者认为,辩诉交易在我国刑事诉讼中既有实践的现实需要,又有理论上的包容性,国家应对当前无序混沌的交易实践予以规范,使辩诉交易在我国明朗化。同时,也应逐步更新传统刑事诉讼观念,为辩诉交易在我国司法实践中的发展提供更加良好的空间。

---

① 参见龙宗智:《正义是有代价的》,《政法论坛》2002 年第 6 期。
② 参见龙宗智:《正义是有代价的》,《政法论坛》2002 年第 6 期。

第 三 部 分

刑事速裁程序研究

公正与效率的博弈

——司法改革背景下刑事案件速裁程序研究

周　婧[*]

在当今时代,刑事司法程序改革都有两个基本目的:一是发现实施一种迅速、简便和成功程序的新方式和新途径,换言之,使刑事诉讼活动进行得更有效率;二是确保诉讼参与人的权利,这与公正的要求密切相联。正如我国台湾地区学者陈朴生所言:"刑事诉讼法之机能,在维护公共福祉,保障基本人权。……不计程序之繁琐,进行之迟缓,亦属于个人无益,于国家社会有损。故诉讼经济于诉讼制度之建立实不可忽视。"[①]因而,迅速裁判对于刑事司法而言,至为重要,如何使迅速裁判之目的与其他刑事诉讼之目的相融合,不失为今日刑事司法最迫切之课题。

程序繁简分流是从总体上提高诉讼效率的有效途径。2014 年 6 月 27 日,第十二届全国人大常委会第九次会议通过了《关于授权最高人民法院、最高人民检察院在部分地区开展刑事案件速裁程序试点工作的决定》(以下简称《决定》),授权最高人民法院、最高人民检察院(以下简称"两高")开展刑事案件的速裁试点工作,试点期限为两年。随后,两高联合公安部、司法部(以下简称"两高两部")制定了《关于在部分地区开展刑事案件速裁程序试点工作的办法》(以下简称《办法》),速裁程序试点工作逐步展开。速裁程序采用"案情简单、情节轻微"以及"被告人自愿认罪、同意适用"为标准,在设计有其他国家和地区的相似立法例作为制度原型,改革思路体现出拿来主义和实

＊　周婧,工作单位:上海市奉贤区人民法院。

①　陈朴生:《刑事经济学》,正中书局 1975 年版,第 327—386 页。

用主义应对"案多人少"现实压力的特点。对于速裁程序的理论基础、制度合理建构等问题尚且缺乏较为深入的研究,而这些问题直接关系到速裁程序的合理定位、制度绩效以及未来的发展走向。本文从速裁程序的实践意义和理论基础出发,对我国现阶段速裁程序的试行情况进行分析,并结合国外速裁程序实践,探索我国速裁程序的价值与功能定位,提出我国速裁程序构建与完善的合理化建议,以期为我国速裁程序的发展与完善提供思路。

一、适逢其时:刑事速裁程序构建的必要性与正当性

（一）刑事速裁程序构建的现实必要性

1. 落实以审判为中心,助力司法审判改革。党的十八届四中全会通过的《中共中央关于全面推进依法治国若干重大问题的决定》对完善刑事诉讼中认罪认罚从宽制度提出了要求,速裁程序试点工作正是此项制度性改革进程的重要一步。它打开司法领域"实验性立法"之先河;是及时有效化解矛盾、优化司法资源配置的有效途径;是加强人权保障,确保司法公正的必然要求;是实现罪责刑与诉讼程序相适应,实现"以审判为中心"的重要改革。随着司法体制改革的不断深入,司改将进入"深水区",各种矛盾和问题将不断凸显,尤其是"案多人少"矛盾将更加突出,其根本出路是改革诉讼制度和优化司法资源配置。值得注意的是,在速裁试行中,速裁程序的核心是辩诉协商,法院对辩诉协商进行确认时必须严格审查程序适用的前提、被告人的知情权、真实性,以及对检察机关量刑建议的严格把关,与"以审判为中心"重要改革的相结合。

2. 优化司法资源配置,破解案多人少困境。随着醉驾、扒窃等入刑,犯罪的门槛降低,犯罪圈扩大,导致轻微刑事案件增长迅速。《刑法修正案(八)》颁布以来,全国法院判处一年以下有期徒刑的刑事案件占到了很大的比例。其中,以盗窃罪和危险驾驶罪为基本形态。统一适用刑事诉讼法规定的简易程序,导致轻微犯罪案件繁琐审理,司法资源浪费的现象突出,司法实践中"案多人少"的矛盾更加突出。另外,废止劳动教养制度后,对于过去的劳动教养案件,进行分流处理,其中一部分作为刑事案件处理,导致犯罪圈进一步扩大。这部分轻微犯罪案件需要通过速裁程序进行处理,速裁程序是当前解

决司法资源配置矛盾与司法效率提升的最适宜机制。刑事案件速裁程序的构建一方面实现司法资源的优化配置,缓解案多人少的现实压力。另一方面对案件分流处理之后,许多案件将适用更为简便的程序进行妥善处理,实现专业化、流程化办理,从而使得诉讼效率大大提升。

3. 缩短轻罪羁押期限,避免交叉感染。犯罪数量激增的同时,必然带来羁押场所人满为患。仓容压力巨大已经成为不争的事实。而其中一个很重要的原因是案件在侦查、起诉以及审判环节的拖延和迟缓。经由速裁程序快速审结的轻微刑事案件,使得被告人或者是被判处非监禁刑而被释放,或者及早进入监狱服刑改造,这将减少羁押场所的被羁押人员,极大缓解羁押场所的负担。同时,刑罚的目的已经慢慢逐渐从过去单纯的惩罚犯罪转化为预防与惩罚犯罪并重,甚至更偏重于预防犯罪。① 因而,轻微刑事案件适用速裁程序快速处理,一方面,有利于刑罚威慑效力的迅速发挥,使得被告人信服法律和司法权威而不再犯罪,符合刑罚的目的;另一方面,也能大大缩短犯罪嫌疑人、被告人被羁押时间,缓解羁押场所压力,降低轻罪案件被告人被交叉感染的几率,从而大大降低再犯率。

(二) 刑事速裁程序构建的理论正当性

1. 以程序的繁简分流理论为根据。程序分流是指对轻重不同、难易程度不同、认罪态度不同等具有不同特征的案件,予以界分,采用不同的方式、方法进行处理。在一定时期以内,国家对刑事审判活动的司法资源投入一般是相对固定和有限的。在刑事审判中,刑事审判程序应当使这些资源得到最佳的合理配置。对于重大复杂案件,审判投入自然应当愈大;对于证据充分的轻微案件,如果按照正规、繁杂的程序进行审判,则会造成不必要的司法资源浪费。因而,有必要根据一定的标准,在不同类型的刑事案件中建立相应的繁简程度不一的审判程序,即建立一种贯穿于整个诉讼环节和各个办案部门的轻罪刑事案件快速简易化处理、繁复案件精细化处理的刑事案件繁简分流机制,不对所有案件一视同仁。刑事案件速裁程序的适用前提条件则是案情简单、事实

---

① 参见薛瑞麟主编:《法大刑法学研究文集》,中国政法大学出版社 2002 年版,第86—87 页。

清楚、证据充分,此类案件按照简化审理的方式立足的理论根基就是程序分流理论。

此外,刑事程序分流贯穿于刑事诉讼的整个过程。从世界范围来看,各国检察机关对案件的审查起诉在刑事诉讼中处于承前(侦查阶段)启后(审判阶段)的地位,在此过程中发挥着重要的调解器作用,即通过对案件的审查,把那些不应该起诉、不必要起诉的案件在本阶段以不同方式消化掉,不向法院起诉,而只把那些符合起诉条件而且确有起诉必要的案件起诉到法院。① 对于法院审理案件的程序,检察机关也行使着结合案件事实情况提出适用简易程序、速裁程序建议的权利与职责。

2. 以程序的正义理论为要求。正义是一个以权力为基础的价值目标,它要求确保每个人获得其应得的利益,不偏不倚,各得其所。程序正义的含义十分的抽象。反而从国内外通说程序正义理论对程序的正义构成要素上分析能够更好地把握程序正义对程序的要求。从程序正义的构成要素上分析,一项能够排除人们出现"非正义感"也即是感受到"不合理""不公正"的刑事审判程序,必须保证的要素有:程序的参与性、程序裁判的中立性、程序的对等性、程序的合理性、程序的及时性、程序的终结性。其中,程序的及时性要求刑事审判活动应当及时地形成裁判结果,不能过于拖延和迟缓。迟来的正义非正义,审判活动的过于迟延让公平正义大打折扣,当事人长期处于待判定的状态,造成诉累,利益关系人容易产生其利益被审判机关忽视、未获尊重、感到失望和沮丧,失去对司法的信任的情绪。同时还会导致案件结案周期的延长、诉讼成本的增加,甚至导致刑事诉讼程序中的顽疾与诟病,例如羁押时间过长导致实践中法官裁判刑期的无形压力。意大利著名法学家贝卡利亚有言:"惩罚犯罪的刑罚越是迅速和及时就越是公正和有益。"②

然而,对于程序正义理论还要求,刑事审判活动不能为了追求速度而忽视必要的权利保障。例如,程序的参与性要求权益可能受到刑事审判及其结果直接影响的主体应有充分的机会并有意义地参与法庭裁判的过程,从而对法庭审理及裁判结果发挥有效的影响和作用。其包括确保被告人、被害人等的

---

① 参见顾永忠:《1997—2008 年我国刑事诉讼整体运行的考察分析——以程序分流为视角》,《人民检察》2010 年第 8 期。

② 〔意〕贝卡利亚:《论犯罪与刑罚》,黄风译,中国法制出版社 2009 年版,第 69 页。

程序参与权、证据和观点的出示、质证和辩论权等。因而,对于必要保障的程序的部分,例如,被告人对程序的知情权、对证据的异议权、自我辩护权、最后陈述的权利以及被害人的权利等,即便是适用简便的程序,仍然不能省略,必须得到切实的保障。程序正义理论对速裁程序的设计具有重要的理论指导意义。

3. 以程序的经济效益理论为考量。所谓程序的经济效益性,是指用较少的人力、物力和时间获得最大的成果,又称程序的经济性。一项刑事审判程序要符合经济效益的要求,也必须确保司法资源的耗费降低到最小程度,同时使最大量的刑事案件尽快得以处理。① 程序的经济效益早先被视为正义的附属价值,然而当今时代几乎所有的法学家都已经认识到:程序的经济效益性和程序本身的内在价值及其外在价值一样,都是评价和重建一项刑事审判程序时所要考虑的重要标准。纵观各国刑事诉讼法立法,美国联邦诉讼规则第二条:"本规则系以保障刑事程序产生公正的决定为目的,本规则旨在……确保程序之简洁、诉讼进行之公正,并除去不合理的费用与延迟。"②日本刑事诉讼法第一条也规定:"本法系以在刑事案件上,于维护公共福祉,保障个人之基本人权的同时,发现案件的事实真相,准确而迅速地适用刑罚法令为目的。"③均强调了刑事诉讼程序应符合程序经济效益性的基本要求。程序的经济效益标准既适用于对单个刑事案件审判过程的评价,要求单个案件审判直接成本的控制;也适用于对国家整个刑事审判制度的评价,要求合理的配置刑事司法资源。刑事审判中的司法资源包括人力资源、物力资源、财力资源和时间资源。司法机关在处理不同的案件上所需要的人力、物力、财力和时间资源并不相同,为合理配置资源也并不应当相同。对于案件事实清楚、证据充分、社会危害性较低,且被告人自愿认罪的轻微刑事案件,在确保程序公正和案件质量的前提下,寻求一种简化办案流程、缩短办案周期的工作机制,也即是在符合正义目的下寻求四项司法资源的节约——速裁程序的构建,可谓追求刑事诉讼程序经济效益性的基本体现。

---

① 参见陈瑞华:《程序正义理论》,中国法制出版社 2010 年版,第 190—191 页。

② [美]约书亚·德雷斯勒、艾伦·迈克尔斯:《美国刑事诉讼法精解》(第二卷·刑事审判),魏晓娜译,北京大学出版社 2009 年版,第 167 页。

③ 熊秋红:《刑事简易速裁程序之权利保障与体系化建构》,《人民检察》2014 年第 17 期。

二、实践审视:速裁程序运行的现状及上海样本

依据《决定》的说明以及《办法》的规定,适用速裁程序的案件限于事实清楚、证据充分,被告人自愿认罪,对指控犯罪事实没有异议,对适用法律没有争议并同意检察院量刑建议的盗窃、危险驾驶等依法可能判处一年以下有期徒刑、拘役、管制的案件或者单处罚金的案件。庭审程序采取相应简化,例如对开庭通知时间不作限制,法官当庭确认被告人自愿认罪,适用法律没有争议、同意适用速裁程序的,可不进行法庭调查、法庭辩论,并适当缩短办案期限。采用简单的格式文书形式,《办法》中给出了两种参考样式。

1. 明确程序定位:"速"一方面是简便程序的体现与要求,另一方面是对于轻微刑事案件当事人诉累负担的减轻、诉讼权利的保障。倘若速裁程序的"简"尚不具备,一味追求"速"无疑加重司法的负担。上海市高院结合试行情况,精准把握速裁程序的特点和要求,指导基层法院正确理解《办法》规定的审限要求,并逐步探索着各种"不减权利而简程序"的办案模式。

2. 专人集中审理:在速裁程序案件办理与审理模式上,上海各法院几乎均采用专人办理、集中审理模式(包括集中但个案独立审理和多案一庭合并审理两种模式)。在庭审中,简化乃至省略法庭调查、法庭辩论环节,不再举证质证,判决书不再罗列证据名称及证明内容。

3. 分类证据规格:《适用速裁程序办理相关刑事案件证据指引(试行)》对适用速裁程序的盗窃、非法拘禁等九类刑事案件的通用证据及规格以及各类案件分类证据及规则做了规定,确定了九类案件的证据审查和标准。基本证据要求是以全案证据无矛盾、排除合理怀疑为基本原则,对具体通用证据与规格有所放松。

4. 细致量刑意见:在总结试点经验下,上海市高院印发了《上海市法院速裁程序案件适用范围及量刑指导意见(试行)》,对适用速裁程序的类案件作出了量刑标准与量刑幅度的规定,适用速裁程序的案件,量刑上有所优惠,且规定对量刑幅度以统一标准作出规范,以实现不同地区、不同法官自由裁量的范围内的量刑平衡。

5. 成效数据分析:据统计,以2015年7月至9月为例,全市18家法院共

审结刑事速裁案件 1721 件(1753 人)。从案件适用比例看,全市法院适用速裁程序审结的案件数占同期全部刑事案件总数 19.95%,占同期审结的全部刑事案件总数 25.02%,占同期审结的判处一年以下有期徒刑以下刑罚案件总数的 36.64%。从案件适用范围看,多为危险驾驶案件和盗窃案件,其中危险驾驶案件占适用速裁案件总数 57.64%,盗窃案件占适用速裁案件总数 24.17%。适用速裁程序的案件平均庭审时间为 5 分钟,96.48% 的案件在 10 日内审结,当庭宣判率达 99.88%。在审结的案件中,54.86% 的被告人被判处拘役,39.06% 的被告人适用缓刑,合计 93.92%,共 36 个案件被告人提出上诉,服判息诉率达 97.91%。①

三、理论探析:速裁程序的价值厘定与功能审视

(一) 参照国外经验:坚持域外视野基础上的博采众长

1. 国外微罪诉讼程序及共性与发展趋势。各主要国家和地区的速裁程序在理论上主要有以大陆法系为代表的处罚令程序②与以英美法系辩诉交易为代表的被告人认罪程序③等。将被告人认罪作为适用简易速裁程序的前提,与英美法系国家当事人主义的纠纷解决模式密切相关,体现出刑事诉讼中的当事人处分原则。大陆法系国家将案情简单轻微作为适用简易程序的前提,源于其追求实质真实的诉讼传统,即便考虑被告人认罪这一因素,所带来的也仅仅是简易、速裁程序的正当化依据。④ 由于诉讼模式、法律传统理念等差异,各国在微罪诉讼程序的设计上呈现不同的特点,采用不同的运作方式,但也具有一些共同之处,主要表现在:一是在程序的设置上,采用简化诉讼规程、

① 数据来源于上海市高级人民法院。

② 大陆法系处罚令程序是法官根据检察官的书面申请进行案件审查,并据此对被告人处罚金等轻微刑罚,而不进行正式的直接、言词式审理。该程序也被限定于适用轻微刑事案件,一般由检察官申请,并提出量刑建议,基层法院予以适用后由法官一人负责。适用处罚令的案件,被告人可获得量刑上的优惠。

③ 英美法系国家将被告人认罪作为适用简便程序的前提,如果被告人做有罪答辩,将意味着对一系列宪法性权利的放弃。法官认为该答辩出于自愿,被告人也知道后果和意义,那么一般情况下不再开庭展开法庭调查,而是直接进入量刑听证程序。

④ 参见熊秋红:《刑事简易速裁程序之权利保障与体系化建构》,《人民检察》2014 年第 17 期。

简略诉讼环节。二是在权利与公正保障上,确保被告人对程序适用的选择权、适用程序的量刑优惠以及法官固守最低公正标准。三是在审判机制上,主要采用基层审判组织,独任审理。

2. 避免陷入口供为王的制度设计。结合我国职权主义倾向的刑事诉讼模式,我国速裁程序的设计在总结刑事诉讼司法实践并吸纳了域外经验之后,将被告人认罪作为前置性考虑因素,又需结合案情简单轻微、证据充分等适用条件,也即兼采大陆法系国家通过速决轻微罪的做法,从而避免陷入被告人口供实际上成为"证据之王"的历史轮回,很大程度上解决了对适用速裁程序审判案件能否实现司法公正的合理担忧。

(二) 突破传统理念:强化权利保障基础之上的效率追求

1. 效率与公正取舍的价值厘定。刑事审判程序的价值,是指一项刑事审判程序在具体运转过程中所要实现的价值目标,又是人们据以评价和判断一项刑事程序是否正当、合理的价值标准。[1] 速裁程序辩诉协商达成的合议真实可以在现实司法机制中发挥重要功用,一方面,合议真实并不总是与实质正义相悖;另一方面,控辩双方通过寻求程序机制内的妥协与合议实现诉讼中己方的合理诉讼预期,对于承担高标准证明责任的检察机关来说可以降低证明难度,减少办案工作量,对于刑事被告而言获得案件快速处理及程序量刑优惠。同时,从整体上提高诉讼效率、节约司法资源、减轻司法负担。可见以辩诉协商为核心的我国速裁程序的制度价值在对效率与公正间的权衡与取舍中,选择了严格准入条件之下,也即是追求正义与实体真实保障之下的效率追求,从多元化的现代刑事诉讼功能来看也是重视诉讼效率和节约司法成本,同时体现出诉讼参与人的平等抗衡与诉讼协商的程序价值。

2. 法院固守最低公正标准的功能审视。司法权是法院和法官依法享有的审理和裁决案件并作出具有拘束力的裁判的权利。法院对于解决纠纷以及刑事案件的定罪量刑,是没有争议的。其作为司法的最后一道防线,行使着制约公安、检察机关权力运行的作用。尽管速裁案件的裁判可能依据检察机关与被告人达成一致的辩诉协商意见,然而法院具有固守最低公正标准的审视职

---

① 参见陈瑞华:《程序正义理论》,中国法制出版社 2010 年版,第 138 页。

责与义务,对辩诉协商的确认必须符合经严格审查符合适用速裁案件的条件为前提,这种审查包括对案件事实基础与证据的审查、被告人自愿认罪且自愿适用程序的审查以及量刑建议符合法律规定的幅度之审查。

四、实践进路:速裁程序的构建与完善

(一) 规范启动:优化速裁程序的启动制度

1.以检察院启动为原则,探索简便办案机制为激励。《办法》规定,速裁程序原则上以检察院建议适用、法院经审查同意适用为主。对于检察机关而言,在速裁程序中,不仅需要讯问、提审被告人,同时还需要和被告人进行辩诉协商,此外,在证据规格的要求方面没有太大差别。我们认为探索简便的办案机制,促进检察机关积极适用速裁程序实为必要,如起诉具结方面的改革,检察人员不出庭等。

2.以法院建议启动为补充,确立速裁程序最大化启动制度。速裁程序以辩诉协商为基础,认罪协商是适用速裁程序的前提,在检察院未建议启动速裁程序,被告人没有签字具结,法院在启动速裁程序有诸多的诉讼不效率,此时,法院应书面建议检察院与被告人进行辩诉协商,协商一致,检察机关再行补充速裁程序相关材料移送法院。此最为符合法检机关各自职责的属性,也是真正意义上将《纪要》中法院对速裁程序的启动予以落实。

(二) 科学设计:合理简化庭审程序,落实以审判为中心

1.速裁法庭构建与工作机制探索。纵观速裁程序的制度设计、试点实践,速裁程序具有明显的自身特点,我们可以尝试设立速裁法庭以实现速裁案件的及时有效审理。一方面,速裁法庭的设立符合现行试点的基本情况,能够实现集约审理、专项审判,确保速裁案件得到公正、高效的审理;另一方面,速裁法庭的构建也便于速裁程序的宣传,以便于当事人的理解及正确选择适用,同时为速裁程序配备相应的法律援助及帮助服务以及审矫对接服务创造便利。具体而言:(1)构建速裁法庭,确定专门办理速裁案件的队伍。(2)依速裁案件从速之特点,确立内外配合机制,检察机关当天批量移送案件,立案部门专人当天立案并移送办案人员。(3)办案人员采用送达与庭审合一,省略繁琐

手续。统一提押传唤在押被告人、电话通知取保被告人到庭,送达起诉书副本及速裁程序告知书之后当即开庭审理,不再制作书面出庭通知书及传票。(4)检察机关无需派员出庭(下文详述)。(5)办案人员统一对于被告人身份、基本信息、前科及强制措施情况进行查明,并告知诉讼权利义务。(6)依次审查被告人自愿认罪的真实性、对程序的知情权以及适用程序的真实性,也即是当庭询问被告人对指控的犯罪事实、量刑建议及适用速裁程序的意见等。(7)被告人最后陈述。(8)当庭宣判并签发格式判决文书送达被告人并进行相关判后释法与法律教育工作。

此种庭审一方面采用简便与高效并存的审理方式,最大化省略不必要手续,例如,传唤被告人到庭将由多次(送达起诉书副本、开庭审理、送达判决文书及执行通知文书等)缩减为一次,法院通知与传唤工作及手续相应减少;另一方面,相较于书面审理,被告人与法院的见面与沟通能够确保司法的权威性、公正性、可接受性,对被告人服法改造具有重要的意义。此种庭审方式亦能够很好地确定速裁程序的庭审重点,也即是审查被告人的知情权与真实性,至于适用速裁程序的其他前提条件,例如案件的事实清楚、证据充分、量刑适当,由法官在庭审之前的阅卷工作中完成,倘若存有疑虑,可以在庭审中与被告人进行确认。

2. 切实落实以审判为中心。第一,法院严格审查案件的事实与证据基础,是否符合适用速裁程序的条件;第二,庭审中以审查被告人的知情权和真实性为重心,保障被告人自愿认罪、同意指控的事实、证据、量刑情节与建议、正确理解速裁程序及自愿选择适用速裁程序的真实性;第三,法院对检察机关的量刑建议进行严格把关,即便是辩诉双方对于量刑建议协商一致,也需要法院最终的审查与确认,具体而言即是法官在庭审前对案件的事实情况以及检察院的量刑建议予以审查,对于被告人可能并不构成犯罪或者检察院量刑建议不当的案件作出退出速裁程序的处理,如有必要,可以在庭审中予以查明。由此,可以确保速裁程序结果的公正性和当事人以及社会的可接受性,保障司法的权威。

3. 检察机关无需派员出庭。依据《办法》第十一条的规定①,检察院应在

---

① 人民法院适用速裁程序审理案件,应当当庭询问被告人对指控的犯罪事实、量刑建议及适用速裁程序的意见,听取公诉人、辩护人、被害人及其诉讼代理人的意见。检察机关应当派员出庭支持公诉,保持诉讼平衡,形成控辩审合理的诉讼构造,实现庭审法律效果与社会效果的有机统一。

速裁案件中出庭。然而,公诉人出庭旨在查明案件事实,其意义在于法庭调查与法庭辩论阶段,速裁案件的庭审中心是对辩诉协商意见的确认,法官审查被告人适用速裁程序的明知与审慎。在效率价值指导下的速裁程序中,检察机关出庭陈述被告人认可的案件的事实及辩论意见着实没有必要。同时,检察机关免于出庭亦可作为检察机关简便办案的有效措施之一。

(三) 配套保障:完善法律帮助,创建审矫对接

1.完善协商具结阶段的法律援助、法律帮助。速裁程序的核心是辩诉协商,速裁案件已经移送法院时,基本已经是形成协商后的样态,绝大多数的案件都已接近定局。因而在诉讼过程中,审查起诉及辩诉协商阶段是最为重要的环节,也是被告人权利自身保护最为薄弱的环节,此时辩护人的意义彰显。为保证被告人认罪的自愿性,确保被告人充分了解适用速裁程序的法律后果,有必要为其配备法律帮助服务,在法院、检察院、看守所设立法律援助值班律师,办案机关应当告知犯罪嫌疑人、被告人有权申请值班律师为其提供帮助,犯罪嫌疑人、被告人可以向办案机关以口头或者书面方式申请法律帮助,甚至是在审查起诉阶段办案机关为其指定辩护人,使其在律师的帮助下,知晓自己拥有的诉讼权利,自愿选择适用速裁程序,体现出控辩双方对等协商。

2.创建高效的审矫对接机制。速裁程序中社会调查程序在制度设计上是有所前置的,相当多的轻微刑事案件依法可能宣告缓刑或者判处管制,按照刑法的规定,需要就行为人犯罪的危险及其对居住社区的影响进行调查评估,此项工作如果在审判环节做,势必影响到审判效率。创建审矫对接机制,一方面,能够加快速裁案件中审前社会调查的程序流转,保证审判机关及时获得被告人的审前调查结果;同时,也有利于实现生效法律文书和社区矫正人员交接纳管的无缝链接,有效避免和减少脱管和漏管的情况。

(四) 审级探索:速裁程序一审终审的制度探索

1.速裁程序的特点与上诉制度相抵牾。速裁案件具有自身特殊性,案情简单清楚轻微,被告人自愿认罪,此类案件在事实认定和法律适用上极少存在偏差。从法定刑与最终判处刑罚看,刑期轻微,亦几乎不存在同类案件量刑差别较大的空间。上诉审的价值,例如公正、平衡难以在速裁案件中体现。此

外,被告人的协商具结经确认属实而谨慎,理论上应当具有约束力。实践中,被告人之反悔往往并非基于对判决之不满,抑或是法院确认之判决存在事实认定或法律适用上的错误,而是希望通过上诉的方式,实现不变更刑罚执行场所之目的,实为滥用上诉权利的表现。并且,被告人经协商具结适用速裁程序而获得量刑上的优惠,被告人反悔将据以作出酌情从轻处罚的事由将不复存在,节约司法资源的制度目的也未达到。

2. 以"重审"权换上诉权的制度探索。从二审是否能够切实保障被告人获得救济角度来看,被告人的上诉,二审法院对于被告人的事实、证据审查倘若采用一审相同的方式确认被告人辩诉协商的真实性和知情权必然将获得与一审法院相同的判决结果,倘若重新审查,必然将是按照普通或简易案件重新开庭。基于时间和地域的因素,基层法院应当是一般初审的最佳法院。因而,我们认为,倘若被告人不服一审终审的判决,可以考虑采用大陆法系的处罚令制度等相似探索。被告人对判决不服,速裁判决即时失效,案件将重新进入一般审判程序,被告人也将失去适用速裁程序的优惠量刑。

结　　语

速裁程序必须是在严格限制适用范围以及保障被告人基本诉讼权利的前提下而采取的简便程序,是符合公正与效率双重价值目标的简便程序。同时,为了与落实以审判为中心的改革相结合,尤其要注意在程序的设计上突出审判阶段的意义,彰显司法的权威,保障程序的公正性及社会可接受性。在现行法律框架下应着力在坚持严格限制适用范围、强化保障诉讼权利、合理简化庭审程序、落实以审判为中心等原则的基础之上,配置相应的以辩诉协商阶段为重点的法律援助、帮助制度、审矫对接制度等,从而有效地保障速裁程序所追求的正义与效率双重目的的最大化实现。

刑事案件速裁程序之探索与实践

——以上海市黄浦区人民检察院为例

潘薇杰*

一、刑事案件速裁程序出台的立法背景

随着各地司法机关适用简易程序办理案件,尤其是轻微刑事案件快速办理机制的构建日趋成熟,在刑事诉讼法修改的背景下,全国人民代表大会常务委员会于 2014 年 6 月 27 日发布《关于授权最高人民法院、最高人民检察院在部分地区开展刑事案件速裁程序试点工作的决定》。2014 年 8 月 26 日,最高人民法院、最高人民检察院、公安部、司法部印发了《〈关于在部分地区开展刑事案件速裁程序试点工作的办法〉的通知》(以下简称《试点办法》),对速裁适用的地区、案件类型、法律援助、审理程序及期限等工作提出了具体要求。该文件进一步明确,刑事速裁案件是指犯罪事实清楚、证据确实充分,且犯罪情节较轻、依法可能判处一年以下有期徒刑、拘役、管制或单处罚金刑罚,被告人对指控的犯罪事实、罪名、量刑建议及适用速裁程序均无异议的案件。

同年 9 月,最高人民检察院下发了《关于贯彻执行〈关于在部分地区开展刑事案件速裁程序试点工作办法〉的通知》,要求各单位组织学习贯彻《试点办法》,认真履行检察职能。上海市为贯彻执行速裁的《试点办法》,分别下发《关于在刑事案件速裁程序试点工作中适用有关法律文书的会议纪要》《关于本市试行适用〈速裁程序办理相关刑事案件证据指引(试行)〉的会议纪要》以及《上海检察机关开展刑事案件速裁程序试点工作的指导意见》。

---

* 潘薇杰,工作单位:上海市黄浦区人民检察院。

二、刑事案件速裁程序适用的制度意义

通过对《试点办法》的深入学习和思考,明确在公诉阶段刑事案件速裁程序区别于简易程序主要体现在:一是刑格的要求。速裁程序适用于情节轻微,依法可能判处一年以下有期徒刑、拘役、管制或者单处罚金的案件;简易程序是针对可能判处三年以下有期徒刑处罚的案件。二是办案的期限。速裁程序的审查起诉期限一般是受理案件后的八个工作日内;而简易程序则按照刑事诉讼法规定为一个月。三是文书的制作。速裁程序案件以起诉书为主并将量刑建议纳入结论部分,审结报告则以表格形式体现;而简易程序需独立制作审结报告、起诉书及量刑建议。四是量刑建议的幅度及告知。速裁程序案件要求量刑精准具体,一般在一至二个月幅度内量刑,并告知犯罪嫌疑人量刑建议,其表示无异议后具结签字;而简易程序量刑范围更宽泛。五是庭审阶段的表现。适用速裁程序开庭,公诉人在庭审上可以只概括起诉书指控事实及结论部分,不再进行法庭调查、法庭辩论;而简易程序需完整保留法庭调查、法庭辩论环节,摘要宣读起诉书及简化讯问。

刑事案件速裁程序的试点和探索,是当今司法改革及刑事诉讼法修改背景下的重要内容,在简易程序适用的基础上进一步推动刑事案件繁简分流,优化司法资源配置,提升办案效率,是当前司法实践的迫切需要,也是更好满足人民群众对司法正义期盼的必然要求,更是保障司法机关依法独立公正行使职权,实现司法权力规范有序运行的重要制度安排。从制度层面上看,探索速裁试点至少有三个方面意义:

第一,探索速裁是完善认罪认罚从宽制度的核心部分。为应对当前我国刑事犯罪高发、司法机关人案矛盾加剧的现实,党的十八届四中全会《中共中央关于全面推进依法治国若干重大问题的决定》提出"完善刑事诉讼中认罪认罚从宽制度",其中蕴含着深刻的诉讼法哲理,即在司法资源稀缺的背景下,应当将程序的运作集中于解决案件的争议部分,降低司法成本。具体到刑事诉讼,被告人不认罪案件可以适用普通程序,被告人认罪不认罚的案件可以通过简易程序重点解决量刑异议,而对被告人认罪认罚的案件,完全可以有一套大幅简省的诉讼程序。探索速裁程序旨在填补目前刑事诉讼中的空白,建

立一套符合被告人认罪认罚案件的诉讼程序,这符合诉讼规律,也契合实践需要。

第二,探索速裁是应对"以审判为中心"的重要举措。"以审判为中心",是党的十八届四中全会《决定》的明确要求,有利于充分实现程序正义,但其对诉讼资源和时间的投入有很高的要求,对检察机关起诉环节的职能和工作模式都将产生重大影响。"迟到的正义非正义",为了更充分实现程序正义,有必要对刑事案件进行审前分流,健全认罪案件和不认罪案件的分流机制。轻微案件通过速裁程序解决,如果能够明显减少起诉、审判环节的办案时间和人力投入,就能将更多的时间、人力投入到重大疑难案件,保障有必要的案件真正实现"以审判为中心"。

第三,探索速裁也是保障当事人诉讼权利的重要体现。过去,由于对轻微刑事案件的嫌疑人、被告人普遍实行拘留、逮捕等强制措施,被告人关押时间较长,有的案件量刑时经常是"关多少判多少",不仅不能及时惩治犯罪,也难做到量刑公正。实行速裁程序,被告人即使被羁押,也可以很快得到审判,而且对自愿适用速裁的被告人还有从宽处理,可更好地实现"轻罪轻判",更好地体现"罪刑相适应"。此外,通过试点,还能够探索完善犯罪嫌疑人、被告人程序选择权的保障,通过设立值班律师,帮助犯罪嫌疑人、被告人充分行使诉讼权利。①

三、刑事案件速裁程序在基层检察机关的实践

上海市黄浦区人民检察院(以下简称"黄浦区院")认真贯彻落实"两高""两部"关于在部分地区开展刑事案件速裁程序(以下简称"速裁")试点工作的相关部署,自 2014 年 11 月 26 日至 2015 年 11 月 25 日,共受理速裁案件367 件 372 人,分别占总受理案件的 35.8% 和 31.4%。速裁案件平均审查起诉用时 6 天,经审查,按速裁要求提起公诉的 353 件 358 人,分别占速裁受理案件的 96.1% 和 96.2%,退出速裁程序的 14 件 14 人,占速裁受理案件的

---

① 参见《周永年副检察长在全市检察机关全面开展刑事案件速裁程序试点工作部署会上的讲话》,2015 年 6 月 12 日。

3.9%和3.8%。其中涉及案由:盗窃案189件192人,危险驾驶案92件92人,贩卖毒品案57件58人,容留他人吸毒案9件9人,妨害公务案3件3人,寻衅滋事案1件2人,掩饰隐瞒犯罪所得案1件1人,非法持有毒品案1件1人。

经法院审理,一审已经判决的353件358人,其中按速裁程序开庭339件344人,占速裁起诉案件的96.1%;改为简易程序开庭9件9人,占速裁起诉案件的2.5%;改为普通程序开庭5件5人,占速裁起诉案件的1.4%。一审判处拘役317件322人,占93.5%和93.6%,其中缓刑20件20人;判处有期徒刑21件21人,占6.2%和6.1%;判处管制1件1人,有7件7人提出上诉,占判决案件的2.1%,所有上诉案件二审均已驳回。

黄浦区院结合办案实际,因地制宜开展刑事案件速裁程序试点至全面推行工作,在规范运行基础上,逐步探索机制创新,稳步提升办案效率,有效缩短办案期限,同时加强法律监督及权益保障,使速裁程序取得有序推进。主要做法归结为两个方面:

(一) 创新经验做法,形成办案特色

1. 注重规范性,构建量刑建议机制。针对细化量刑建议的工作要求,黄浦区院准确把握刑法量刑规定,结合最高院量刑指导意见、上海高院量刑指南及相关司法解释,制定了《关于刑事速裁案件常见罪名的量刑标准操作细则》,以电子表格方式罗列犯罪数额、对应量刑及法律依据,并针对犯罪情节制定刑期浮动比例,辅助案件审查。以盗窃罪为例,区分普通盗窃、扒窃、入户盗窃等不同类型,梳理盗窃数额及对应的基准刑,并附法律依据予以说明;同时,针对实践中从轻、从重量刑情节,详细列举既、未遂并存等9种盗窃罪浮动情节,设定基准刑浮动比例,便于实践操作。该机制的确立,一是便于在案件初审阶段,办案人员根据量刑标准直接进行程序启动筛选;二是为在起诉书和具结书上提出明确的量刑建议夯实基础;三是在开庭审判时,若被告人辩护律师提出异议,为公诉人答辩应对提供理论支持。

2. 注重创新性,探索表格式起诉书。为进一步提高办案效率,节约诉讼成本,实现刑事案件速裁程序简化优化的推进目的,结合办案实际,以零包贩毒案件、部分危险驾驶案件为模版,在对外公开文书上,探索以表格式起诉书提起公诉。

因此在制定过程中,尤为关注规范性和创新性的统一。一是保留了起诉书中被告人基本情况、公诉机关指控罪名、事实、证据部分,被告人意见、量刑建议及法律依据,并在正文后附相关法律条文,体现了对外法律文书一贯的规范性和完整性;二是在规范的基础上,以表格形式精简起诉书内容,证据部分简要罗列,结论部分仅书写量刑建议和法律条文,实现格式文本的调整和文书内容的进一步简化;三是将改进后的起诉书表格录入统一业务应用软件系统,确保每一步办案节点的及时性和案件信息的公开性,保障诉讼程序体内外的同步流转。

该表格式起诉书的制定,既按照市院的起诉书格式规范要求,涵盖了法律文书的全部要素,又与法院的表格式判决书相呼应,形成一套统一的审结报告、起诉书、判决书速裁案件专用文书,更能凸显速裁程序区别于简易程序、普通程序的办案特色,有效优化诉讼资源配置,节约司法成本,体现了在规范运行的前提下,对速裁程序工作机制的探索创新。

3. 注重协作性,实现公检法司联动。通过强化外部协作、创建内部机制,确保各执法环节顺畅衔接,实现诉讼效率的提高。一是召开联席会议,凝聚各方共识。由分管检察长牵头,与公安、法院、司法局召开"速裁程序适用范围及流程系列专题研讨",经多次磋商,率先以联席会议方式制定《区法院、检察院刑事案件速裁程序操作细则(试行)》,确立起诉"四集中"原则,即"集中受理、集中提审、集中起诉、集中出庭";审判"三集中"原则,即"集中排庭、集中开庭、集中审判",着力凸显速裁程序降低司法成本、提高诉讼效率的优势特点。

二是检法有效配合,建立速裁通道。通过选优配强成立速裁专办组,在工作模式上采用受理、审查、出庭、诉讼监督"一体化办案模式",并与法院速裁专办组建立"速裁案件对接通道",实现办案人员、案件类型、办案时间的专业对接。一方面统一案件的证据标准和量刑建议,另一方面有效积累类案经验,及时发现并开展一类问题监督,逐步完善速裁程序工作机制。

三是检司通力合作,化解办案难点。与司法局就速裁案件社会调查评估工作达成共识,对建议判处缓刑的刑事速裁案件,由黄浦区院于案件受理2日内寄送《被告人审前社会情况调查表》,司法局于5日内完成调查评估、出具评估意见,向检察院或法院作出回复,减少因法律文书寄送等中间环节造成时间久、易遗漏等弊端。

4. 注重维稳性,促进法律效果与社会效果统一。涉及经济赔偿的一类案件,如故意伤害未赔偿取得被害人谅解、危险驾驶造成物损人伤、盗窃犯罪尚未退赃、退赔等有可能影响社会稳定的案件,需要特别关注和被害人予以协商。如李某某故意伤害案,被告人李某某为泄愤故意殴打致被害人张某某轻伤,虽投案自首且有向被害人作出经济赔偿的意愿,但在审查起诉阶段无能力实际履行完毕,尚未取得被害人谅解,考虑到与被害人无法达成民事赔偿调解协议,故办案人员决定将本案退出速裁程序,以简易程序提起公诉。

对于此类案件需要注意的是,被害人的意见在不同阶段可能会有所变化,即使在审查起诉阶段同意谅解,仍有可能在庭审阶段改变想法,故办案人员在审查过程中,需采取谨慎的态度,若被害人不同意适用速裁程序,则视情况退出速裁或及时向法院提出不予适用的建议。

(二) 稳步推进机制,取得卓越成效

1. 提高办案效率,社会影响良好。目前为止,在已获判决的 339 件 344 人速裁案件中,仅 7 件 7 人提起上诉,上诉率为 2.1%,一审判决生效率为 97.9%,所有上诉案件均作出了驳回上诉、维持原判的裁定。刑事速裁案件办案周期短,诉讼效率高,被告人认罪态度良好、认罪表现积极,如事后通过家属退赃、退赔,取得被害人谅解等。推进速裁程序进一步开展,对于认罪伏法的被告人,体现了对刑事犯罪要区别对待的刑事理念和宽严相济的刑事政策,不仅对犯罪予以惩罚,维护了法律的威信和司法机关的权威,更在过程中积极化解因案而生的冲突纠纷,缓解社会矛盾,保障社会管理秩序的和谐稳定,实现法律效果和社会效果的统一协调,获得了司法实践的认可。

2. 精准量刑建议,达成诉判一致。以高院速裁案件量刑指导意见为基准,确立了 1—2 个月的量刑幅度,在办理危险驾驶类案件过程中,探索精准量刑,以莫某某危险驾驶案为例,直接建议量刑拘役一个月提起公诉,法院最终判决拘役一个月,达成诉判精准;法院在开庭审判过程中,对起诉书中的量刑建议采纳率高达 96.1%,实现了诉判高度一致;对于检察院以速裁程序提起公诉的速裁案件中,法院在审查过程、庭审过程中同意适用速裁程序开庭比例很高,促进了检法两家分工配合、统一协调、有序衔接,实现了速裁案件诉讼程序

高效运转的良性循环。

3. 完善诉讼监督,加强诉讼保障。黄浦区院在积极落实速裁程序实施细则的同时,切实履行法律监督职能,依托检察机关在诉讼程序中承上启下的纽带作用,通过"全程监督、全面分析、定期通报"的方式,及时发现和纠正了案件质量、效率以及执法不规范等方面存在的问题。在办理冯某某贩卖毒品案中,发现前科判决未适用毒品再犯问题,及时联系公安机关调取该前科判决,并经检委会讨论决定,提请市检二分院提出抗诉,现已获改判。

又如针对个案中附卷证据材料不充分等问题,通过书面证据提纲的形式,要求公安机关在速裁周期内对证据予以补全补强;同时注重对案件数据收集及问题梳理,就一类问题提出监督意见。今年就贩毒类速裁案件证据来源不统一问题,向区公安分局制发《类案取证问题情况通报》,督促规范讯问笔录、证人证言及书证材料收集,提升速裁程序案件质量。

4. 保障律师接待,提供法律援助。黄浦区院在公检法司刑事速裁案件协调会上,与各单位负责人就刑事速裁案件中的工作衔接以及机制的进一步完善,特别是法律援助工作的协助开展进行了商议并达成会签,取得了良好进展。

该项工作主要体现在:一是对速裁程序案件严格执行案件信息公开要求,及时在律师预约平台上上传案件程序性信息,供辩护律师查询,并在阶段性诉讼程序启动及终结时,进行主动提示,充分保障其申请阅卷及会见的权利;二是办案人员在提审讯问犯罪嫌疑人时,充分告知其有申请辩护人法律援助的权利,并根据犯罪嫌疑人的申请及时通知法律援助中心办理相关手续;三是设置速裁程序案件辩护律师阅卷会见"绿色通道",着重关注辩护律师提出的变更强制措施、法定量刑情节等意见,及时审查并予以反馈。

四、速裁机制下的探索与建议

结合实践中出现的新情况、新问题,黄浦区院及时总结分析、提出对策建议,力求进一步规范程序设置、完善办案模式。

第一,健全诉讼机制,避免刑期倒挂。如危险驾驶类案件,公安机关如果在刑事拘留30日内直接移送审查起诉,在确保刑事诉讼顺利进行的同时,快审快判,真正实现速裁程序的公平公正、高效规范。

第二,针对退出速裁程序案件的原因分析。我院 2015 年度受理的 367 件 372 人速裁案件中,有 14 件 14 人在审查起诉阶段退出速裁程序;提起公诉的 353 件 358 人速裁案件中,有 14 件 14 人在法院审判阶段退出速裁程序。

检察院审查起诉阶段退出速裁的原因主要为:一、犯罪嫌疑人认罪态度反复,不符合速裁案件中犯罪嫌疑人认罪伏法的条件;二、用以证明犯罪事实的证据发生变化,需要进一步联系公安机关补全补强,案件审查期限超出速裁程序规定的八个工作日;三、犯罪嫌疑人对犯罪事实和指控的罪名无异议,但不同意检察机关提出的量刑建议,故为保障犯罪嫌疑人权利,决定退出速裁。

法院审判阶段退出速裁的原因主要为:一、犯罪嫌疑人家属在法院阶段退赔赃款,出于量刑上从轻的考虑退出速裁改用简易程序;二、犯罪嫌疑人虽然在审查起诉阶段同意量刑并具结签字,但在审判阶段对量刑建议提出异议,出于保护被告人权益的考虑,决定对其退出速裁程序改用简易程序审理;三、极少数案件被告人翻供,对其实施的犯罪行为、犯罪事实有辩解,为进一步查清犯罪事实,贯彻以审判为中心的诉讼制度精神,决定退出速裁改用普通程序。

第三,发挥辩护人作用,保障被告人权益。速裁案件辩护人的作用主要体现在庭前工作上。若被告人当庭提出要求指定辩护,易影响庭审的正常进行,因此检察机关在提审讯问时,充分告知犯罪嫌疑人有权聘请辩护人或者获得指定辩护的权利;而若出现被告人当庭提出该要求的情形,则由法院值班律师承担法律援助的工作,履行指定辩护的职责,实现值班律师与案件援助律师的共享,保障速裁案件开庭的及时性。

但是在办案实践中,对犯罪嫌疑人实行法律援助难度较大。犯罪嫌疑人在提审时表达了需要法律援助律师的请求,但当得知本案适用速裁程序并同意量刑具结签字后,认为已经收悉量刑结果,因此对司法机关提供的法律援助一般采取拒绝,法律援助无法发挥实际作用。

第四,探索累犯适用速裁程序的可能性。根据"两高""两部"《关于在部分地区开展刑事案件速裁程序试点工作的办法》的相关规定,犯罪嫌疑人、被告人系累犯,不适用速裁程序。该规定明确将累犯这一法定从重情节排除在速裁适用范围之外。但在司法实践中,对上述两者的适用出现了一定程度上的矛盾。尤其以公交扒窃类案件为例,此类案件被告人多为惯偷,盗窃金额较小,一般当场人赃俱获,赃物赃款得以归还,完全符合一年以下的量刑范围,若均因认定累犯而改用简易程序,反而缩小了速裁案件的适用范围。由此引发的思考是,在程序公正优先于实体公正的司法理念指导下,为优先于速裁程序而不予认定被告人累犯,没有实现对犯罪的从重打击,从而导致前科累累的被告人逃脱了法律对其的从严制裁;若优先认定累犯而不适用速裁程序,则使部分案件的办案效率降低,司法成本变高。故区院结合办案实际,提出对于此类案件将累犯纳入速裁范围的意见建议。

综上,黄浦区院从试点到全面推行刑事速裁程序的过程中,对出现的问题高度重视,进一步规范各项措施管理工作,积极探索创新黄浦特色的办案模式,并及时总结形成相关的经验做法,为今后能深入推进、完善和实行速裁程序新的工作方法提供意见建议。

刑事速裁程序的法理与实践探讨

上海市浦东新区人民检察院课题组*

一、刑事速裁程序的含义和价值

（一）刑事速裁程序的内涵

刑事速裁程序是指以繁简分流、轻重分流、分类办理为原则，在保证案件审理质量的前提下，对事实清楚、证据充分，被告人自愿认罪，当事人间达成和解并对法律适用没有争议，依法可能判处一年以下有期徒刑、拘役、管制或者单处罚金的轻微刑事案件，进一步加快公检法的办案流转速度、简化办理流程、缩短办案期限的一种更简化、更高效、更精准的案件办理方法。刑事速裁程序具有以下特征：

1. 三方合意的一致性

刑事速裁程序区别于其他程序的独特性首要体现在三方合意。一是犯罪嫌疑人、被告人与被害人达成和解协议，修复被破坏的社会关系；二是司法机关与犯罪嫌疑人就案件事实、证据及法律适用达成合意并签订具结书；三是公检法对于案件的处理既相互制约又形成合意，尤其是检法两家对如何量刑更具默契。

2. 引导侦查的侧重性

刑事速裁案件中，检察院引导侦查除了在如何收集相关证据之外，更侧重于就个案的法律适用和最终可能判处的刑罚进行指导，使公安机关在促使犯罪嫌疑人认罪、促使当事人达成和解协议和促进社会治安治理等方面更有成效。

＊ 课题组成员：贺卫、何斐明、林喜芬、林敏、赵畅、项群杰。

3. 司法程序的再精简

现有的刑事诉讼程序包括简易程序和普通程序,而简易程序下至管制、拘役,上至无期徒刑,只要认罪均可以适用,其简化程度尚不足以应对大量的轻微刑事案件。而刑事速裁程序不仅对办案时间有较高要求,而且对司法程序进一步进行精简,充分提高司法效率。

(二) 刑事速裁程序的价值

1. 合理配置司法资源

刑事速裁程序通过促使犯罪嫌疑人主动认罪,降低公安机关侦破的难度;通过敦促犯罪嫌疑人主动、尽早地修复被破坏的社会关系,提高诉讼质量和效率;通过进一步简化办案程序,填补简易程序分流不足的空白,由此加速案件繁简分流,节约出更多司法资源以投入到复杂案件的处理中,达到司法资源优化配置的目的。

2. 完善当事人诉权保障

刑事速裁程序不仅没有因为简化程序而减少权利,反而通过法律援助值班律师制度为犯罪嫌疑人、被告人提供法律帮助,确保其充分了解适用速裁程序的法律后果,帮助其进行程序选择和量刑协商,从而作出最有利于自己的选择,给予其参与主导诉讼进程、自主表达个人意志的权利和争取从轻处罚的机会,提升了当事人自主参与度、赋予了当事人话语权、充分保障当事人的正当诉讼权利。

3. 促使刑罚效果最优化

刑事速裁程序中当事人通过自愿、主动向司法机关具结认罪而获取其能够接受且符合法律规定的最终处罚,既缩短办案期限、简化办案程序、促进程序正义,又准确量刑、轻罪轻判、实现刑罚公正,形成了最适应当事人需求、效果最佳、最经济的法律效果,避免了当事人的抵触情绪,对其他犯罪嫌疑人具有一定的示范效应,使最优化的刑罚效果如水之涟漪层层传递开来。

二、刑事速裁程序的法律依据和理论支持

(一) 刑事速裁程序的现实依据和法律依据

1. 现实依据

当前,中国正处于经济转轨、社会转型的特殊时期,刑事犯罪呈高发态势。

尤其是劳教制度废除后部分原属劳教的案件被纳入刑事案件调控范围内,更加剧了"案多人少"的矛盾。加之轻微刑事案件的犯罪嫌疑人、被告人采取拘留、逮捕等强制措施的比例相对较高,导致被起诉后"关多长判多长"的情形较为普遍,使惩治犯罪的及时性、判决量刑的公正性受到影响,这与我国《国家人权行动计划》关于"保证依法、及时、公正审理各类案件"的规定是背道而驰的。而现有的简易程序尚不能完全承担刑事案件繁简分流、尚不能有效优化司法资源配置,所以在简易程序之外,急需一种更简便而不失公正的新程序来消化案件,力求公平与效率的兼得。

2. 法律依据

2014 年 6 月,全国人大常委会通过《关于授权最高人民法院、最高人民检察院在部分地区开展刑事案件速裁程序试点工作的决定》(以下简称《决定》)。根据《立法法》的规定,全国人大常委会颁布的决定具有立法效力,且根据《决定》的规定,"试点期满后对于实践证明可行的,应该修改完善相关法律"。这使各试点地区根据现实需要适度突破现有法律规定、大胆改革有了法律落脚点,确保了这次试点改革于法有据、合法正当。这种自上而下的先有顶层设计再试点的改革是以往任何一次司法体制改革都没有的特点,开创了立法先河。

(二) 刑事速裁程序的理论支持

1. 英美法系辩诉交易制度

英美法系以辩诉交易制度为代表,是指检察官为了换取被告方作有罪答辩,提供比原来指控更轻的罪名指控或者减少指控罪行,或者允诺提出有利于被告人的量刑建议,通过律师与被告方在法庭外进行协商谈判的司法制度。

在美国,由于其刑事诉讼规则过于严苛、其刑法罪名规定过于细致化,导致如果没有辩诉交易制度,可能绝大多数的刑事案件都很难审结。因此,为了保证诉讼的顺利进行,美国辩诉交易经历了一个多世纪的曲折发展,得到了发扬光大。从 20 世纪 70 年代以来,辩诉交易相对稳定在 90% 左右的高适用比例上,几乎成为刑事司法的必经程序和事项。[①]

---

① 参见周伟:《解读美国辩诉交易制度》,《政法论坛》2002 年第 6 期。

　　辩诉交易在美国广泛适用取得了以下效果。首先,提高诉讼效率、节约司法资源。由于英美法系程序优先的特点,控辩双方都对审判后果难以作出准确的预测,辩诉交易帮助双方从审判的非确定性和不可预测的风险中解脱,并使被追诉者避免了庭审活动、判决甚而上诉的冗长而复杂的程序,缩短案件处理时间。其次,尊重当事人的处分权及被告人的主体性。辩诉交易是当事人主义诉讼程序理念发展的产物,优先保护被追诉者权利。被追诉者基于诚信作出交易的承诺,处罚结果则更多考虑被追诉者自愿认罪、悔过自新的态度,追求刑罚的教育功能。最后,实现双赢和个案公正。辩诉交易中诉辩双方基于现实主义态度有所合作,法庭可以根据个案的不同给予相适应的刑罚处罚,避免了两败俱伤,实现了双赢的结局。

2. 大陆法系处罚令制度

　　大陆法系以德国处罚令程序为代表,是指法官或者陪审法庭在有检察官书面申请的前提下,针对被告人实施的轻罪(最高刑为 1 年以下自由刑或科处罚金的违法行为),可以不经审判,以书面处罚令给予被告人法律处分的程序。① 如被告人不服并提出异议,法官就必须按普通程序开庭审理案件;如果被告人未在法定期限内提出异议,则处罚令就等同于发生法律效力的判决。这种书面审理程序,与美国刑事诉讼中的辩诉交易制度有着异曲同工之妙。

　　在德国,随着东西德合并和欧洲一体化进程的加快,刑事案件数量迅猛增长,跨国和国际性犯罪使刑事司法不堪重负,司法人员必须考虑如何有效处理尽可能多的案子。为此,逐渐形成了刑事处罚令制度。据统计,德国处罚令在刑事诉讼中居于比较重要的地位,"整个刑事诉讼程序的一半左右,是刑事处罚命令程序来处理的。"②处罚令的运用主要体现出两个效果。一是避免了诉讼资源的浪费。德国处罚令程序受追求诉讼效益的价值观指导,突破了传统纠问式审判模式的特征,无起诉书、无开庭决定、无法庭审判、书面审理的特点有效解决了诉讼效率低下的问题。二是保障了被告人的程序选择权。在处罚令程序中,被告人可以仔细审查控方掌握的事实、证据,预计自己将受的法律处分,权衡利害,选择普通程序或处罚令程序。虽然在处罚令程序中被告人丧

　　① 参见[德]阿尔滨·艾斯尔:《二十世纪最后十年德国刑法的发展》,冯军译,《法学家》1998 年第 6 期。

　　② 刘立宪、谢鹏程主编:《海外司法改革的走向》,中国方正出版社 2000 年版,第 63 页。

失了开庭审理的一系列诉讼权利,但这是被告人自由选择的结果,并不违背被告人的意愿。

3. 对我国刑事速裁程序的启示

两大法系都通过各自特殊的制度设计,有效回应了当今各国犯罪数量不断攀升与司法资源相对有限的矛盾。借鉴西方制度,我们可以得出以下结论:第一,构建不同于普通程序、简易程序的速裁程序是符合历史发展趋势的。第二,构建刑事速裁程序要注意实质正义与形式正义的统一,既要有利于打击犯罪,维持国家、社会秩序,同时又要保护各项公民基本权利。第三,检察官在具体案件中的决策自主权和决策采纳度均需要提高。第四,注重律师的参与作用,充分确保犯罪嫌疑人、被告人的诉讼权利。

三、刑事速裁程序试点实践中的几个问题

(一)犯罪嫌疑人、被告人权益的保障

司法实践中,侦查人员为了获取犯罪嫌疑人的有罪供述,往往会不恰当地解释法律或作出不符合法律规定的承诺,导致在诉讼阶段常有犯罪嫌疑人、被告人翻供或对法律适用提出异议的情况出现。究竟是否应当杜绝公安机关作出承诺呢? 笔者认为:一方面,公安机关在侦查活动中对犯罪嫌疑人作出法律解释和处理预判是客观存在并且难以避免的;另一方面,犯罪嫌疑人对自己即将面对的法律后果也是迫切关心的,在侦查阶段也希望公安机关能给予解答。因此,侦查人员可以根据案件发展情况作出恰当的承诺,但是此种承诺必须在检察官的指导下完成。就刑事速裁案件而言,检察官通过提前介入,结合个案实际给出一个具体的量刑幅度。该量刑幅度不仅赋予侦查人员侦破案件新"武器",又可以有效限制侦查人员的非法侦查交易行为,从而保障犯罪嫌疑人的权益。但此种引导侦查还必须解决诱供可能性和量刑幅度偏差两个问题。

1. 将侦查活动的司法承诺限控在合法范围内

首先,合理利用犯罪嫌疑人趋利避害的心理和诱供之间的界限。在讯问中,趋利避害是每一个犯罪嫌疑人普遍存在的心理。侦查人员抓住犯罪嫌疑人求轻、求宽的心理,运用法律规定的好处和具体的量刑幅度预期,可以使诉

讼结果的可预测性得到提升,促使犯罪嫌疑人如实交待问题,并且最终兑现相应的法律承诺,属于合法引导如实供述,不存在欺骗、欺诈的成分,可以作为定案的依据。其次,充分发挥律师的作用。《关于在部分地区开展刑事案件认罪认罚从宽制度试点工作的办法》第五条设立了法律援助值班律师制度。犯罪嫌疑人、被告人因为法律知识的匮乏,即使经过解释也往往不能很好地领会适用速裁程序的法律后果,容易出现为获得轻判而盲目认罪的情形。律师的介入使犯罪嫌疑人在刑事诉讼过程中不再处于弱势地位,从制度上避免欺骗等非法诱供行为的出现。在此需要特别指出的是,律师的参与不应限于侦查阶段,而应当只要刑事速裁程序一启动就有律师全程参与。

2. 尽可能避免检察院的量刑幅度与法院判决不一致

首先,在制度设计上,设立专人负责联系制度,通过专人办理来提高同类案件量刑幅度的准确性和一致性;其次,在引导技巧上,检察院给公安机关的量刑幅度应当大于向法院起诉时的精准刑建议,充分考虑法官自由裁量的浮动范围;再次,在谈判方式上,应当明确告知犯罪嫌疑人该量刑幅度被采纳的几率,如其虚假陈述或出现新事实,均可能导致法院判决和量刑幅度不一致,促使犯罪嫌疑人在自主争取轻判的情况下对于鲜有可能出现的意外结果有所认识;最后,在法律适用上,赋予检察院量刑建议一定的权威性和刚性效力,只要检察院的量刑建议符合法治精神和法律的具体规定,且在自由裁量范围之内,法院的判决应当对检察院的量刑建议给予充分的考虑和尊重。

(二)犯罪嫌疑人具结签字的效力

只要犯罪嫌疑人具结签字,且在开庭前没有反悔,就预示着其与司法机关就案件最终处理达成共识,并自愿接受法律制裁,为此也获得了法律从轻处理的机会。

在实践中,笔者认为速裁案件犯罪嫌疑人可以在三个阶段具结签字:一是初步具结:在侦查阶段,犯罪嫌疑人愿意认罪服法的可以签订相对概括的具结书或认罪书,为后续具结做好铺垫。二是详细具结:在审查起诉阶段,检察院根据具体案情和社会关系的恢复程度,就法律适用作出具体判断后,与犯罪嫌疑人达成一致,由犯罪嫌疑人围绕对事实、罪名、法律适用和最后量刑签订明确具体的具结。三是修正具结:在庭审阶段,如果被告人当庭提出新的具结意见,可重新签署具结书。每一次的具结层层递进,更加具体、细致,最终实现刑事法律制裁的最佳效果。

其中第三种具结是我院试点中的新举措,是区别于其他试点单位的主要特征。在具体个案中,随着诉讼进程的发展,有部分被告人在庭审时提出新的具结意见,主要体现在被告人及其家属愿意或有能力进一步提高赔偿金额、愿意交纳罚金、愿意在其他方面弥补被害人的损失,这些意愿本身是值得鼓励的,也体现出被告人对其犯罪行为的危害性有了更深认识,更是有利于社会关系的进一步修复。故此,我们专门设立了这个具结调节阀,如果当事人在原来的基础上提出新的具结意见,且符合法律规定,不违背公平公正原则,就允许重新签订具结,对之前的具结进行调节和修正,避免速裁程序半途而废。

(三)量刑建议的原则、方式和范围

公诉权本质上属于求刑权,包括定罪请求权和量刑请求权。刑事速裁程序对检察机关的量刑建议要求更高,必须围绕具结内容提出更科学、更具体的量刑建议,因此检察机关应当在实践中进一步探索行使量刑建议权。

1. 量刑建议的原则

依法建议原则:应当依法体现量刑激励精神,落实宽严相济刑事政策,避免"以罚代刑""因钱减刑"现象的发生。

公平公正原则:根据个案的具体情节公平公正地考虑影响量刑的相关因素,实现同类案件同等处理,维护司法公正性和公信力。

机动量刑原则:检察院对庭审中出现的新和解协议和新具结书等可能改变量刑的情况,可作出变更、补充、追加量刑建议等决定,增加量刑建议的灵活性与弹性设置。①

底线建议原则:检察院应熟练掌握量刑细则,在犯罪嫌疑人认罪具结的基础上,在个案量刑自由裁量范围内从宽作出底线建议,避免产生量刑畸轻畸重等根本性偏差。

2. 精准刑建议

司法实践中,量刑建议存在三种方式:一是概括式量刑建议,即建议在法

---

① 参见王绩城、王小俊:《量刑建议走向精密化还需配套措施》,《检察日报》2012年5月21日。

定量刑档次内量刑;二是相对确定刑量刑建议,即在法定量刑档次内提出相对确定的幅度建议;三是绝对确定刑量刑建议,即提出某一特定的刑种和特定的刑期。司法实践中,概括性量刑建议没有提出有操作意义的量刑意见,相当于放弃量刑建议权,一般不建议采用;绝对确定刑量刑建议对建议的准确度和采纳度要求很高,一般也很少采用。因此,检察机关对大部分刑事案件采用的是相对确定刑的量刑模式。

然而,就速裁案件而言,由于案情简单清楚不宜采用概括式量刑建议,那么究竟是采取相对确定刑的幅度建议还是采用绝对确定刑的精准建议存在两种观点:主张幅度刑建议者认为,检察院量刑建议的幅度范围应当比一般案件要小,但不得精确到特定刑期,否则剥夺了法院的自由裁量权。主张精准刑建议者认为,精准建议有利于提高量刑建议的质量,能有效规制法院量刑的随意性,避免量刑建议流于形式。

笔者认为,采用精准刑建议更符合速裁程序的发展潮流。首先,速裁案件属于事实清楚、证据充分、双方和解、没有争议、经过社会调查的案件,公检两家已经将影响量刑的各种法定酌定因素查清,在起诉时案件就已经具备即判的条件,且长期实践以来检法形成了共同的量刑细则,存在进行精准刑建议的可能性。其次,公检两家在与犯罪嫌疑人进行谈判的过程中,只有检察机关提出的量刑建议是精准刑,且该建议具有一定的刚性效力,方能使司法机关在犯罪嫌疑人具结时更具说服力和终局性。最后,精准刑建议并未剥夺法院的自由裁量权,检察院是在充分考虑案件各种情节的基础上提出精准建议,法院判决是对量刑建议的采纳和确认,如果超出了法官自由裁量的范围,只要有证据支持、有法律依据,可以退出速裁程序而另行判决。

3. 缓刑建议

司法实践中,检察人员受到"重实刑建议轻缓刑建议"的办案习惯影响,为了省去社会调查等繁琐的前期工作,很少建议适用缓刑。但在速裁案件中,犯罪嫌疑人对于能否适用缓刑十分看重,检察院在犯罪嫌疑人具结时如果能根据案件情况合法地作出缓刑建议,会在更大程度上促使犯罪嫌疑人认罪服法,甚至比精准刑建议更能体现出速裁程序的价值。试点过程中,提出缓刑建议的案件也开始逐步增多。

4. 附加刑建议

附加刑也是彰显刑罚功能的重要组成部分,承载着对主刑相同但具体情节不同的案件进行微调的作用。速裁案件中,附加刑多为罚金刑,检察院在作出主刑建议的同时,可以进行附加刑金额的建议,使量刑建议更具分量。由于附加刑建议存在更多的不确定性,检察机关可以参照主刑建议的方式,逐步建立罚金刑的数据库,形成较为准确的罚金刑适用标准,从幅度附加刑建议逐渐向精准附加刑建议过渡,以有效监督法院对罚金刑的适用。

(四)一审终审制的可行性

刑事速裁案件中,如果被告人在判刑之后又反悔上诉,必将导致前期大量司法工作的浪费,也打击了司法人员适用速裁程序的积极性。为此,有人提出被告人自愿认罪而适用速裁程序的案件不得上诉。此言一出,围绕着不得上诉的合法性和正当性,引发了一场激烈的争论。

1. 一般案件上诉原因分析

一般刑事案件上诉存在以下三种情形。一是技术型上诉:部分被告人判决后为了不到监狱执行、不愿更换监房或者延迟入监时间而提出上诉,实现拖延时间的目的后再撤诉。二是博弈型上诉:被告人对事实、情节、证据的认定都没有异议,只是出于赌博心理,利用“上诉不加刑”原则一搏,意图获得更轻的判决。三是不认罪型上诉:被告人对事实、情节、证据的认定有异议而上诉,属于本质性上诉。

2. 速裁案件上诉权存废之探讨

权利捍卫说认为上诉权是刑诉法赋予的权利不得剥夺。刑事案件事关被告人人身自由和财产的予夺,理应具有更大的严肃性。剥夺被告人的上诉权,也会同时把检察机关的抗诉权也一并剥夺。[1]

权利放弃说认为速裁程序案件中犯罪嫌疑人认罪且具结签字,其对最终的判决结果是自愿接受和认可的,不存在需要行使上诉权的理由,从提高司法效率的角度出发只要同意适用速裁程序且具结签字的就不得再上诉。

---

① 参见王俊:《“刑事速裁程序”尚需明确的几个问题》,载安徽省阜阳市颍东区人民法院网,http://fyydfy.chinacourt.org/public/detail.php? id=1369,访问时间:2014 年 11 月 28 日。

笔者认为速裁案件是建立在犯罪嫌疑人、被害人、司法机关的三方合意的基础上,各方对处理结果都是认同的,因此犯罪嫌疑人不得再行使上诉权,应实行一审终审制。首先,犯罪嫌疑人具结签字后,则不存在上述第二、三种上诉理由,而第一种上诉理由,是对刑诉法赋予上诉权的滥用,应当通过监管方式的改进和入监时间的协商制度来予以解决,不应当通过行使上诉权来浪费司法资源。其次,犯罪嫌疑人不得上诉并没有突破程序正义的底线,速裁案件的程序正义体现在诉讼参与的三方能够自由表达意志、体现在律师的全程参与保护犯罪嫌疑人的基本权利等方面,而没有必要再通过上诉权来进行重复保障。再次,一审终审并未剥夺检察院的抗诉权,速裁案件的量刑建议均由检察院提出,如果法院认为检察院的量刑建议不恰当的话,则不再适用速裁程序,而转为其他程序,此时并不影响检察院进行抗诉。最后,为了提高诉讼效率、维持速裁结果的稳定性,犯罪嫌疑人在开庭之后就不得反悔,不得再行使上诉权。当然,需要重点指出的是,一审终审制并没有剥夺当事人的申诉权,当事人仍有其他权利救济的途径。

结　　语

我们期许,随着刑事速裁程序试点工作的深入探索和发展成熟,其适用范围能扩大到可能判处三年以下有期徒刑的轻微刑事案件,并逐步形成一套完整的程序启动和程序退出机制,独立于简易程序之外成为第三种程序,与简易程序、普通程序共同组成推动审判中心主义制度确立、完善的一双强有力的翅膀。

刑事速裁程序的规则优化与机制完善

——以上海市普陀区检察院试行实践为基础

上海市普陀区人民检察院

2014 年 10 月开始,普陀区院认真贯彻落实"两高""两部"关于在部分地区开展刑事案件速裁程序试点工作的相关部署①,结合区情特点和本院实际,开展由点至面的速裁探索工作,逐步形成了具有一定特色的内部操作规范和外部协作格局。

一、我国设立刑事速裁程序的价值评述

1. 加速化解纠纷,保障合法权益

刑事速裁案件(以下简称"速裁案件")的程序价值体现为办案周期短,诉讼效率高,因此它能更快地化解纠纷,促进社会和谐稳定。速裁案件的犯罪嫌疑人由于对犯罪事实没有异议,往往认罪表现积极,认罪态度较好,如事后积极向被害人或其家属退赃、退赔,取得被害人的谅解,及早化解了当事人之间的冲突,缓解了社会矛盾。同时,检察机关在庭前所作的大量工作,如在提审讯问时,充分告知犯罪嫌疑人有权聘请辩护人或者获得指定辩护的权利,向犯罪嫌疑人宣读《刑事案件速裁程序告知书》,由犯罪嫌疑人签署《犯罪具结书》等,确保犯罪嫌疑人充分了解自己选择同意适用刑事速裁程序后所享有的诉讼权利,切实保障其合法权益,维护司法的公平和公正。

---

① 参见最高人民法院、最高人民检察院、公安部、司法部《关于在部分地区开展刑事案件速裁程序试点工作的办法》。

2. 优化资源配置，顺应案件需求

目前我国仍处在经济转轨、社会转型的矛盾凸显期，刑事案件数量逐年增多，现行刑事诉讼法关于简易程序的设计过于宽泛，按部就班的庭审程序日益无法满足轻微刑事案件激增所带来的效率需求：一方面，随着刑事法网愈加严密以及刑法修正案将入户盗窃、扒窃、危险驾驶等违法行为入罪，犯罪的门槛降低，犯罪圈扩大，导致轻微刑事案件增长迅速。另一方面，部分原以劳动教养处理的违法行为被纳入刑事处罚范畴，轻微刑事案件在刑事案件中的比例呈明显上升趋势，导致犯罪圈进一步扩大。开展刑事速裁程序试点工作，其文书的简化、庭审程序的简省以及办案期限的缩短，有效解决了轻微刑事案件适用简易程序所带来的司法资源浪费问题。

3. 引导轻案分流，兼顾效率公平

司法资源的有限性从根本上决定了司法机关必须在特定的时空范围内解决当事人之间的纠纷。① 由此产生的诉讼经济原则即是要求在最大限度地实现司法公正的同时尽可能地提高司法效率。刑事速裁程序回应了这一诉讼经济的需要，通过简化诉讼程序对刑事案件进行了繁简分流。一方面，有助于缓解基层法院人少案多的矛盾。速裁案件较短的办案周期大大节约了承办人的办案时间，可以将更多的精力投入到复杂的案件中，确保案件的公正。另一方面，有助于提升诉讼效率。对案情简单、证据确实的案件实行较为简易、便捷、宽松的诉讼程序，实现专业化、流程化的操作和办理，大幅度地推进了办案进程。

4. 提升社会管理，彰显诉讼理念

刑事速裁程序的试行，体现了我国针对层次化不足的简易程序所进行的改造②，它的出现极大地解决了实践中轻微刑事案件激增引发的人案矛盾问题，同时也加强了司法机关对社会的管理，其背后所体现出的诉讼理念主要表现为三个方面：一是以实体权利的快速实现保障正义。刑事案件速裁机制在运用过程中，谋求侦、诉、审的有效衔接，对符合速裁条件的案件纳入快速办理

---

① 参见［美］理查德·A.波斯纳：《法律的经济分析》（上），蒋兆康译，中国大百科全书出版社1997年版，第31—32页。

② 参见熊秋红：《刑事简易速裁程序之权利保障与体系化构建》，《人民检察》2014年第17期。

的绿色通道,实现"及时的正义"。二是加大普通程序与简易程序的反差,充分体现繁简分流的原则。刑事速裁程序略去不必要的诉讼环节,区分了"简者不简"的简易程序,同时采用对犯罪嫌疑人取保候审、监视居住等非羁押性措施代替过去使用拘留、逮捕等羁押性措施的思维定式,减少了犯罪嫌疑人被羁押的时间,是程序正义的进一步延伸。三是打击犯罪与保障人权的有机结合。刑罚的目的已从过去单纯的惩罚转化为预防与惩罚并重,甚至更偏重预防犯罪。① 速裁案件及时的公正审理增强了刑罚的威慑力,有效预防犯罪。

二、刑事速裁程序试点情况的样本分析

2014 年 10 月,普陀区人民检察院被上海市人民检察院确定为速裁程序的试点单位,区院结合区情特点和实际,开展由点至面的速裁探索工作,形成了具有一定特色的内部操作规范和外部协作格局。在此,结合普陀区人民检察院 2014 年 11 月 1 日至今适用刑事速裁程序办理案件的相关数据进行介绍。

1. 刑事速裁案件的数量和办案时长

2014 年 11 月 1 日至 2016 年 3 月,我院适用刑事速裁程序提起公诉案件 446 件 458 人,占全部提起公诉案件的 22.36% 和 18.32%。审查起诉平均用时 6.78 个工作日,最长用时为 15 个工作日,最短用时为 3 个工作日。在试点阶段,适用刑事速裁程序办理的案件占案件总量的五分之一以上,办案时长较普通程序和简易程序明显缩短,有效提升了诉讼效率,节约了司法资源。

2. 刑事速裁案件的罪名分布

在适用刑事速裁程序提起公诉的案件中,危险驾驶 265 件 265 人,占速裁案件总数的 59.41% 和 57.86%;盗窃 96 件 101 人,占总数的 21.52% 和 22.05%;毒品案件 55 件 57 人,占总数的 12.33% 和 12.44%;故意伤害 18 件 21 人,占总数的 4.03% 和 4.58%;寻衅滋事、妨害公务、抢夺、非法行医、诈骗和交通肇事等罪名共占总数的 2.66% 和 3.02%。危险驾驶占总数近六成,另

---

① 参见薛瑞麟主编:《法大刑法学研究文集》,中国政法大学出版社 2002 年版,第 86—87 页。

外一些简单的盗窃、毒品及故意伤害案件也占比较高,其中妨害公务罪和非法行医罪是我院探索适用的案件类型。

3. 刑事速裁案件的量刑情况

适用刑事速裁程序提起公诉的案件中,一审已判决速裁案件 420 件 431 人①,其中,判处拘役 396 件 405 人,占比 94.28% 和 93.96%,其中适用缓刑 185 件 187 人;判处有期徒刑 24 件 26 人,占比 5.71% 和 6.03%,其中适用缓刑 3 件 4 人。适用刑事速裁程序审理的案件,被告人在量刑上可获得一定的减轻,刑罚和刑罚执行方式的选择都显示出轻刑化倾向。

4. 刑事速裁案件的程序变更情况

案件适用刑事速裁程序提起公诉后,法院不同意适用刑事速裁程序的 26 件 27 人,占比 5.83% 和 5.60%。主要原因是检法对案件量刑有分歧、被告人在法院审理阶段进行了退赃、赔偿等。法院判决后,上诉案件 8 件 8 人,无改判。认罪服判率较高,上诉率在 2% 以内,抗诉率为 0,这反映出案件质量维持在较高水平。

三、刑事速裁程序运行存在的问题分析

1. 适用条件的限缩

依据最高人民法院、最高人民检察院、公安部、司法部印发的《关于在部分地区开展刑事案件速裁程序试点工作的办法》(以下简称《办法》),我国刑事速裁程序对适用案件的罪名采用列举的方式进行规定,将其他一些轻微刑事犯罪案件如情节轻微的故意毁坏财物案件、信用卡诈骗案件等犯罪类型排除在外,无法最大化刑事速裁程序的效率价值。此外,一些排除性的规定也不尽合理,如《办法》中关于犯罪嫌疑人、被告人是未成年人,盲、聋、哑人,或者是尚未完全丧失辨认或控制自己行为能力的精神病人的不适用刑事速裁程序的排除规定就有待商榷。虽然未成年人,盲、聋、哑人,由于法律意识淡薄或者不具备健全的行为能力,可能对自己行为后果缺乏正确的认识,但是作为社会中的弱势群体,事实上他们更应得到社会的关怀,更应该尽早脱离诉累,得到

---

① 以上数据不包括法院自行启动速裁程序的案件数和法院变更庭审程序的案件数。

改过自新的机会。我们不能因为无法确保他们的诉讼权利得到保障而将他们排除在刑事速裁程序的适用范围之外,而是应该通过指定辩护人、加大审查力度等其他措施来尽可能确保他们在刑事速裁程序中也能得到公正的审判,况且适用刑事速裁程序的案件本就是轻微刑事案件,争议不大,做到这些并非难事。特别是近年来,未成年人犯罪呈上升趋势,而其中轻微刑事案件占据了很大一部分,如能有条件地将刑事速裁程序应用到这些案件上,将大大增加其普遍适用性。

2. 量刑建议的失衡

域外许多国家都存在减省程序换取减轻被告人量刑的制度,幅度或者比例也相对明确,不仅可以鼓励被告人积极认罪,避免消耗过多的司法资源,而且有利于检察机关对法院审判的监督。而在我国,目前的问题存在于《办法》对减轻量刑的幅度没有作出统一的明确的规定,因此各检察机关试点单位在具体操作时存在差异,更有侵犯法院审判权之嫌。① 虽然,《上海法院速裁程序适用范围及量刑指导意见(试行)》第一章第三条②规定减轻量刑的幅度为10%,但仍存在一些问题:第一,地方标准不能代替全国标准进行统一;第二,速裁案件本来刑期就相对较短,在此基础上减少基准刑的10%具备的激励价值有限;第三,可以减少10%的表述是否将幅度框定的过于死板。

3. 值班律师制度的旁落

《办法》中规定的值班律师制度是指法律援助机构在人民法院、看守所派驻法律援助值班律师,为适用刑事速裁程序的犯罪嫌疑人提供法律帮助。但是目前实践效果并不理想。速裁案件中的犯罪嫌疑人、被告人,申请值班律师给予法律援助的情况寥寥无几。公诉机关在讯问犯罪嫌疑人时才有机会告知其值班律师制度的存在,但与此同时又向犯罪嫌疑人征求是否同意适用速裁程序的意见,犯罪嫌疑人一般需当场作出程序选择、签字具结,无法体现值班律师制度的价值,而如果犯罪嫌疑人提出希望咨询值班律师之后再做选择,则

---

① 参见彭燕、宛霞:《论刑事速裁程序的改革与完善思考》,《"惩治轻微犯罪的中国实践与域外经验"研讨会论文集》,第 66 页。

② 参见《上海法院速裁程序适用范围及量刑指导意见(试行)》,第一章第三条:对被告人认罪并同时适用速裁程序审理的,可以减少基准刑的10%。该情节不得与《实施细则》中自愿认罪情节同时适用。

需要二次提讯的程序反复。因此,如何凸显值班律师制度在速裁案件中的作用,需要进一步的研究和优化。

4. 配套机制的缺位

刑事速裁程序作为一套新的诉讼程序,尤其《办法》只作了一些原则性规定的情形下,在很多细节上还需要进一步论证和完善,例如,刑事速裁程序的终止、变更程序需要进一步明确。刑事速裁程序启动后,如果犯罪嫌疑人、被告人不再同意检察机关的指控和量刑,应如何回转程序;又如,跨省市社会调查评估工作受阻,影响刑事速裁程序进程。《办法》规定了速裁案件的社会调查评估,①由于公、检、法、司四机关均有各自的业务操作系统,并未联网,且一些单位公共信息登记不全,如遇到需对跨省市户籍的犯罪嫌疑人进行社会调查时,可能会出现无法联系居住地司法行政机关或者其司法行政机关不予接收材料的情况,进而影响检察机关准确把握量刑建议。

四、刑事速裁程序的规则优化与机制完善构想

1. 科学界定适用范围

刑事速裁程序的适用范围采用列举的方式规定,较为局限。虽然采取这种方式可以将适用刑事速裁程序的案件类型一一列出,十分明了,但是对于未列举出的案件类型能否适用刑事速裁程序,将在司法实践中给办案人员带来困惑,会因理解不同而造成适用不同,或者对于未明确列出的案件类型不敢适用。刑事速裁程序的价值关键在于如何平衡人权保护和司法效率的关系,如果在保障人权的前提下,能进一步扩大刑事案件刑事速裁程序的范围,则更有利于立法和司法的进步。我国速裁案件的适用范围不妨借鉴国外,采用抽象式立法,如德国、意大利的快速审理程序适用范围,其以量刑为限,不以犯罪种类为限,对于免除刑罚的、单处罚金的或有辩护人,可处一年以下自由型且缓

---

① 参见《办法》第七条:人民检察院认为对犯罪嫌疑人可能宣告缓刑或者判处管制的,可以委托犯罪嫌疑人居住地所在的县级司法行政机关进行调查评估。司法行政机关一般应当在收到委托书后五个工作日内完成调查评估并出具评估意见,并及时向人民检察院和受理案件的人民法院反馈。

期执行的案件适用快速审理程序①。所以建议将刑事案件速裁程序的适用范围修改为:依法可能判处一年以下有期徒刑、拘役、管制或者单处罚金,同时符合案件事实清楚、证据充分、被告人同意等其他要求的轻微刑事案件均可以适用。

2. 规范运用量刑建议

刑事速裁程序中,犯罪嫌疑人、被告人通过程序选择让渡了一定的诉讼权利,促成了诉讼效率提升和诉讼资源节约,应当在一定程度内对其减轻量刑,这同时也符合我国宽严相济、坦白从宽的刑事政策。第一,在法律中明确适用刑事速裁程序为法定从轻或减轻量刑情节,明确从轻或减轻的量刑方式,如规定减少量刑的比例、刑罚执行方式等。第二,弹性规定减轻量刑的幅度,如规定:"对被告人认罪并同时适用刑事速裁程序审理的,可以至多减少基准刑的30%。"这样一方面使量刑优惠存在增幅的可能性,更具有激励价值,另一方面也使检察机关在提出量刑建议过程中具有主观能动性,可以更精准地评价犯罪嫌疑人各方面的表现。第三,检察机关提出速裁案件的量刑建议时,除依法应当提出绝对的量刑建议外,可以首先按照有关司法解释的规定确定拟提出的量刑建议,然后以减少三分之一为标准,确定最终的量刑建议,以此增加检察机关出具量刑建议的统一性。

3. 充分发挥值班律师制度

如前所述,只有在充分保障犯罪嫌疑人、被告人的诉讼权利的前提下,刑事速裁程序才能真正发挥其价值和作用。我国目前的刑事速裁程序提出了值班律师制度,犯罪嫌疑人、被告人申请提供法律援助的,应当为其指派法律援助值班律师。法律援助机构在人民法院、看守所驻派法律援助值班律师。这种制度的构想,依赖于犯罪嫌疑人、被告人提出申请,而实践中,往往收效甚微。我院目前与司法局会签了《关于在速裁案件中进一步发挥值班律师作用保障犯罪嫌疑人权利的意见(试行)》,为值班律师制度的细化和当事人诉讼权利的保障提供了规范性保障。此外,要更大地发挥值班律师作用,可以试行犯罪嫌疑人的律师谈话制度,确立适用刑事速裁程序的刑事案件,检察机关可将起诉意见书抄送给值班律师,在此基础之上组织律师与犯罪嫌疑人开展一

---

① 参见宗玉琨译注:《德国刑事诉讼法典》,知识产权出版社2013年版,第283—284页。

次谈话咨询,使得值班律师以律师的身份为嫌疑人、被告人分析刑事速裁程序的利弊,解释具体的法律规定,充分实现值班律师的法律咨询和法律帮助作用,同时,也让犯罪嫌疑人、被告人在法律规定上能做到信息对称,从而更明智理性地选择对其有利的案件审判程序。

4. 优化设计配套机制

任何一项制度的建立,必然要求若干配套机制予以支持和辅助,刑事速裁程序也需要建立和完善相应的配套措施。一是规范刑事速裁程序的终止和变更程序。参考域外的经验做法,如果法院和检察院适用刑事速裁程序产生分歧或者犯罪嫌疑人、被告人改变主意不同意适用刑事速裁程序时,检察机关可以向地区法院提出立即抗告①,法官可以不接受适用刑事速裁的要求,并将检察官提交的有关文书退还②。因而,法院认为不适用刑事速裁程序时,应当告知检察院、被告人及其律师,说明不适用刑事速裁程序的理由,并退还起诉文书,案件办理期限重新计算。如果因被告人反悔而拒绝适用刑事速裁程序,则被告人不再适用有关减轻量刑的规定,检察机关应重新制作起诉书。二是完善社会调查评估工作。设置专人负责调查评估工作,录入信息,公检法司就委托调查评估工作联合制定规范性文件,并由司法行政机关对调查评估人员的调查评估工作进行管理、监督和考核,以此确保调查工作在规范化的轨道上快速运行。此外,可以加强检察机关与司法行政机关的电话联系和沟通,及时对症下药,畅通社会调查渠道。

---

① 参见[德]托马斯·魏根特:《德国刑事诉讼程序》,岳礼玲、温小洁译,中国政法大学出版社 2004 年版,第 210—211 页。

② 参见陈超:《意大利刑事特别程序》,西南政法大学博士学位论文 2009 年。

第 四 部 分

诉讼制度改革研究

人大对法院个案监督制度的反思与重构

——在司法改革背景下以 X 县法院为样本

陈泳滨　　张海科*

司法改革的全面铺开,标志着从 2013 年开始的司法改革进入了攻坚阶段。《中共中央关于全面深化改革若干重大问题的决定》提出,改革司法管理体制,"确保依法独立公正行使审判权检察权","健全司法权力分工负责、互相配合、互相制约机制,加强和规范对司法活动的法律监督和社会监督"。对司法的法律监督中,人大对法院的个案监督,因其对司法独立性、权威性、终局性的深刻影响,在理论界和实务界引起了激烈的争论。鉴于司法监督包括人大对法院的个案监督,严重影响法院独立公正行使审判权的实现,故在司法改革过程中应当将其纳入予以统筹考虑。

一、个案监督的现状与问题

2006 年 8 月 27 日通过的《各级人民代表大会常务委员会监督法》(以下简称《监督法》)虽然没有将个案监督[①]作为人大对法院的监督方式,但人大及人大代表以监督的名义对具体案件的干预仍"堂而皇之"地大行其道,人大代表递交的个案材料仍源源不断地向法院涌来。[②] 在可以预见的将来,人大

---

　　*　　陈泳滨,工作单位:浙江省温岭市人民法院;张海科,工作单位:浙江省象山县人民法院。
　　①　　关于个案监督的内涵,学者存在不同的认识。因人大及人大代表以监督的名义对具体案件的干预,法院一般都没有拒绝其监督的能力,故人大及人大代表以监督的名义对具体案件的干预都为本文考察的对象。
　　②　　参见赵蕾:《报告越来越客气》,《南方周末》2010 年 3 月 18 日。

及人大代表干预具体案件的现象,也不会绝迹。以 X 县法院为例,X 县法院于 2015 年、2016 年在 X 县人代会期间收到人大代表提交的个案监督意见各 8 件。通过对这些个案监督意见进行分析,发现如下特点:

1. 监督的案件中,审判案件和执行案件比重相近。2015 年度,审判案件和执行案件各 4 件;2016 年度,审判案件和执行案件分别为 3 件和 5 件。执行案件反映的问题主要集中在执行不到位、督促法院加大执行力度方面。

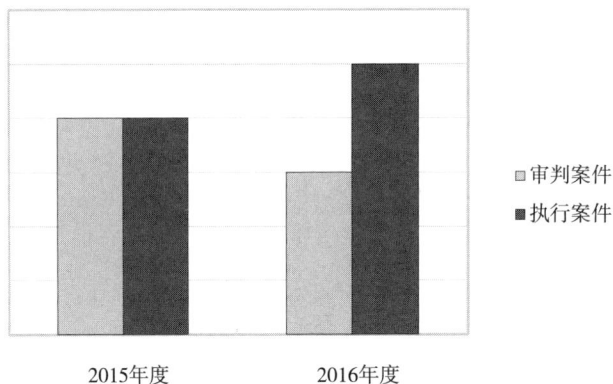

2015、2016 年度监督案件中审判案件、执行案件数量统计

2. 监督的案件中,与人大代表有利害关系的案件所占比重高。案件当事人系人大代表本人,或有迹象表明与人大代表有利害关系的案件,2015 年度为 5 件,2016 年度为 3 件,分别占所有个案监督案件的 62.5%、37.5%。

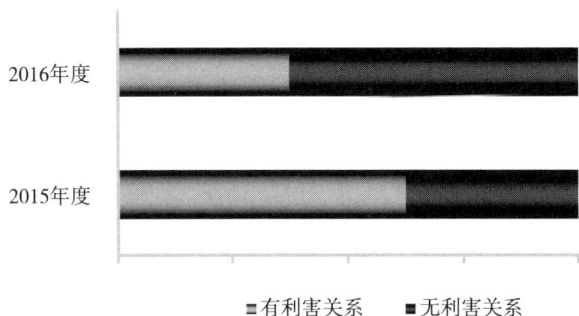

2015、2016 年度与人大代表有利害关系的监督案件占比统计

3. 监督的案件中,涉及程序事项和实体事项的比重相近。涉及程序事项的,2015 年度为 2 件,均为督促法院尽早裁判;2016 年度为 1 件,认为法院在一件刑事案件中程序违法。涉及实体事项的，2015 年度为 2 件，一件认为法院在一刑事案件中量刑过重，另一件认为法院在民事案件中对虚假抵押审查不严，判决结果有误；2016 年度为 1 件，认为法院判决有误。2016 年度，还有一件意见反映法官不向当事人提供手机号码，要求改进司法作风。

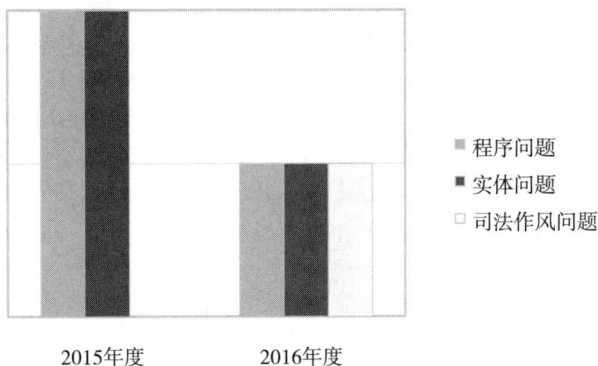

■ 程序问题
■ 实体问题
□ 司法作风问题

2015年度　　　　2016年度

2015、2016 年度监督案件涉及程序事项、实体事项的案件统计

上述数据虽不能代表其他地方人大对法院个案监督的现状，但多少也能反映出人大对法院个案监督存在的问题，具体包括：

1. 人大对法院的个案监督缺少法律规范。个案监督在 20 世纪 90 年代中期曾在各地广泛开展，有些地方人大还制定了有关加强对重大违法案件监督的规定。全国人大内务司法委员会于 1999 年向全国人大常委会提交了《关于对审判、检察机关重大违法案件实施监督的决定（草案）》的议案，该法律议案经两次常委会审议，终因遭到理论界和司法实务界的强烈反对而变成废案。2007 年通过的《监督法》也没有确立个案监督制度。因此，目前人大对法院的个案监督处于无法可依的境地，造成的后果就是：（1）监督权行使的主体不明，个案监督的监督权应当由谁行使，是否允许人大代表个人向法院进行个案监督？（2）监督程序不明，向法院的个案监督应当经过什么程序，是否须经人大会议、人大常委会、主任会议或专门委员会决议？（3）监督结果不明，人大对法院的个案监督对法院产生什么法律效果？法院是否必须予以执行？

2. 人大代表为了个人利益而提起个案监督的现象突出。如在 2010 年全国两会上，河南代表团有一个代表一口气递了几十个案件，根据历年的情况，代表们现场提交的案件总数，少则几十件，多则百余件。有的代表对个案不满,直接说如果投票日之前不跟他解释清楚,他就直接投反对票,还会动员周围的代表一起投。① 某省人大代表因欠债不还被法院判决败诉,却联合不明真相的人大代表对案件提出监督议案,最终影响了法院的执行。② 笔者也曾遇到过院庭领导带领承办法官向作为一方当事人的人大代表汇报案情、请示处理意见的奇葩现象。人大代表带有偏向性的监督,严重损害了法院的公正性和权威性,法院公正地处理 1000 个案件积累的公信力,也许还不及一个"官官相护"作出的不公正的判决对司法公信力的损害。

3. 以监督的名义干预法院实体裁判的问题严重。有个别地方,人大代表直接干预具体案件的处理,对司法机关的工作提出应该这样、应该那样的意见;有的地方试行听审制、监审制,代表直接参与坐堂问案,对案件如何裁判提出意见。③ 人大作为权力机关,不仅对法院享有监督权,而且对法院的财政、人事也有重大影响力,因此,法院在面对人大及人大代表的实体干预时,没有能力也没有意愿去对抗此种监督,从而为某些单位和个人非法干预司法提供了看似合法的渠道。

二、对个案监督现状的反思

自人大对法院的个案监督诞生之日起,理论界和实务界围绕个案监督的合法性、合理性、必要性就展开了激烈的争论。《监督法》未规定人大对法院可以进行个案监督,但也未禁止人大及人大代表对法院进行个案监督。对此,有人根据"法无规定不可为"的公权力行使原则,认为人大及人大代表不得干预法院具体案件的审理;但也有人认为,我国实行的是"议行合一"的政治制度,人大是国家权力机关,因此人大对法院的监督理应包括对个案的监督,这种权力是宪法赋予人大的,《监督法》未予规定,并不意味着人大就没有此种权力。本文认为,发生争论的根源其实在于,争论各方对人大和法院在宪政架构中的地位理解不同。

---

① 参见连成义:《浅谈人民法院如何接受人大监督》,载 http://hzzy.chinacourt.org/public/detail.php? id=4759,访问时间:2016 年 5 月 25 日。

② 参见唐成:《监督札记》,新世界出版社 2011 年版,第 298 页。

③ 参见施友松:《人大代表可不可以监督司法案件》,《人大研究》2004 年第 2 期。

（一）"议行合一"抑或"分工负责"：人大的宪政地位

我国的一切权力属于人民，人民通过人大行使国家权力。因此，有人认为我国实行的是"议行合一"的政治制度。对"议行合一"，马克思在《法兰西内战》中概括为：公社是一个实干的而不是议会式的机构，它既是行政机关，同时也是立法机关。① 董必武在《论加强人民代表会议的工作》中提到："我们人民代表大会或人民代表会议……是'议行合一'的，是立法机关，同时也是工作机关。"②可见，所谓"议行合一"，一般是指代议机关与执行机关为一的政治制度，是与西方国家实行的"三权分立"相对而言的。新中国成立后很长一段时间，理论界和实务界都认为我国人民代表大会制度实行的是"议行合一"制，但此种观点目前被越来越多的学者所质疑和挞伐。本文也认为，我国人民代表大会制度实行的并非"议行合一"制，"议行合一"说已严重阻碍了我国人民代表大会制度的完善和进步，更造成民众思想的混乱，应予摒弃。

现代国家，公共事务日趋繁杂，国家机关的职能分工日趋精细，由民选的代议机关对国家和社会进行全能化管理根本不可能实现。即使是在巴黎公社时期，"议行合一"也仅仅存在于第一阶段短短 24 天，后因"议行合一"造成管理上的混乱，而进行了改变。可见，"议行合一"制根本无法满足现代国家社会管理的需要。

"议行合一"制中"议"和"行"由同一机构承担的特性，将会导致人大权力的高度集中。而历史经验告诉我们，"一切有权力的人都容易滥用权力，这是万古不变的一条经验。有权力的人们使用权力一直遇到有界限的时候为止"③，"一个被授予权力的人，总是面临着滥用权力的诱惑，面临着超越正义与道德界限的诱惑"④。正是权力的此种腐蚀力和扩张性，导致权力主体在行使权力过程中容易背离初衷，演变成个人谋取私利的工具。我国老一辈领导人在修宪时也充分注意到了这个问题，邓小平同志在 1982 年修宪时就代表中

① 参见《马克思恩格斯选集》第 3 卷，人民出版社 1995 年版，第 55 页。
② 董必武：《论加强人民代表会议的工作》，载《董必武政治法律文集》，法律出版社 1986 年版，第 181 页。
③ ［法］孟德斯鸠：《论法的精神》，张雁深译，商务印书馆 1982 年版，第 154 页。
④ ［美］埃德加·博登海默：《法理学——法律哲学及其方法》，邓正来译，中国政法大学出版社 1999 年版，第 361 页。

央提出,将"不允许权力过分集中"作为我国政治制度的一个原则。① 时任宪法修改委员会副主任委员的彭真同志也在就 1982 年宪法草案所作的说明中指出,宪法修改草案"对于国家的行政权、审判权、检察权和武装力量的领导权,也都有明确的划分,使国家权力机关和行政、审判、检察机关等其他国家机关能够协调一致地工作"。②

此后通过的"82 宪法"将立法权、政权组织权、人事权、宪法监督权等权力授予了人大,而将行政权、审判权、检察权分别授予了政府、法院和检察院。宪法虽然规定政府、法院和检察院由人大产生,向人大负责。所谓负责,仅是指政府、法院和检察院在履行宪法和法律规定的职责方面向人大负有责任,而不能简单地认为人大与政府、法院、检察院是领导与被领导的关系。根据《宪法》的规定,我国的国家权力存在内部分工,人大并不直接享有行政权、审判权、检察权,其作为权力机关的地位是通过对行政机关和司法机关的监督而得到体现。

从人大对法院监督的角度来看,"议行合一"说将会导致人大对法院的监督在程度上不受限制,出现由人大直接改变或撤销法院生效裁判文书的怪象亦不难理解。因此,本文认为,"议行合一"制不符合现代国家社会管理的实际现状,也不符合我国《宪法》的规定,不是我国人民代表大会制度实行的政权组织形式。人大在行使权力过程中,不能以此为据肆意侵害行政机关、司法机关依法享有的权力,而是应当严格遵守宪法和法律对国家权力的合理分工,做到各负其责。

(二)"独立审判"抑或"受人干预":法院的宪政地位

司法独立是现代西方国家的一项基本政治制度,是基于"三权分立"的原则,主张司法权不受立法权、行政权的干涉,而我国实行人民代表大会制度,故不可能实行"司法独立"。但我国《宪法》第一百三十一条也规定:"人民法院依照法律规定独立行使审判权,不受行政机关、社会团体和个人的干涉。"我国学者称之为"独立审判"。这条规定只排除了行政机关、社会团体和个人对

---

① 参见《邓小平文选》第二卷,人民出版社 1994 年版,第 339 页。
② 彭真:《论新时期的社会主义民主与法制建设》,中央文献出版社 1989 年版,第 164 页。

审判权的干涉,并不包括人大。因此,人大能否干涉审判、干涉到什么程度,成为我国政治实践中的一个难题。要解决这个问题,我们必须要了解司法的功能、尊重司法规律、遵循审判的内在特性。

1.独立审判是制约公权力、保护私权利的需要。作为国家治理的工具,司法独立并不是随着国家的产生而产生的,而是人类社会从专制政体走向民主政体的过程中逐步确立和发展起来的。实践证明,公民权利的最大敌人来自于公权力,公权力常以公共利益的名义对私权利造成侵害,而在强大的公权力面前,私权利往往无力反抗。因此,现代政治文明要求,将公权力限定在法律规定的限度内,同时要求一种独立的力量对公权力进行制约和评判,司法就承担起了这项重任。

2.独立审判是保护少数人权利的要求。代议机构代表的是民意,他们制定和执行法律时考虑的是满足大多数人的利益,因此,不可避免地会损害少数人的利益,甚至有时因特定的社会环境和舆论氛围的影响,代议机构的决定会损害社会的整体利益。这就需要有一种力量对少数人的利益进行保护,否则会导致"多数人的暴政"。正因为司法机关以"公平"和"正义"为宗旨,在保护个体利益方面发挥着重要作用,所以即使是代表多数人意志的代议机关都无权干涉或改变其决定,而赋予司法终局效力。

3.独立审判是树立司法权威,从而消弭社会矛盾的需要。在现代社会,大量纠纷最终需要通过司法解决,司法权威越高,当事人接受司法裁判的意愿也就越强,社会矛盾也能够得到顺利消解。目前我国缠讼上访问题突出,最直接的原因就是司法没有权威,民众对司法不信任,即使裁判正确,败诉一方当事人也不愿接受。而司法权威性的树立,必须使民众充分相信司法机关不会受到其他机构、个人的任何带有偏向性的影响。

4.审判权对私权利的威胁最小,且在权力体系中最为弱小,需要特别扶持。审判权是被动的,实行不告不理,只具有对提交至法院的纠纷作出裁判的权力,而不能支配更多的公共资源,因此,在国家权力体系中,相对立法权、行政权而言,审判权对私权利的威胁最小,在权力体系中也最为弱小。因此,为了完成制约公权力的使命,需要对审判权进行扶植,借助其独立性地位来充实审判权相较于立法权、行政权的天然不足。

5.审判权在本质上是一种判断权。审判权的运行实际上就是对当事人所主张的事实问题和法律问题依法进行孰是孰非的判断,并将判断结论赋予强制执行力,从而实现定分止争价值的一个过程。司法权的判断性,要求法官在作出判断时排除外在的压力和影响,保持意志自主,任何单位或个人都不应以任何形式干扰法官的自主判断。正如马克思所说的,"法官除了法律就没有别的上司"①。

由此可见,法院独立审判,是现代政治文明的必然要求,是保护公民权利不受公权力侵害的现实需要,更是审判权内在特性的外在反映。因此,既然《宪法》确立了各国家机关之间分工负责的关系,人大就应该尊重此种分工,不能干涉甚至取代法院的审判工作,同时,法院行使审判权应当接受人大的监督。对个案监督的争论,以及在个案监督中所发生的各种乱象,或是扩大了人大的权力,或是夸大了我国《宪法》赋予法院的独立性。只有准确理解人大和法院在宪制架构中的地位,才能处理好人大监督与法院独立审判之间的关系,共同促进司法公正的实现。

(三)"彻底禁止"抑或"合理设计":个案监督的存与废

我国《宪法》明确规定,我国的一切权力属于人民,人民行使国家权力的机关是各级人大,国家行政机关、审判机关、检察机关都由人民代表大会产生,对它负责,受它监督。理论上,人民意志与人大的意志是统一的,人大监督司法即是人民监督司法。② 人大对法院的监督可以通过报告工作、执法检查、质询、组织特定问题调查等方式进行,那么,还有无必要采用对法院审判独立干涉甚深的个案监督的方式? 本文认为,目前我国仍有保留个案监督的必要,理由如下:

1. 法院的审判权是通过对一个个具体的案件进行审判而实现的,人大要实现对法院的有效监督,回避不了对具体案件的关注、询问甚至调查。也就是说,废除个案监督,禁止人大对个案的干预,在我国目前的政治实践中,将会使人大对法院的监督处于虚置状态。

2. 个案监督,是随着司法不公、司法腐败现象愈演愈烈,民众强烈要求对

---

① 《马克思恩格斯全集》第 1 卷,人民出版社 1995 年版,第 180—181 页。
② 参见谢小剑:《人大监督司法实施制度研究》,中国政法大学出版社 2014 年版,第 15 页。

司法个案进行监督而兴起的,有其产生和发展的现实土壤。毋庸置疑,我国审判人员的专业素养、道德品质、社会阅历以及对审判人员的保障还不是很理想,加上目前我国存在权力分配失衡、监督机制缺位等制度性因素,司法不公和司法腐败现象可以说在一定范围内存在。在建立起完善的司法体制和有效的司法监督机制前,人大对法院的个案监督有其存在的必要性。

3. 个案监督一定程度上可以为法院排除其他方面的干扰,为法院独立审判创造相对良好的环境。司法实践中,党政部门、上级法院、检察院以及各级党政领导都能对法院审判进行干预,鉴于法院在财政、人事方面受制于人的现实以及在国家权力体系中的弱势地位,对大多数干预法院自己都无力排除。而人大的个案监督,在一定程度上为法院排除部分干扰,纠正部分司法不公的案件。

4. 从我国目前的政治架构来看,人大及人大代表对具体案件的干预不可能完全禁止。在宪制架构上,人大与法院是组织者与被组织者、监督者与被监督者的关系,人大及人大代表对法院的监督天然地披上了合法性的外衣,虽然《监督法》没有授权人大可以进行个案监督,但有哪个法院可以理直气壮地对人大及人大代表的个案监督说不? 更何况,每年的人代会,法院还要向人大报告工作,"希望得到尽可能高的支持率,只好竭力迎合人大代表,这在很多地方已经成为制度性安排"①。与其让人大及人大代表的个案干预在暗地里混乱地进行,不如以立法的形式予以规范。

因此,人大对法院的个案监督,一方面是人大实现对法院监督权的要求,另一方面也是民众对整治司法不公和司法腐败现象的现实需要。完全独立的司法是不存在,且是不可接受的。个案监督目前禁不了也不该禁,合理设计的个案监督制度可以在最大限度尊重法院独立审判权的基础上实现人大对法院的监督。

三、对个案监督制度的建构

如上所述,人大对法院进行个案监督必须遵守分工负责的法律规定,最大

---

① 童之伟:《人大代表如何依法监督法院》,载 http://www.21ccom.net/articles/zgyj/fzyj/article_2013031579044.html,访问时间:2016 年 5 月 24 日。

限度地保证法院的独立审判权。因此,有必要立法对个案监督制度进行合理的设计。

(一) 个案监督制度应当遵循的原则

1. 坚持监督权由集体行使的原则

民主集中制是人大的根本组织原则,体现在人大工作中就是集体行使职权,包括行使监督权,时任人大常委会委员长的彭真同志在《一不要失职,二不要越权》的讲话中指出:"实行民主集中制,就是在民主的基础上集中,作出决定,而不是个人行使权力。"①坚持集体行使监督权,可以有效地避免个人擅权,也可以有效地防止个人利用监督权力对司法进行不当干预。

正如卢梭所言:"英国人民自以为是自由的;他们是大错特错了。他们只有在选举国会议员的期间,才是自由的;议员一旦选出之后,他们就是奴隶,他们就等于零了。"②"地方人大代表受亲友或利益相关方之托,以人大代表身份在审议法院工作报告时就个案向法院施压的情况……照顾有人大代表支持的诉讼当事人一方利益,几乎已成为或多或少对各地法院有引导功效的潜规则。"③因此,只有监督的集体性,才能防止任何人利用权力机关的名义干预司法,成为影响司法公正的新的因素。

2. 坚持审判权由法院独享的原则

《宪法》《人民法院组织法》将审判权授予法院行使,人大监督法院时,应当遵守法律的规定,不与法院分享甚至代替法院行使审判权。人大对具体案件只能提出意见、建议,督促法院按照法律规定的程序履行职责,而不能直接处理具体案件,不能直接改变法院的裁判。坚持审判权由法院独享,不仅是遵循权力分工的宪制原则,也是由审判活动的专业性所决定的。如上文所述,审判的本质是判断,而判断能力的形成,审判活动中所依托的裁判标准、审判技巧和司法伦理,需要长期系统的法律专业教育,需要丰富的法律职业经验,需要坚定的法律信仰。而人大代表由人民选举产生,大多数人大代表、人大常委

---

① 彭真:《论新时期的社会主义民主与法制建设》,中央文献出版社 1989 年版,第 360 页。

② [法]卢梭:《社会契约论》,何兆武译,商务印书馆 2003 年版,第 121 页。

③ 童之伟:《人大代表如何依法监督法院》,载 http://www.21ccom.net/articles/zgyj/fzyj/article_2013031579044.html,访问时间:2016 年 5 月 24 日。

会委员都没有受到过系统的法学教育,更没有法律执业经历,其更容易受到民意更准确地说是舆论的影响,并不适合处理需要理性思考和专业知识的审判活动。

3. 坚持监督不涉实体原则

人大监督法院的目的在于督促法院依法履职以实现司法公正。因此,个案监督的重点应为:一是对程序的监督,即法院是否按照法律规定的程序、期限、标准进行审判活动;二是对人的监督,即法院工作人员是否存在严重影响司法公正的违法犯罪行为。个案监督不应涉及任何未生效案件的实体问题,人大代表如上文所述并不比法官更适合处理具体案件,也没有证据证明人大代表的品德比法官更高尚,更没有证据证明人大代表来处理具体案件比法官更公正。相反,受过系统法学教育和法律信仰培植的法官,比一般公众更加敬畏法律、更加期待法治的实现和司法公信力的提升。因此,对个案的实体应交由专业的法官判断,人大及人大代表没有能力也不能干涉。

4. 坚持监督参与者的利益回避原则

回避制度是诉讼程序中为保证审判公正的一项重要制度,个案监督作为权力机关对法院具体案件的监督,或多或少会对法院的审判造成一定的影响,如果被监督的具体案件与监督参与者有利害关系,将无法保证个案监督的中立性、公正性和合法性,更无法使对方当事人相信案件能够得到公正的处理,必将损害人大的权威和司法公信力。因此,所有与个案有利害关系的人大代表、人大工作人员以及外聘的专家学者,均应实行回避制度。

个案监督必须在人大监督和法院独立审判之间寻求平衡,只有坚持上述原则,才能扬长避短,在尽可能地减少对司法的损害的同时,达到个案监督的制度目的。因此,对个案监督的制度设计,应当围绕上述原则展开。

(二) 个案监督的制度设计

1. 个案监督的主体

监督权由人大集体行使,但我国人大会期短,人大代表也非专职,由人大或人大常委会来承担个案监督大量的工作,在目前的宪制体制下并不是一个现实的制度安排,也不可能达到个案监督的制度目的。因此,各级人大通过授权数个专职人大代表组成的专门委员会,本文姑且称之为司法监督委员会,统一行使对司法机关的监督权,包括个案监督。人大代表、其他专门委员会以及主任会议均不能对法院进行个案监督,以杜绝个别代表或人大官员因个人利益妨碍司法公正。

2. 个案监督的内容

个案监督以对程序的监督和对人的监督为主,严格控制进行实体监督的范围,具体包括:

(1)案件审理过程中违反法定程序的行为,如不依法立案且拒不出具书面裁定,超审限或超期羁押,侵害当事人回避权、辩论权、上诉权等诉讼权利等。现代国家通过设计复杂而严格的诉讼程序以保障当事人的诉讼权利,当事人可以在自己参与的诉讼进程中依法主张并实现自己的法定权利。诉讼程序是实现"看得见的公正"以及对审判人员进行刚性约束实现"最低限度的公正"的重要制度设计,而且基本不涉及实体判断,故应该并能够成为个案监督的重点。

(2)案件审理过程法院工作人员存在违法犯罪行为影响案件公正处理的,如院庭领导和其他法院工作人员非法干预审判,审判人员接受吃请、受贿索贿、徇私枉法等。审判活动的判断性,决定了每个具体案件其实最终都落实到每一个法官个体上,本轮司法改革要达到的目的之一即是"让审理者裁判,由裁判者负责"。因此,司法改革应重点围绕如何让裁判者依法裁判、如何保障裁判者依法裁判展开。就个案监督而言,就是通过监督,让裁判者不敢违法,让院庭长及其他法院工作人员不敢违法干预裁判,就是通过对人的监督实现司法公正。

(3)严重违反法定程序影响案件公正处理或实体裁判明显违反法律规定对当事人造成重大影响的生效裁判,穷尽其他法定救济途径仍不能得到纠正的案件。对涉及实体裁判的个案监督,一要把好"入口关",只有裁判结果明显违反法律规定且对当事人造成了重大影响的案件才能进行个案监督;二要把好"程序关",必须进行事后监督,任何未生效的案件,人大均不应进行实体干预,同时因人大的个案监督是司法体系外的监督,所以只有司法不能实现自我纠正时才能进入个案监督程序。

3. 个案监督的方式、程序

个案监督所能采取的监督方式以及进行监督程序直接决定了个案监督对

具体案件影响的深度和烈度,因此,有必要对个案监督的方式和程序进行明确、限制。

(1)询问。司法监督委员会受理程序性事项的申诉后,可以要求法院或具体承办法官口头或书面答复,如确实存在违反法定程序行为的,可以书面要求改正。

(2)调查。司法监督委员会受理对法院工作人员违法犯罪的举报后,可以组织特定调查小组进行调查,如调查属实,涉及违法犯罪的,应当移交检察机关处理;涉及纪律处分的,应当移交目前司法改革可能要成立的法官惩戒委员会处理,非法官工作人员移交纪律监察部门处理;如依法应当罢免的,应当通过法定程序向人大常委会提出罢免议案,由人大常委会进行决议。但个案监督程序中,对法官的罢免应仅仅限于法官实施了违法犯罪的行为,而不能因怀疑法官的专业能力而启动罢免程序,更不能因案件存在瑕疵或错误而启动罢免程序,这个应交由专业的法官惩戒委员会审查。

(3)评议。司法监督委员会受理对生效裁判的申诉后,应当组织资深法官、资深检察官、学者组成案件评议委员会进行评议。评议委员会评议后,认为生效裁判确实严重违反法定程序影响案件公正处理或实体裁判明显违反法律规定对当事人造成重大影响的,司法监督委员会可以建议检察机关提起抗诉或法院进行再审,但除阐明建议再审的理由外不应再发表任何倾向性意见,以免对再审审理造成影响。

结　　语

追求公正是司法永恒的主题。监督本身不是目的,是手段,最终是为了促进司法公正。因此,通过司法监督实现司法公正,需要尊重司法的制度理性,按照司法自身的逻辑和要求进行。人大对法院的个案监督,更应该严格按照法律允许的监督内容和程序进行,以实现个案监督和独立审判之间的平衡,最大程度地发挥个案监督制度的效用,共同促进司法公正、树立司法权威,使司法真正成为我国社会最后一道防线。

公诉视角下庭审实质化若干问题研究

陈为钢　施净岚　徐　翃*

一、实现"以审判为中心"亟待解决的四方面问题

早在 1996 年《刑事诉讼法》第一次修改前后,理论界就讨论过源于域外的"审判中心主义"并主张据此指导刑事审判方式改革,①但直至 2012 年《刑事诉讼法》再修改,我国仍未在立法层面确立"审判中心主义",实务中"侦查中心主义""卷宗中心主义"以及"庭审形式化"等现象大量存在。有鉴于此,党的十八届四中全会通过的《中共中央关于全面推进依法治国若干重大问题的决定》(以下简称《决定》)要求推进以审判为中心的诉讼制度改革,确保侦查、审查起诉的案件事实证据经得起法律的检验。笔者认为,从公诉工作的角度来看,推进以审判为中心的诉讼制度改革、实现庭审实质化面临以下四方面亟待解决的问题。

(一)转变更新执法办案理念

通过剖析呼格吉勒图、赵作海等冤错案件,反思规范司法行为专项整治工作中暴露出来的种种问题,我们不得不承认,现有的执法办案理念整体水平与"以审判为中心"的改革要求相比仍有相当距离,主要表现为:有的办案人员受主客观多种因素影响,司法主体意识缺位,轻信侦查机关(部门)提供的证据和意见,司法办案的亲历性不够;重实体、轻程序等错误思想仍有市场,不敢

---

* 陈为钢,工作单位:上海市人民检察院第二分院;施净岚,工作单位:上海市人民检察院第二分院;徐翃,工作单位:上海市人民检察院第二分院。
① 参见孙长永:《审判中心主义及其对刑事程序的影响》,《现代法学》第 21 卷第 4 期。

准确适用疑罪从无、非法证据排除等原则、制度;对当事人、律师等诉讼参与人提出的线索、申请、意见重视不够,习惯于依据对案卷材料和起诉意见书的理解单方面作出司法决定;以起诉作为"结案"节点,轻视出庭公诉的重大意义,举证质证辩论流于形式。

(二) 保障落实证据裁判原则

通过多年的充分讨论,学理上对证据裁判原则的要求已经形成通说。[①]不过从实践看,对该原则的理解与适用还存在不少亟待解决的疑问:究竟是按照字面意思理解,在认定事实时严格奉行"有证据即有事实,有证据才有事实",还是在坚持以事实为根据的基本原则的基础上,综合运用包括合理心证在内的多种证明方法认定案件事实? 在"以审判为中心"的背景下,上述疑问还会衍生出下列实务问题:办案人员应当如何发挥主观能动性办理证据基础薄弱的案件? 如何理性看待事实认定方面的侦诉不一、诉判不一、存疑无罪判决? 此外,全面贯彻证据裁判原则的一项题中之义是完善证人、鉴定人出庭制度,确保庭审实质化,但低迷的出庭率有可能对改革起消极作用。

(三) 创新重塑诉、辩、审关系

实务中有的办案人员将追诉犯罪作为公诉的首要目标,对现代刑事诉讼构造中与公权力机关相对的力量——辩护持轻视乃至敌视的态度,这与"以审判为中心"的要求有着不小的差距。在《决定》出台后,又有观点认为今后案件审理进程和处理结果均以法院、法庭、法官意志为准,检察机关只需到庭"行礼如仪"即可,若依此论,则"庭审形式化"之弊非但无解,还有日益恶化之忧。上述观点和做法违背现行刑事法律,不能适应"以审判为中心"的格局。

(四) 改进完善法律监督能力、格局

我国检察机关实施的法律监督是超脱于"控审分离,控辩平等,裁判者居

---

① 参见宋英辉主编:《刑事诉讼原理(第二版)》,法律出版社 2007 年版,第 307 页。

中"刑事诉讼构造的制度设计。以审判为中心的诉讼制度改革中,如何完善法律监督体制机制是检察机关面临的新课题。笔者认为,我们要注意避免以下错误观点的影响:其一,唯法院(法庭、法官)权威论,动摇法律监督的独立性、正当性基础,放弃监督阵地;其二,唯法院(法庭、法官)意志论,以司法裁判的结果作为评判侦查、审查起诉程序及其结果的唯一标准;其三,唯刚性监督论,不注重区分不同情形运用多种监督手段。

二、阻碍庭审实质化实现的三个现实因素

从近年办案实践情况看,笔者认为在"以审判为中心"的改革中,公诉工作必须正视并克服以下三方面阻碍因素:

(一) 诉讼证据制度供给不足

证据是诉讼的基石,"以审判为中心"必然首重证据在诉讼全过程中的核心地位。从近年办案情况看,有关诉讼证明、证据方面的以下两个实务难题还没有得到很好解决:

1.司法证明方法体系缺乏法律规范。长期以来,在我国立法、实务界占主流地位的司法证明方法可归纳为印证证明模式,①证据间的相互印证被许多人视为评判单个证据有无证明力及证明力大小、全案证据是否确实充分的主要(甚至是唯一)方法。但是这种理想化的设想在现实面前经常碰壁:在毒品、诈骗等犯罪案件中,对于某些定罪量刑的关键事实、情节(如犯罪主观方面、赃款去向),刑事被追诉人往往不作交待或者避重就轻、交待不诚,单纯运用"印证"方法进行证明会得出直接证据不足或者旁证得不到其他证据印证,案件事实不清的结论,这显然有轻纵犯罪之虞。为克服上述困局,实践中又产生了一种体现"从重打击"倾向的观点,主张只要根据基础事实能够符合经验和逻辑地进行"推定"(其实是司法证明学上的推论),就能够认定相应的事实。在笔者看来,上述两种主张均有失偏颇,其产生的

---

① 参见龙宗智:《印证与自由心证——我国刑事诉讼证明模式》,《法学研究》2004 年第2 期。

根源在于我国的证据制度对法证、印证、心证的科学内涵和相互关系关注不够,①影响了司法人员准确适用法律认定案件事实,司法证明也因此被简化成了"1+N＝事实"(2 个以上证据相互印证,可以认定)、"1+0＝0"(缺乏证据印证,不能认定)。

2. 直接言词原则的例外情形过宽。直接言词原则着眼于法官心证形成过程的合理性和庭审的事实发现功能,强调法官应当听取控辩双方口头提供的诉讼资料并以此为基础作出裁判。现行刑事诉讼法、司法解释没有规定直接言词原则,而是以"原则+例外"的方式要求证人、鉴定人必须出庭作证;对于未出庭证人的证言,法律允许以庭前笔录作为证据的替代品进行举证、质证;对经法院通知拒不出庭的鉴定人的鉴定意见,规定较为严格,须剥夺其作为定案根据的资格。这些法律规定,连同前文论及的"四类人员"出庭率极低的现状,经常受到学界、辩方的批评,认为其剥夺了被告人的对质权,导致质证沦为走过场,不当强化了审判人员对案卷材料的依赖性,不利于通过庭审发现真相。

(二) 亲历办案模式尚未完全建立

司法的亲历性是检法两家共通的要求,尤其是在极为强调预防和纠正冤假错案底线意识的今天,公诉检察官只有恪守司法的亲历性要求,才能保证作出的司法决定具有合理性、公信力。我们注意到,一方面,以"卷宗笔录中心主义"为外在特征、以"侦查中心主义"为实质导向,对侦查机关(部门)移交的案卷材料和意见过于信任、甄别审查力度不够,是近年曝光的多起冤假错案在检察环节"带病起诉"的主要成因之一,至今仍或多或少地存在于部分办案单位和人员身上。另一方面,近年来一些重大、疑难案件以及涉众型(尤其是集资、诈骗类)经济犯罪案件中,侦查取证粗疏不规范、侦查证据体系过于单薄

---

① 2013 年 1 月 1 日起施行的最高人民法院《关于适用〈中华人民共和国刑事诉讼法〉的解释》在吸收 2010 年"两个证据规定"合理内容的基础上,在第七十四条、第七十八条、第八十条、第八十三条、第一百零五条、第一百零六条、第一百零九条以"印证"为核心要求对证据的证据能力、证明力以及运用间接证据证明体系的证明标准等问题作出规定。但以"经验""逻辑"为关键词的证据规则只有第七十五条第二款(意见规则的例外)和第一百零五条(运用间接证据证明体系的证明标准)。

等问题层出不穷,公诉部门为此需花大量精力协调各方、引导补查,有的案件几乎是另起炉灶、重新侦查。

面临上述"内外交困"的局面,我们必须破除侦查路径依赖、提升公诉办案亲历性。为此,我们除了要重视提高认识、转变思路等"内因",还离不开司法资源的外部支持。这种支持不仅指办案经费投入,更涉及团队建设、检察技术等检察工作全局性问题:其一,现行办案机制不足以应对新形势。最近一年多来,在精英化、专业化的政策导向之下,本市以检察官为核心,涵盖检察官助理、书记员等辅助人员的新型公诉队伍架构已经建立,但案件承办人"一包到底""单打独斗"的办案模式还没有彻底打破。在可预计的将来,"案多人少"的矛盾将长期存在,"以审判为中心"的改革举措又不可避免地会增加公诉工作量,诸如控辩攻防加剧、庭期延长等新任务、新情况,对公诉检察官亲历办案提出了质与量的新要求、新挑战。如何将亲历性办案的要求分解、传导到检察官办案组织的每一位成员身上,是一个值得深入探索的重大课题。其二,专门知识的智力支持不够。根据刑事诉讼法和相关司法解释规定,公诉部门可以采取鉴定(含首次鉴定、补充鉴定、重新鉴定)、复验、复查、侦查实验等措施复核在案证据,查明案件情况。但实践中这些措施很少启用,其最主要的原因之一即在于检察机关缺乏掌握相关专门知识的"自己人",公诉检察官心有余而力不逮。例如,对于重大命案的现场,除介入侦查参与公安机关组织的现场勘查外,目前公诉检察官缺乏有专门知识的人以及技术装备等必要条件来自行组织复验、复查,更遑论形成符合程序法规定、可供庭审使用的证据——勘验、检查笔录,以及鉴定意见等衍生证据。

(三)监督协作机制相对落后

在以往的工作模式中,公检法三机关分工负责的宪法原则在刑事诉讼中演化为"各管一段"的司法职权配置格局,公诉在审前程序中的主导作用并不突出,对审判的配合、监督也存在一定问题:其一,公诉介入侦查的信息渠道不畅,提前介入带有一定的被动色彩,有的案件在移送审查起诉时已经贻误了取证、控赃、追捕的时机,非法取证行为未能及时得到纠正。其二,公诉介入侦查的法律地位、工作方式、引导侦查意见效力未经立法详细规定。其三,由于以往对抗诉条件的把握较严且着眼于定罪量刑等实体问题,审判活动监督的力度、广度有待提升,抗诉工作的延伸效果有待提高。

三、公诉推进庭审实质化的若干建议

公诉工作质量的好坏直接影响着刑事司法公正的实现程度和司法人权保障的水准高下。在以审判为中心的诉讼制度改革中,我们应当从以下五方面努力,推进庭审实质化改革,并以此为出发点将中央决策落实到司法办案的每个环节当中去。

(一) 建立科学的刑事证明方法体系

笔者认为,仅靠"相互印证"的证明模式认定案件事实是不够的,我们应当推行科学法证、链集印证、合理心证"三证合一"的司法证明模式,其中科学法证主要关注证据的可采性问题,链集印证主要关注证据的真实性及全案证据充分性的情况,合理心证主要着眼于在运用经验法则、逻辑法则的基础之上,对证据的真实性、证明力及全案证据证明标准等情况作出理性判断,并据此认定案件事实。[1] 在"以审判为中心"的语境下,运用"三证合一"进行司法证明时,我们要注意以下几点:

1. 重视科学法律证明地位。《刑事诉讼法》再修改以来,司法人员仍多从证明力的角度考虑是否排除证据,很少考虑证据能力问题,这已成为非法证据排除规则难以落到实处的原因之一。[2] 在大力提倡庭审实质化的改革环境下,非法证据排除规则的司法适用或将在审判、辩护两方力量的推动下日趋普遍,如果公诉人墨守成规,对证据可采性、非法证据排除问题不予足够重视,无疑将落后于时代发展,给起诉指控带来较大的困难和风险。因此,笔者在此要强调,虽然链集印证是最主要的证明方法,但科学法证是其适用前提,没有可采性的证据是无所谓证明力的,司法者不应将其纳入案件的证明体系。我们应当准确理解、严格把握,将刑事诉讼法及司法解释确定的非法证据认定标

---

[1]　参见陈为钢、张少林:《刑事证明方法与技巧(修订版)》,中国检察出版社 2012 年版,第27—31页。

[2]　参见卞建林主编:《中国诉讼法治发展报告(2014)》,中国政法大学出版社 2015 年版,第45页。

准、调查核实及审理程序等要求落到实处。与此同时,我们还应注意积累不同类型犯罪案件的证据规格、不同种类证据的审查判断技巧,从中提炼出符合事物发展规律、刑事诉讼实践的类型化经验,特别是要关注取证行为合法性、瑕疵证据补强规则等实务常见疑难、复杂情形的处理经验,推动有关部门从制度层面构建法证、印证、心证和谐统一的诉讼证明方法体系。

2. 正确理解疑罪从无、罪疑唯轻原则。根据《刑事诉讼法》的相关规定,法院经审理认为证据不足,不能认定被告人有罪的,应当作出证据不足、指控的犯罪不能成立的无罪判决。由此,我国已建立起疑罪从无的法律制度。实务中,有的办案人员在遇到认定事实、适用法律的疑难情形时,往往以此为据主张"疑点利益归于被告"(简称"罪疑唯轻")。笔者认为这一观点不当扩大了疑罪从无(罪疑唯轻)的适用范围,对司法办案具有极大的误导性,应予以纠正。

第一,疑罪从无原则本质上是对侦查、起诉的正向激励。在"以审判为中心"的语境下,作为裁判规则存在的疑罪从无原则提示侦查、公诉办案人员必须以司法审判的标准依法、全面收集证据,对于不符合法定证明标准的案件,强行起诉非但无益于伸张正义,反会使得打击犯罪、保障人权的刑事诉讼目的落空,虚耗此前已经投入的司法成本。

第二,疑罪从无(罪疑唯轻)原则有其特定的适用范围。有学者经比较研究后得出结论,罪疑唯轻并不在于规范法官应该如何评价证据并形成其确信,而是规范法官最后仍然不能形成完全的确信之时到底应该如何裁判的规则,不但不适用于侦查阶段检察官关于实体事实之疑问,而且不适用于审判阶段法官评价证据的行为。[①] 按笔者理解,疑罪从无原则的适用范围之所以如上述观点所说必须加以限制,就是因为该原则一旦被适用便意味着中断侦查人员对案件事实的查证过程,如此一来,实体事实疑点再无澄清的可能,这对准确打击犯罪、保护社会公共利益而言无疑具有消极影响。笔者始终主张,侦查、起诉若未穷尽一切调查手段及努力,不得停止追诉,这是宪法法律规定和

---

① 参见林钰雄:《严格证明与刑事责任》,法律出版社 2008 年版,第 126—146 页。需要说明的是,在林钰雄教授生活的我国台湾地区,侦查由检察官负责并实行检警一体化,诉讼程序中也没有设置独立的审查起诉阶段,故引文中的"侦查阶段检察官",应类比于我国大陆地区的侦查机关(部门)的侦查人员和检察机关的公诉检察官。

社会公平正义的必然要求,疑罪从无不应该成为司法懒政的挡箭牌。①

第三,疑罪从无原则与合理心证并行不悖。有观点认为,坚持证据裁判、疑罪从无等原则,就意味着"无证据即无事实",所有与定罪量刑有关的实体、程序事实必须有相应的证据加以证实,以刑事推论为代表的心证方法极易被滥用,不应引入司法证明领域,尤其是不能用以证明要件事实。② 笔者对此不能同意。司法过程中,从证据到事实的认识活动要经历一个复杂的心理过程。合理心证虽然不可避免地带有一定的主观性,但其包括经验规则、刑事推论、发展法则、联系法则、因果法则、概率法则等多项内容,在整个刑事证明方法中起到的是辅助作用,需要受到诸多证据规则的制约;运用合理心证的证明方法既可以减少诉讼成本,又可以促进在审判阶段更好地落实直接言词原则,因此合理心证是一种可接受、有价值的司法证明方法。当然,定罪事实、从重处罚的量刑事实确实需要坚持最严格的刑事证明标准,但标准和方法不能混为一谈,对以"三证合一"的方法达到事实清楚、证据确实充分标准的案件,从理论和法律规定两方面看均应作出有罪、罪重的判决;对于"三证合一"的整个证明过程结束后还不能得出明确结论的,方可适用疑罪从无原则。

顺带要说明的是,上述关于疑罪从无等裁判规则以及"三证合一"证明方法的讨论,对于检察机关司法责任制改革背景下公诉行为效果评价标准的重构也具有积极意义。有的部门和人员对于事实认定方面的侦诉不一、诉判不一、存疑无罪判决不能正确看待,忽视了诉讼认识的阶段性和不同司法人员办案经验、技能、方法的差异性,强行要求起诉认定的事实必须与经控辩审三方参与形成的裁判事实完全一致,这实际上是有意无意地贬低了庭审发现事实真相的功能,与以审判为中心的改革趋势不符,应当予以批判并重构公诉行为

---

① 例如,实践中较为常见的非法吸收公众存款罪与集资诈骗罪、骗取贷款罪与贷款诈骗罪等罪名的构成要件有包容关系,行为外观特征相似,最大区别在于有无非法占有目的,但后一点的查证难度较大。如果在侦查、审查起诉之初时就适用"疑罪从无""罪疑唯轻",就相当于轻纵了重罪行为人。

② 相关理论阐述,参见张保生:《推定是证明过程的中断》,《法学研究》2009 年第 5 期。相关判例及其判旨阐释,参见"李刚、李飞贩卖毒品案",载最高人民法院刑事审判第一、二、三、四、五庭主办:《刑事审判参考(总第 97 集)》,法律出版社 2014 年版,第 90—96 页。该判例的撰稿人认为,主观推测和经验法则不能取代证据证明,认定犯罪事实必须始终坚持证据裁判原则。

的效果评价体系。①

(二) 充分发挥"四类人员"出庭效果

质证权是被告人辩护权的核心内容之一,是体现被告人诉讼主体地位的重要标志。② 为促成庭审实质化,帮助法庭查明案件事实,同时考虑到目前诉讼各方认识尚未统一、"四类人员"主动出庭意愿较低的现实条件,笔者认为可从以下三方面改进我们的工作:③

1. 积极推动证人、鉴定人出庭。《刑事诉讼法》以及相关司法解释明确了应当通知证人出庭作证的条件、程序,检察机关应主动作为,维护诉讼法律制度的尊严。笔者主张,对不具有最高人民法院《关于适用〈中华人民共和国刑事诉讼法〉的解释》(以下简称《法院解释》)第二百零六条第一款所列四类情形而又有出庭作证必要的证人,④公诉机关要敢于打破惯例,主动建议法院通知证人出庭。对于具有人民警察、检察人员等国家工作人员身份的侦查人员、鉴定人,要灵活运用协调建议、通知纠正违法、纪律惩戒等多种手段促使其出庭。对经通知拒不出庭的证人,可以建议法院依法强制证人出庭。

2. 建立证人、鉴定人出庭辅导机制。为了促使证人、鉴定人放下心理包袱,冷静应对交叉询问,客观陈述,我们应当尽快建立科学的证人、鉴定人出庭辅导机制。一是会同公安、法院、司法行政机关等有关部门对有可能因公出庭的人员组织轮训,对个案中拟出庭人员进行专门培训,促使他们熟悉审判的事实证据标准、法定程序要求以及回答诘问的技巧,对案件争议、焦点问题做到心中有数、应对有方。二是对参与个案审理的普通公民进行心理疏导和法制

---

① 笔者所在的上海市人民检察院第二分院日前制定的《错案司法责任评鉴工作实施办法(试行)》(沪检二分发研字〔2016〕2 号)第三条第四项关注到了这一问题,规定"因法律认识分歧、法律政策发生变化或其他不能归责于检察官的原因而导致出现本办法第二条规定情形(终审宣告无罪、绝对不起诉、因符合依法不应追究刑事责任情形而撤销案件——笔者注)的",承办检察官不承担司法责任。

② 参见王晓华:《我国刑事被告人质证权研究》,中国政法大学出版社 2014 年版,第 12 页。

③ 以下讨论主要针对证人出庭问题,相关内容大部分可适用于鉴定人、侦查人员出庭。

④ 《法院解释》第二百零六条第一款规定:"证人具有下列情形之一,无法出庭作证的,人民法院可以准许其不出庭:(一)在庭审期间身患严重疾病或者行动极为不便的;(二)居所远离开庭地点且交通极为不便的;(三)身处国外短期无法回国的;(四)有其他客观原因,确实无法出庭的。"

教育,重点解决其耻讼、厌讼情绪和对诉讼法律制度的陌生感问题。

3. 推广侦查询问同步录音录像制度。一般来说,辩方对证人证言提出异议的主要理由一是证言内容本身不实,二是证人作证时受侦查人员不当引导、证言内容可能失真。笔者认为可以借鉴侦查讯问的相关经验,推广建立询问活动同步录音录像制度,为证明询问活动合法性及证言可信度提供有力依据。当然,受现有立法规定、证人配合意愿、司法资源供给等因素限制,询问活动同步录音录像制度在现阶段还不具备全面实施、强制适用的条件,但我们可在以下几类情形中优先适用该制度:刑事被追诉人可能被判处无期徒刑以上刑罚的;证人系未成年人的;证人证言前后不一,公诉检察官自行复核的;案件进入审判程序后,司法机关询问新的证人的。需要说明的是,对询问活动进行同步录音录像并不能从根本上克服证人不出庭带来的弊端,也不能成为证人出庭的法定替代手段,但其对于法庭审查证人出庭必要性和庭前证言可靠性具有积极意义,故仍不失其实践价值。

(三) 强化执法办案亲历性

在"以审判为中心"的背景下,公诉面对错综复杂的国情、世情、案情,应当勇于担当,转变行为模式,突出司法亲历性要求,做到以下三点:

1. 落实司法责任意识。要从认识上树立检察官的办案主体地位、意识,破除公诉是案件"二传手"的懒政思想,以审判的事实证据标准严格审查侦查过程、结果,对于疑点、瑕疵绝不纵容,坚决防止案件带"病"进入下一诉讼环节。

2. 实现亲历办案"全程化"。上海市检察人员分类管理工作基本完成以后,检察官、检察官助理、书记员等不同类别的公诉人员职责有别。[①] 笔者在此要强调的是,检察官是司法办案的核心,在以审判为中心的改革中,检察官的办案职责或曰亲历性要求并不能因人员分类而"分流"甚至"虚化"。为确保案件质量、保证庭审效果,检察官应当在审阅案卷材料、复核重要证据、退回补充侦查、撰写审结报告、草拟法律文书、编制出庭预案等所有庭前工作环节亲力亲为,全程负责。

---

① 参见上海市人民检察院 2015 年 12 月 31 日印发的《上海检察机关落实司法责任制工作细则(试行)》。

3. 提升审核(批)案件工作亲历性。改革以后,不同层级检察机关的检察长(副检察长)、部门负责人、主任检察官(下文统称"上级检察官")与检察官被赋予不同的工作职责、权限。在强调上文所述的检察官办案亲历性的同时,我们还应关注上级检察官在行使案件审核权、决定权时的亲历性问题。笔者的初步设想是,为保证审核意见、决定的正确性,同时为司法责任的界定和追究提供依据,上级检察官在同意重大案件的承办检察官意见,或者否定承办检察官意见之前,应当亲自审查相关事实证据,必要时还应提审犯罪嫌疑人、询问证人,而不应沿用听汇报、做决策的传统审批方式。

(四) 提高公诉办案能力

司法改革不可能一蹴而就,能力培养亦非一日之功。为了更好地适应并推进以审判为中心的诉讼制度改革,我们要在公诉队伍的能力建设方面发挥优势,补齐短板。

1. 提高案件审查能力。要善于在侦查的基础上构建公诉证明体系,熟练掌握不同类型犯罪案件的审查思路,实现司法办案专业化。例如,对于命案、毒品犯罪案件,一般循着"由证到供"的进路,以客观性证据为基础,从案发经过入手,着重审查公安机关锁定犯罪嫌疑人、查获赃证物品的经过以及犯罪嫌疑人到案后的认罪态度以及历次供述内容;对于职务犯罪、经济犯罪案件,一般以"供证结合"的思路为主,从言词证据、与当事人密切相关的客观性证据两方面同时入手,尤其关注通讯记录、银行流水、大额资金去向等客观性证据的收集、鉴定工作,必要时不惜花成本"兜底翻、全面查",全力打造足以应对"零口供"、翻供情形的证明体系。此外,实务中,侦查往往以犯罪构成、法定量刑情节作为取证重点,对案发背景、人物关系、社会反响等问题关注不够。公诉检察官应当依照法律、司法解释的规定,通过补充侦查查明与定罪量刑有关的"外围"事实、情节,充分满足审判需要。例如,办理贪污贿赂案件时不仅要运用证据查明刑法规范确定的要件事实,还应注意收集能够证明行为人具有索贿、滥用职权、导致国家和人民利益受损、事后串供、积极退赃等法定、酌定量刑情节的证据,为法庭全面评估罪行的社会危害性、准确量刑创造条件。

2. 提高公诉人出庭能力。公诉人出庭是一项复杂的系统工作,需要就事实认定、证据采信、法律适用、量刑建议等诸多实体和程序内容进行详细的分析,需要综合运用法学、社会学、逻辑学、心理学等知识展开入理的论辩,极具专业性和挑战性。① 行百里者半九十,在强调审判决定性作用的新形势下,我们应当清醒地认识到起诉并不是办案工作的终结,出席法庭履行指控犯罪、法律监督职责才是真正考验检察机关公诉工作质量和公诉人个人能力的试金石。有明于此,我们应当迎难而上,尽快提升出庭能力,尤其是举证、质证、辩论、突发情况应对能力,让司法公正以一种看得见的方式实现。

(五) 重塑协作、监督、服务关系

以审判为中心的诉讼制度改革是一场自上而下发起的革命性变革,其对刑事司法方式、司法职权配置均会产生深远影响。强化法律监督是确保此项改革取得成功的关键。检察机关公诉部门应当进一步强化对司法职权的监督制约,提供人权司法保障,为改革创造良好环境。

1. 加强对侦查取证的引导。侦查是刑事诉讼的基础性工作。我们要尽快构建由公诉主导的审前格局,提高提前介入的适用率和有效性,重点加强对侦查活动的规范性、合法性的引导工作,对取证不到位或者违法取证的,不因循,不姑息,依法采用排除非法证据、提出检察建议、通知纠正违法等一切有效手段推动公安机关全面收集证据,确保侦查程序和所取证据经得起法律检验。

2. 完善对审判活动的监督。审判是刑事诉讼的核心环节。我们要善于在新形势下探索审判监督的新思路、新方法,根据一定区域、时期内的审判工作情况开展有针对性的监督工作。例如,可以通过召开检法联席会议、发布典型监督案(事)例、开展一类问题专项监督等方式,重点就完善庭前会议制度、强化涉案财物管理、提高庭审突发情况应对能力、加强刑事审限管理等问题进行监督,确保审判在保护诉权、公正裁判方面发挥决定性作用。

3. 构建平等交流的检律关系。一是要在尊重辩护律师独立法律地位的基础上,依法维护其执业权利,充分发挥律师在维护当事人合法权益、预防冤假错案中的重要作用。二是要树立新型的刑事案件"胜诉"观、政绩观,明确控辩双方的胜利不在于打败对方,而应是最大程度地实现打击犯罪、保障人权的

---

① 参见彭东主编:《国家公诉人出庭指南》,法律出版社2013年版,第1页。

价值目标。三是对于辩护律师违规违法执业行为,要视其情节轻重采取当面提醒、通报所在律师事务所及律师协会、建议启动纪律惩戒程序、移送公安机关查处等措施,创造公平有序的法律服务市场环境,维护刑事诉讼秩序。

司法改革语境中基层法院院长的职能定位

夏群佩　　洪海波*

长期以来,基层法院院长的职能定位一直是司法改革的一个重要内容,党的十八大以后,我国法院司法改革进入"四五"期间,改革面临确立主审法官、合议庭的办案责任制,要建立司法员额制度、相对独立的人财物管理体制等新情况,这些改革内容的全面铺开,必然对法院院长的职能定位提出新的要求和课题。笔者试图从观察 W 市法院院长履职情况入手,对司法改革语境下当前基层法院院长职能结构所面临的问题及原因进行分析,并试图探寻基层法院院长职能改革的可能进路。

一、问题:日常履职与司改职能预期的冲突

(一) 基层法院院长日常履职的现实图景

基层法院院长的日常工作十分繁杂,因工作性质的关系,笔者对 W 市法院院长的每周工作作了详细的记录,通过对该记录的分类梳理,力求最大限度还原工作原貌。

1. 基本情况:日常工作描绘

W 市法院院长工作内容主要包括:参加各类会议①;作为市领导接受市里指派的工作②;参加上级法院、市委组织的学习培训;行政事务处理;研究审判

---

*　夏群佩,工作单位:温岭市人民法院党组成员办公室主任;洪海波,工作单位:台州市中级人民法院民二庭助理审判员。

① 含各级党委、人大、政府、政协、政法委及上级法院召开的各类会议和本院会议。

② 参与"五水共治""多城同创",联系镇街道、宗教场所及宗教界人士、重点企业及其法定代表人,兼任村第一支书等,而且党委对院长完成上述工作任务都有质与量的考核要求。

工作①;接待外地法院来院考察;接待当事人等。

通过对 W 市法院院长 23 周(含周一夜及部分周六)工作安排分析,此段工作期间,该院院长参加各类与审判无关的会议 101 次,其中各级党委、人大、政府、政协、政法委召开的会议(包括法院主动要求召开的协调会)63次;参加与审判有关会议 20 次;作为市领导接受市里指派处理工作 22 次;行政事务处理 45 次(不含会议);研究审判工作 15 次(不含会议,个别行政事务与案件协调处理连在一起);接待外地法院来院考察 2 次,接待当事人8 次;参加学习培训 2 次。其中参加各类会议和行政事务处理占绝大部分工作内容。

从参加会议的情况看,参加或者列席各级党委、人大、政府、政协、政法委召开的会议 63 次,占各类会议的 52%;参加各类上级会议 22 次,含业务与非业务,主要为院长会议、工作动员会、先进事迹报告会、党风廉政会议、业务培训会等,占各类会议的 18.2%;本院会议 36 次,占 29.8%,主要为主持召开党组会、院长办公会、院务会。

从处理各类行政事务的情况看,主要集中为处理院内的各项行政事务,包括研究制定院内各项规章制度、院内活动的组织安排,听取部门工作汇报、督促检查工作、各类重要报告、讲话、活动方案的研究讨论等 39 次,占 86.7%。

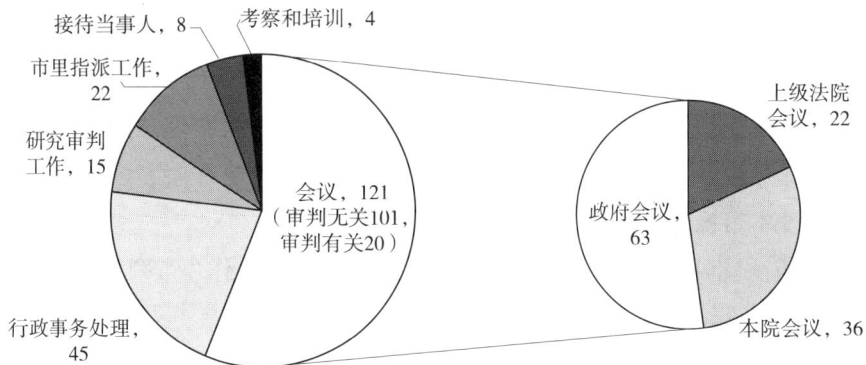

W 市法院院长 23 周工作内容示意图

---

① 含主持召开审委会、听取重大案件汇报、协调重大案件等。

2. 履职现状：职能呈政治、行政、审判"三元"结构

从制度层面来看，我国基层法院院长承担着多重角色以及履行着多元职能。首先，按照人民法院组织法、法官法以及诉讼法等要求，基层法院院长除参加审判委员会处理案件之外，还应参加合议庭或担任独任法官审理案件，在此情形下，其法律地位、功能与普通法官无异。其次，法院司法职能的发挥以及面对日益复杂的现实司法环境，法院审判机制要想有效运转，需要内部各部门之间协调运作，也需要与上级法院及外部单位顺畅沟通，对此，法院院长必须"承担起对审判工作进行宏观管理的职责"，"要在依法监督指导办案的同时，切实承担起管理法官、管理案件的职责"；[①]同时，对于司法行政事务，院长也要履行计划、组织、指挥、协调和控制等管理职能。最后，依照宪法规定，法院院长要及时向当地党委、人大汇报有关情况，实践中还需要做好与政府的沟通工作。综上分析，法院院长的日常工作处于上述三方面工作构成的三元结构之中，该三元结构的工作机制是当前法院院长履职工作的常态，也体现在W市法院院长日常工作中。

（1）审判事务

这里所指的与审判相关的事务包括法院院长对案件审判的管理权和法院院长作为案件审理法官行使案件的审判权。可归入其范畴的主要有：一是主持召开审判委员会，共计4次；二是协调重大审判执行案件，共计3次；二是主持召集业务文件起草会议4次，自己研究2次；四是听取重大案件汇报10次；五是案件庭前准备1件（后未开庭）。

（2）行政事务

从法院实际情况看，司法行政事务范围非常广泛，但其核心工作主要有两个方面：一是优化法院组织内部人、财、物等资源的配置，如人员管理、干部提拔、法官业绩考评、法院经费预算与执行、法庭建设设计、办公自动化、工作场所维护、安全保卫、案卷管理、课题研究等；二是为争取或维护法院集体利益或者法官个人利益而对外进行协调的工作，包括与地方党委、人大、政府、政协、政法委、组织部、财政局、人劳局等单位的关系协调[②]，还有与上级法院之间的

---

① 《最高人民法院关于加强人民法院审判管理工作的若干意见》（2011年）。

② 此处不含政治事务中向党委、人大汇报工作。

事务协调等。在前述梳理的各项工作内容中,可归入其范畴的主要有:一是参加或者主动要求召开的各类会议(主持召开党组会、审委会或参加培训除外),共计有 12 次;二是院内处理各项行政性事务,涵盖法院内部人、财、物的分配和管理等,约计 92 项;三是各类接待,共计有 10 次。

(3)政治事务

宪法确立人民法院依法独立行使审判权的同时,也明确了党委、人大等的监督权,为此,法院不但要积极回应外部监督,还要与外部党政部门、社会公众等互动,以获取法院发展的各种资源和空间。以为经济发展提供司法服务保障为例,最高法院即明确要求,各级法院领导要"深入基层、深入实际、深入农村、深入企业,加强与企业的联系和沟通,及时了解人民群众对司法工作的新要求和新期待","要及时向当地党委、人大汇报有关情况,做好与政府的沟通工作"。① 实践中,基层法院院长接受市里指派,完成"五水共治"②"多城同创"③等任务,也已成为必须具备的政治素质。同样,基层法院院长,还需担负起对全院干警的思想政治、党风廉政等工作,包括召开党组中心组学习会、党风廉政会议等。在前述梳理的各项工作内容中,可归入其范畴的主要有:一是参加各类会议,包括参加市委常委会会议、中心组学习会、上级法院先进事迹报告会、组织本院干警政治学习等,共计 62 次;二是接受市里指派处理相关工作,共计 22 次。

从上述分析,我们可以看出,当前基层法院院长工作内容中,各类行政、政治事务所占比重较大,主要以管理、协调各种事务为主要内容。上述实证分析及相关资料显示④,当前法院院长在承担的多元角色中,审判职能的角色强调不多(如下图所示,不管是从履职内容还是从履职重要性角度来看,审判职能均处于三元职能结构的底端)。

---

① 《最高人民法院关于为加快经济发展方式转变提供司法保障和服务的若干意见》(2010年)。

② 浙江省委十三届四次全会提出,要以治污水、防洪水、排涝水、保供水、抓节水为突破口倒逼转型升级。

③ 是指创建"全国文明城市""国家卫生城市""国家森林城市""国家环保模范城市"和"国家园林城市"。

④ 左为民在《中国法院院长角色的实证研究》中,罗燕飞在《司法改革背景下基层法院院长职能相关问题研究》中,都有基层法院院长职能行使的实证分析。

从履职内容角度　　　　　　　　　从履职重要性角度

行政职能　　　　　　　　　　　政治职能

政治职能　　　　　　　　　　　行政职能

审判职能　　　　　　　　　　　审判职能

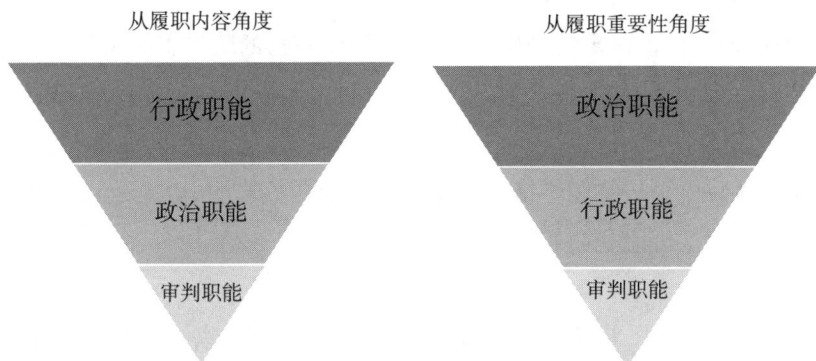

（二）司法改革对基层法院院长的职能调整

随着中共十八届三中全会和十八届四中全会的顺利召开,司法改革成为公众关注的新焦点,深入贯彻落实有关深化司法体制改革的决定是推动法治中国建设的必然要求。这其中,最受关注的是法院和法官,最被煎熬的也是法院和法官。法院人无一例外地在思考这一与自身密切相关的课题,基层法院院长也在其中。

本轮司法体制改革,去行政化、去地方化、员额制改革是改革的主要任务。改革去行政化是指改变院长对案件的审批权,案件由审判法官作出判决。从本轮试点法院的司法体制改革信息反馈中,我们可以看到一个普遍的亮点是取消了院长、庭长对案件的审批权,彻底地解决了审判权运作中的行政化审批问题。为了实现改革的去地方化目标,最高院公布的司法改革试点方案中确定了审判权属中央事权的范畴,法院人财物的管理由省级部门统筹等制度创新安排,从改革试点地区透露出的信息可以判定,基层法院院长将成为省管干部,省管干部最低都是正处级领导,较之目前普遍的副处级明显高抬,这也算是为去地方化作的政治上的一种努力。同时,根据以员额制为中心的审判权运行机制改革的要求,审判权会逐步转由主审法官所行使,加上法官助理、行政职员等人员分类管理,法院院长审判权运用的方式和空间都需要重新定义。另外,由于每个基层法院与地方党委、人大、政府、政协及各个部门有着千丝万缕的联系,司法改革虽以去地方化为目标但也不可能直接斩断这些关系,在新一轮司法改革的大潮中,政治权力和行政权将以何种方式体现出来才能适应新常态下的司法运行,这也值得认真研究。

因此,面对司法改革的预设目标,基层法院院长的政治职能履职方式应当予以调整,行政职能的履职内容应予以缩减,审判职能的履职内容应予以突出。这种职能结构的深层次调整,从表面看是基于司法改革的文件要求,而实质上是对法院院长传统职能结构反思后的一个制度转身,也是建设现代法治国家进程中对法院院长履职结构的基本要求。

二、缘由:制度结构缺陷与实践运行偏离的双重诱因

(一) 制度层面:法院管理制度的行政化从属性决定院长"三元"职能结构

一个国家法院系统的职责是完成国家赋予它的司法审判职能,这一点已是常识。但是,这通常只是从政治学或宪法的角度对法院功能所作的规范性分析和规定,是对法院的概念性阐释。① 但在我国现实的体制运转中,法院是由人(法官、综合部门人员以及其他辅助人员)组成,有财政预算和支出,还必然有审判管理和其他行政管理的工作,因此,总是会有法院内部的行政管理事务。同时,法院完成政治职能也有制度上的要求。

1. 从审判制度来看,我国的各级法院均由院长一人,副院长、庭长、副庭长和审判员若干人组成。对于院长作为法官在审判职责上的差别,法律并没有作出区分。相反,依据《法官法》第六条,似乎在审判上院长同其他审判员是一样的,其首先是法官,必须履行法官的职责。依据《法院组织法》,法院内部还设有一个集体领导审判工作的专门机构,即审判委员会,对重大、复杂、疑难案件进行讨论和作出决定。依据上述制度安排,我们可以看出,在制度层面,很难说法院院长在审判上具有比一般的审判员具有更大的法定的司法权威,就司法审判而言,他们都只是法官,在审判上是平等的②。

---

① 参见苏力:《论法院的审判职能与行政管理》,《中外法学》1999 年第 5 期。

② 这一点在关于审判委员会制度的法律规定中也有体现。参见《法院组织法》第三十八条,审判委员会"实行民主集中制",而不是实行如同检察委员会实行"首长负责制"。参见《最高人民法院关于审理刑事案件程序的具体规定》(1994)第 87 条,"审判委员会的决定,必须获得半数以上的委员同意方能通过。"

2. 从行政制度来看,法院系统要处理的行政事务要比域外法院复杂得多,也繁重得多。依据法律,院长不仅要承担许多与审判有关的行政管理工作,还必须承担与法院审判工作并无直接联系的诸如监察、基建等行政管理工作。此外,还有一些虽无明文规定,但是由于现行制度设置势必要由或者事实上一直由院长承担的大量的行政管理工作。例如,各业务庭庭长、副庭长,各人民法庭的庭长、副庭长,机关综合部门负责人的任免、调配,法官职称评定等。至于其他非正式的行政性的、事务性的工作就更多了,例如各种评比、检查等,都给法院增加了许多行政管理事务。

3. 从政治制度来看,司法的运行离不开大的政治环境,也离不开我们身处的社会,"在相当多的国家,法院在事实上成为强有力的政治机构,法院作为政治机构的角色和意义也渐为理解"①。我国基层法院院长的产生受到上级党委、上级法院、本级党委的影响,由人大选举产生。因此,法院院长在政治方面的主要工作:首先推动政党的政策落到实处,如法院的司法实践中倡导的"司法和谐""司法为民"等工作,都由党的相关制度文件作相应要求;其次代表法院与法院外的党委、政府、人大等部门进行有效的"配合"或"沟通",从前文 W 市法院院长的履职情况来看,法院院长的很多工作都是围绕这种政治目标开展,如参与"五水共治"、"多城同创"、联系镇街道等。

从制度的设计上看,法院院长的"二元"职能匹配上述三个层面的制度,契合了我国特有政治制度,符合国家管理中行政事务急剧增多的历史背景,体现我国当前政治制度特点在法院系统的贯彻,是法院职能运作逻辑形成的基本框架,但对三个层面制度之间的边界如何区分,鲜有提及。

(二) 实践层面:"三元"职能运行缺陷亟须重新定位基层法院院长职能

制度设计的效果终究要观察制度运作的结果有没有达成制度设计的预设目标,就法院的制度运行逻辑来看,法院院长"三元"职能的履职效果,终究要以落实到"支撑法院实现其审判职能"为最终目标。但是,这三套制度既然附着于同一机构中,在一个相互交叉的制度空间中运作,那么其运行逻辑就有可

---

① 张友连:《论最高人民法院公巧政策创制的形式及选择》,《法律科学(西北政法大学学报)》2010 年第 1 期。

能混淆,最终影响院长履职目标的实现。首先,审判制度与行政制度经常被完全混同,甚至其主次位置在相当大程度上已经被颠倒过来。法院组织法所规定的审判制度融入了法院内部的行政管理体制,变成法院行政管理制度的一个有机部分。并且,在这一制度变形的过程中,实际上形成了一系列尽管是非正式的、然而实际上很有影响的审判体制,并造成正式的审判体制的制度变形和功能失效。笔者在前述统计中也有发现,个别审判事务混在行政事务中已难以完全区分。其次,政治制度的运行逻辑也在一定程度上影响了审判的独立。例如,在处理与人大的政治关系中,法院对人大负责,受人大的监督是一基本原则。然而,由于现在人大对法院的法律监督缺乏可操作性,人大对法院的监督更多地体现在个案监督上,这导致了法院院长为了迎合党委或者上级法院的意见而作出某种妥协,法院院长会像政治家一样经营着自己的职权,维护自己地位的稳定,这在一定程度上弱化了法院院长的中立者色彩,加深了政治性色彩。而且,在现行的司法体制下,我国的司法机关必须服从地方政府的统一安排,以此来获得地方财政的支持,保证法院的正常运转,这在一定程度上会弱化其审判职能,使其中立者的角色被稀释,会在一定程度上强化司法的行政化。

通过上述分析,我们可以看出法院院长的"三元"职能在行使过程中错综复杂,各类职权交叉行使,同时法院院长的职权行使考虑颇多的因素。如果从法院院长的视角,通过法院院长多样化的职权,我们可以看出这是影响法院独立行使审判职能的因素,也是法院内部司法行政化的诱因之一,会影响到法官独立审判,损害司法的权威,进而影响了司法的独立[1]。因此,在司法改革的语境中,有必要对基层法院院长的职能重新予以定位。

三、进路:域外制度借鉴与本土制度平衡的双重路径

(一)域外经验:相关制度及启示

通过对国外大陆法系和英美法系的法院制度分析,我们大致可以得出这样的结论,就是现代国家对法院院长的定位首先在于其审判职能的发挥,也就

---

① 参见左卫民:《中国法院院长角色的实证研究》,《中国法学》2014年第1期。

是说,法院院长首先应该是一位法律人,如在德国,虽然院长职位出现空缺时任何法官都可以申请,但多数情况下申请人多数都是资深法官;①英国一般至少具有多年的法律工作经验才能被考虑任命到法院的法官职位,这样一种任用机制确保了法院院长通常都具有相当的法律职业素养。② 正是考虑到法院院长法律人的职责,使得院长通常从资深法律人中选任,确保法院院长能有效履行法律赋予法院的审判职能。其次,在现实中,由于法院是各类人的一个聚合体,同时根据不同的制度安排,法院也由多个部门组成并承担除审判以外的其他事务,这些审判以外的职能或是主持对案件的讨论、分配司法意见的撰写等与审判活动密切相关的管理活动,或是对法院内部人、财、物资源的综合调度等更为纯粹的司法行政事务。因此,法院院长的行政管理能力是各国选任法院院长的一个重要参考因素,法院院长在法院扮演管理者的角色,他是一个法院高效运转的有力保障。最后,法院院长也应是一名能出色处理各种外部关系的政治活动者,是一位政治家。如在德国,虽然任何法官都可以申请院长职务,但要做院长,除了是一位优秀的法官之外,接人待物的经验也非常重要③;在美国,首席大法官作为联邦法院系统的行政首脑,要负责向国会提供关于司法会议工作的年度报告并提供立法建议,必要时,首席大法官还会与总统和司法部长协商某一新任大法官人选,或者就法院预算向立法部门游说。④这些职能其实已经算是政治家活动的领域。

从以上介绍不难看出,域外现代国家的法院院长在履职过程中并非仅履行审判职能,其职能基本也是三元结构,只是从职能顺序上来说,其作为法律人的职能排在首位,三元结构呈"法律人—管理者—政治家"的体系。

(二) 改革构想:探寻制度设计的平衡点

无论是从我国基层法院的制度现实或是基层法院院长的日常履职来看,

---

①　参见傅德:《德国的司法职业与司法独立》,载宋兵编:《程序、正义与现代化——外国法学家在华演讲录》,中国政法大学出版社 1998 年版,第 40 页。

②　参见最高人民法院中国应用法学研究所编:《美英德法四国司法制度概况》,韩苏琳编译,人民法院出版社 2008 年版,第 217 页。

③　参见傅德:《德国的司法职业与司法独立》,载宋兵编:《程序、正义与现代化——外国法学家在华演讲录》,中国政法大学出版社 1998 年版,第 37—40 页。

④　参见[美]亨利·J.亚伯拉罕:《司法的过程》,泮伟江等译,北京大学出版社 2009 年版,第 32 页。

基层法院院长的"三元"职能结构呈"政治家—管理者—法律人"的体系,而且法律人角色处于末端,且并未特别重视。而当前我国进行的"四五"司法改革,明确要求健全审判权力运行机制,让审理者裁判,由裁判者负责,在这一原则下,院长也要参与办案,同时,院长在审判委员会的权利得以保留,这使得院长作为法律人的地位得以凸显,这势必要求基层法院院长在履职过程中作为法律人的职能应予加强。但问题是,从目标来看,司法改革要求减少因体制不顺给各级法院带来的繁杂行政性事务,但从改革的现实来看,基层法院面临的行政性事务并没有分离或减少。所以,上述改革目标不大可能在短期内实现,法院的行政事务不可能在短期内急剧削减,更不可能完全消除。而法院所要发挥的政治性功能也不可能消除,因此,在可预见的长时期内,基层法院院长履职的"三元"结构是我们定位法院院长职能必须长期面临的现实问题。但是,从上述分析可以看出,在司法改革的语境中,先前法院院长职能"政治家—管理者—法律人"的三元结构定位在司法改革的语境中显然已不合时宜。

我国的司法体系内生于有特色的社会主义制度体系,任何制度的设计和安排都不可以脱离这个制度环境,同样,我们讨论法院院长的职能结构体系,也应在这个制度前提中予以解决,更何况,我国法院在长期的职能分工基础上已经形成其自身的制度逻辑和现代的司法职业传统,其制度逻辑有其自身运行的惯性,任何抱有毕其功于一役想法的改革目的均是不现实的。因此,笔者认为,基层法院院长的职能体系结构,也应顺应这种传统和理想交织的现实制度环境,从中探寻制度设计的平衡点。基于司法改革语境中法院院长"三元"职能结构的均衡目标,笔者对法院院长的职能架构示意如下:

政　治　职　能

审判职能　　　行政职能

笔者认为,这样复合二元结构体系的安排可能更适合当前司法改革的目标预期。

四、重构：司改语境中复合二元职能结构的制度构建

为消除政治权力和行政权力可能对审判权造成的侵蚀，也为了防止法院院长因过于关注一种职能而对其他职能的履行的忽视，确保复合二元职能结构有效运行，相应的制度配套可作如下尝试。

（一）建立法院新型的外部组织关系

司法体制改革的一个重要目标就是去除党政机关对司法审判权的干预，明确了审判权属中央事权的属性，也确定了法院的人事、编制及经费由省级统管。这一改革方向为法院减少参与地方党政机关的政治性活动提供了制度上的保障，也为法院院长减少政治性工作提供了契机。从制度层面而言，这需要改进法院与外部关系，为此，改进法院与党委、政府及人大的关系，是法院院长职能结构调整的基础性工作。一是要改进法院与党委的关系。按照我国的政治体制架构，党委按照政治领导、思想领导、组织领导的原则对法院实施领导，法院审理具体案件只能服从法律而不听从某个机构或官员的指示。因此，基层法院院长的政治职能应定位于党的方针、政策的依法贯彻，尽量减少运动式的政治性活动对法院的影响，保障审判权运行的相对独立。如参与"五水共治"、"三改一拆"、担任村书记等都应该取消。二是要改进法院与政府的关系。首先要解决法院与同级行政机关的级别差别问题，该问题是造成法院实质上沦为地方行政体系中一部门的重要原因，如地方法院院长与政府的负责人一并进入常委，减少地方政府对法院控制，避免法院整体受制于地方行政机关；其次要从制度上解决法院在人财物上对行政机关的依赖，建立省级统管机制不失为一种有益的探索。三是要改进法院与人大的关系。借助省级统管基层法院的改革契机，对基层法院接受人大监督，向人大报告的制度模式进行调整。例如基层法院的工作报告可以由高级法院院长代表向省级人大报告工作，接受省级人大代表的审议、质询；经省级人大授权，各级人大对对应的人民法院工作进行监督，提出意见、建议。

（二）重构法院内部机构人员的职责与分工

党的十八届四中全会要求："完善主审法官、合议庭办案责任制，让审判者裁判、由裁判者负责"。同时，中央决定首次提出"让审判者裁判、由裁判者负责"的司法权运行原则，体现了对司法规律的尊重以及打破我国司法积弊的决心。改变法院内部的司法行政化问题，要通过合理配置和规划法院内部的司法权和行政管理权，阻隔行政性力量对司法审判的影响，弱化法院院长的行政性干预，保证审判活动的独立运行①。

1. 强化司法责任制，弱化责任追究的连带制度。在我国，如果法官枉法裁判，那么法院院长往往会受牵连，这一制度设计本身是一种偏行政化的首长负责制，势必将强化法院院长对审判案件的干预，也会导致法院内部管理体制中的行政化色彩加强，使法院院长对法官的监督、控制能力加强。建立和完善司法责任制可以有效界清审判权、审判管理权、审判监督权之间的界限，使得三种权力各自在自己的边界内运行，承担各自应该承担的责任，消除权力为防范责任追究而越界行使的冲动。

2. 重新规划法院内部机构。将法院按其工作属性划分三个部门：审判业务部门、思想政治部门、行政管理部门。如可将目前各法院的政治处、监察室、研究室（办公室）等予以整合归属于思想政治部门，行装科、法警队等整合归属于行政管理部门。并限制两个部门对审判业务部门的干预，逐渐改变法院内部综合事务管理部门不断膨胀的现状，尤其是让行政管理部门独立运行，强化其对审判活动的服务意识，保证它们只负责法院内部的正常运转和后勤保障，而不再插手法院的审判活动。

3. 重新划定院长与其他副院长的职责分工。设两名专门的行政副院长（或者副书记）分别负责思想政治、行政管理部门，承担前文所述的部分院长职责，如参加各类与审判无关的会议、接受市里指派的工作、行政事务处理、接待外地法院来院考察、接待当事人等，同时承担原本副院长处理的政治性或者行政性工作。法院院长作为本院的首席法官，承担审判职责，主管审判业务部门；作为党组书记需承担选人用人及落实党风廉政责任；作为"一把手"要协

---

① 参见龙宗智、袁坚：《深化改革背景下对司法行政化的遏制》，《法学研究》2014年第1期。

调内部各类关系,如遇内部分工不明或分工有冲突时,负责召开会议协调解决等。对外行政性事务协调一般都由专门副院长处理,考虑到目前政治生态环境,院长出面协调比副院长有"面子",一方面建议修改《人民法院组织法》,拔高行政副院长的地位,将行政副院长产生方式同于院长,并解决相应的职级待遇;另一方面规定院长协调的特殊情形。

4.突出院长的审判职能。一要建立院长办案制度。院长作为"入额"法官直接编入审判庭,或是组成委员合议庭,专门审理重大、疑难、复杂、新类型案件,并对其办案数量作出要求。二要明确院长的审判管理职责。首先,要明确职责范围。从总体上看应当强化院长对审判流程和程序管理,淡化实体性管理。如依照法律规定的权限和程序,对案件审理执行中遇到的回避、采取强制措施、延长审限等程序事项作出决定;依法对生效案件实行监督;主持召开审判委员会;提出统一法律适用与裁判尺度、改进审判执行工作的建议;合理配置审判资源,优化内部审判流程措施;根据法官法的规定,主持法官业绩考评工作等。其次,规范行使方式。院长审判管理权的行使应当有相应的制度保障与约束,讨论和决策的各个环节应当有客观记录和完整保存①。在方式上主要采用合议方式,如通过主持召开审判委员会,统一裁判尺度;通过审判管理职能部门,对案件流程实施管理,并作出相应的司法决策。

(三) 完善院长职权行使监督体系

在我国,完善司法监督体系特别是完善法院院长的职权行使的监督尤为重要,因为法院院长的复合二元职能结构在现实中很可能造成职能行使的越界,如果对其职能行使缺乏必要的监督,就可能出现权力的不当行使,由此引发权力滥用的情况。

1.建立案件监督留痕制度。《人民法院第四个五年改革纲要》,对法院院长监督体制改革提出了要求,法院院长在司法改革的推进过程中,应积极落实和规范法院院长担任合议庭审判长审理案件的要求、规范法院院长对一些重大、疑难、复杂案件的监督机制、保证院长在监督案件活动中形成的全部文书入卷存档、建立院长行使监督权的全程留痕监督机制,确保监督不缺位、监督

---

① 参见击罗洪:《地方法院院长的审判管理职责》,《人民司法》2015年第3期。

不越位、监督必留痕、失职必担责。

2. 建立法官职业惩戒制度。改变以往院长可以直接对法官惩戒的管理机制,建立一套既能对法官违纪行为及时进行惩戒,又能保证法官独立公正办案的职业惩戒制度。建立以办案质量终身负责制和错案倒查问责制为核心内容的执法过错责任追究制度,通过科学确定追责主体、追责范围、追责方式及免责条件,实现职业惩戒与职业保障的统一平衡。

总之,对法院院长履职的监督体系,应围绕确保审判权独立运行的目标予以构建,只有这样,才能一方面限定法院院长的履职界限,另一方面能确保司法改革审判权独立运行预设目标的达成。

未入额法官的"协助办案"模式研究

——以职能权责界定下的审判资源整合为视角

张　振[*]

一、问题的提出:基于 Z 省法官员额制 试点改革的实证分析

（一）实践样本:员额制改革下法官的重组与分流

自 2015 年浙江省推进司法体制改革试点方案以来,全省首批 11 家试点法院进行了法官员额制改革,各法院首批入额人员分别如下:嘉兴中院(35名)、萧山法院(64 名)、江北法院(26 名)、瑞安法院(66 名)、文成法院(18名)、海盐法院(26 名)、新昌法院(31 名)、浦江法院(37 名)、江山法院(34名)、椒江法院(37 名)、仙居法院(29 名)。在上述 11 家试点法院中,本文选取各法院公布的统计数据①,以员额法官职务构成比例、人均办案数、审判团队组建模式为样本,进行实证分析:

1. 关于现有审判资源的分布状况

按照司法改革核定的全省法官员额占政法编制 39%左右的比例要求,避免"一步到位"用尽员额,各法院根据各自的员额核定,在首批入额后,都预留了 5%以上的员额空间。

在首批入额的员额法官中,以是否担任领导职务为区分,将员额法官分为

＊　张振,工作单位:温岭市人民法院。

①　数据主要来源于各法院《2015 年度年度工作报告》《试点工作调研报告》等。

院庭长法官和普通法官。以瑞安法院为例①，该院 47 名员额法官的职务构成比例为：

瑞安法院 47 名员额法官构成情况统计

	员额比例	员额编制	已入额数	预留比例
嘉兴中院	33.2%	48 人	35 人	9%
萧山法院	43%	90 人	64 人	12%
江北法院	35%	34 人	26 人	8%
瑞安法院	43%	81 人	66 人	8%
海盐法院	40%	38 人	26 人	12%
江山法院	37%	44 人	34 人	5%
椒江法院	39%	48 人	37 人	9%
仙居法院	36%	38 人	29 人	8%

2. 关于员额法官的办案压力

试点法院员额法官办案情况统计

	2015 年结案数	员额法官数	2015 年人均办案量	员额法官人均办案量	改革前后同比上升
嘉兴中院	3961 件	35 人	/	113 件	/
萧山法院	40214 件	64 人	481 件	628 件	31%
江北法院	6668 件	26 人	/	257 件	/
瑞安法院	16204 件	66 人	/	246 件	/
海盐法院	9844 件	26 人	288 件	379 件	32%
江山法院	10190 件	34 人	217 件	300 件	38%
椒江法院	15140 件	37 人	261 件	409 件	57%
仙居法院	8047 件	29 人	212 件	278 件	31%

　　根据 11 家试点法院公布的部分数据统计，本文选取其中 8 家，对员额法官的办案压力（人均办案量：2015 年全院结案数/员额法官数）进行分析。员

---

① 参见瑞安市人民法院课题组：《关于瑞安法院审判权运行机制改革试点工作的调研报告》，《浙江省法院调研》2015 年第 1 期。

额制改革后,在不考虑案件逐年大量递增的情况下,该8家法院员额法官的人均办案量高于600件的有1家,高于或接近400件的有2家,高于或接近300件的有2家,高于或接近250件的有2家,嘉兴中院作为唯一的中级法院,因其案件相比基层法院更为复杂,不能简单以办案数来衡量;相比于员额制改革前,各法院人均办案量同比上升均超过30%,其中椒江法院接近60%。

3. 关于审判团队组建模式

在审判团队组建中,除了顶层设计①倡导的"1个法官+1个法官助理+1个书记员"模式,11家试点法院结合各自实际,组建了多元化的审判团队。以椒江法院为例,以员额法官为核心,将未入额法官、法官助理和书记员编入审判团队,建立"1+1""N+1""1+1+1"三种配置模式,三者的比例为23∶11∶3。

(二)数据分析及问题检视:审判资源未能有效整合

法官员额制改革作为新一轮司法体制改革中完善法院人员分类管理、优化审判资源配置的重要突破口,其核心价值在于推进精英化、专业化、职业化的法官队伍建设。通过员额遴选,上述11家试点法院进入员额的法官,在很大层面上代表着现有法官群体中的"精英力量",但该重组与分流是否必然已让现有的审判资源达到最优化配置,则需进一步分析与检视:

1. 法官员额制与"案多人少"的矛盾

随着法院受理案件数的逐年高攀,"案多人少"的局面已成为我国大部分尤其是东部沿海发达地区法院的困扰,以浙江法院为例,长期以来以不到全国法院1/30的编制数,完成近1/14的案件数。从上文员额法官人均办案量的统计可以得知,在员额制改革后,试点法院员额法官的办案量呈大幅度的上升,其中人均办案量以萧山法院的628件/人最为严峻,同比上升以椒江法院的57%最为明显。虽然与员额制改革相配套的,是要大量增加审判辅助人员的数量,减少法官事务性工作负担,提高审判效率,但面对人均办案数呈30%以上,甚至是60%的增长,且在院庭长法官占据一部分比例需要将办案数进行折算的情况下,怎样配备审判辅助人员都难以保证能有效缓解"案多人少"

---

① 《浙江省司法体制改革试点法院工作人员分类管理办法》第八条规定:"探索建立1个法官+1个法官助理+1个书记员的审判管理模式。"

的矛盾,也无法保证较高的办案质量,而"让审理者裁判、由裁判者负责"的司法责任制只会单方面加重裁判者的负担,与现有的职业保障机制更加不对称。

在省以下法院人事统管改革取得实质性成效之前,受地方法院财政经费不足和不均匀的影响,全省统一购买社会化服务的司法雇员制度①难以得到建立和推广,目前面临的审判辅助人员人数缺口在短期内也难以得到补足。从椒江法院审判团队模式的构成中也可看出,审判辅助人员尤其是书记员的配备严重不足,在该院"1+1""N+1""1+1+1"三种配置模式中,顶层设计倡导的"1+1+1"模式只占到3/37,现有审判团队的组建更多只是根据现有人员的重新拆散与组合,且无论"1+1""N+1"中后面的"1"为法官助理还是书记员,审判辅助人员分担事务性工作的能力相较于改革前均无法得到实质性改变,审判团队的办案效率也不可能得到大幅度提高,"案多人少"的矛盾依旧无法得到解决。

2. 继续作为:未入额法官缓解"案多人少"需求的现实考量

单从上文统计数据分析,导致目前法院"案多人少"状况不能有效缓解甚至加剧的主要原因,在于员额法官数量相较于改革前法官数量的大幅减少,尤其是在审判辅助人员人数缺口短期内难以补足的情况下,未入额法官在员额制改革中能够发挥的作用对于这一轮司法改革的成败就显得尤为重要。

从职能权责以及审判资源优化配置的角度来看,未入额法官在员额制改革前从事的是核心审判工作,其中不乏已长期从事审判岗位多年且具备较为丰富审判工作经验的审判员,以及在目前法院工作中一部分实际上已承担办案主力的助理审判员,而员额制改革后的法官助理从事的则是审判辅助工作,若将未入额法官完全从核心审判工作中剥离出来去从事事务性的辅助工作,难免会造成审判资源的浪费,更谈不上资源的优化配置,且显而易见的是只会加剧"案多人少"的矛盾。员额制改革的思路不是先划定审判权运行权限,再将不同权限的人员予以安置在权限相匹配的岗位,而是应当先要区分不同人员的审判能力,再将不同能力的人放置在与其能力相匹配的岗位,做到"各司其职、各司其能",既让其从事与其能力相适应的职责,又让其发挥与其职责

---

① 《浙江省司法体制改革试点法院工作人员分类管理办法》第十八条规定:"法官助理和书记员可以由事业编制人员担任,并建立全省统一购买社会化服务的司法雇员制度,解决审判辅助人员不足的问题。"

相匹配的能力,从而达到审判资源优化配置的目的。

在目前司改顶层设计和地方实践尚未有效探索出未入额法官从事审判工作职能权责并予以清晰界定的情况下,未入额法官更多游离于员额制改革之外。参照于日本的"判事补"、我国台湾地区的"候补(试署)法官"制度,我国也可以未入额法官为基础,建立类似候补或限权法官的职位,赋予其一定的审判权限,在缓解审判压力的同时,也建立起了员额法官的养成机制。

二、协助办案:未入额法官降格后的角色定位

最高人民法院于 2014 年发布的《人民法院第四个五年改革纲要(2014—2018)》,明确了要建立以服务审判工作为重心的机构设置模式和人员配置方式,通过推进法院人员分类管理制度改革,将法院人员分为法官、审判辅助人员和司法行政人员,实行分类管理。对于原先具备审判资格的未入额法官,在推进员额制改革后,应当定位于何种角色?

(一)立法考量:未入额法官"协助办案"的法理分析

对于未进入员额制的法官,司改顶层设计规定了 5 年左右的过渡期,过渡期内,原有人员保留法律职务和待遇,过渡期后,该部分人员何去何从,现今设计并没有作出具体详细的规定,视改革的推进状况另行安排。

根据 2017 年《法官法》[①]规定,法官包括审判员和助理审判员,所有的法官都"非因法定事由、非经法定程序,不被免职、降职、辞退或者处分"[②]。法官员额制改革后,若将原本具有独立审判权的未入额法官"一刀切"降格为审判辅助人员中的法官助理,则违反了法律规定,且即便是修改了《法官法》,根据法不溯及既往的原则,将未入额法官任命为法官助理也是不妥的。同时,从现行法的定义上来看,未入额法官(包括审判员、助理审判员)在员额制改革前

①　2017 年《中华人民共和国法官法》第二条规定:"法官是依法行使国家审判权的审判人员,包括最高人民法院、地方各级人民法院和军事法院等专门人民法院的院长、副院长、审判委员会委员、庭长、副庭长、审判员和助理审判员。"

②　2017 年《中华人民共和国法官法》第八条第一款第三项规定,法官享有下列权利:非因法定事由、非经法定程序,不被免职、降职、辞退或者处分。

的身份是"审判员",具备法官资格,即使"助理审判员"中的"助理"也是修饰审判员的定语;而法官助理在员额制改革前后的身份均为助理,"法官助理"中的"法官"是修饰助理的定语,两者在身份定义上具有本质区别。

根据《人民法院组织法》的规定,审判员由各级人大进行任免,而助理审判员则由本院院长提出,经审判委员会通过,可以临时代行审判员职务。因而在法官的人员构成中,对于审判员和助理审判员在员额制改革中的降格应予以区分:(1)从任免上看,助理审判员只是"临时"代行审判员职务,协助审判员进行工作,该"临时"赋予的职务可予以收回,故在推行员额制改革后,对于未进入员额的助理审判员,其因未取得员额法官资格,在立法上对其进行降格或限权具有正当性;(2)对于未入额的审判员,因其已经由人大任免行使审判职务,对其再进行降格存在立法上的障碍,但在5年过渡期结束后,也只会存在"极个别"未入额的情况,该部分人员可通过转岗等措施予以安排,故在本文中不予以详细阐述。

综上,司改顶层设计给予的5年过渡期,让地方司改实践探索未入额法官的办案模式有了更多的可能性,尤其是在法律对其权限和职责范围进行重新定位之前,未进入员额的审判员、助理审判员,应区别于审判辅助人员,在保留法律职务和待遇的基础上,对其进行"限权",协助员额法官继续办案的思路应当予以明确。

(二)协助办案:未入额法官的职责权能界定

在我国台湾地区,法院对于人员分类管理较为精细和详尽,其职位设置包括法官、法官助理、书记官等在内的职位30余种。① 我国员额制改革推进后,在今后一段时间内,关于人员分类管理以及职责权能的界定也必然会成为顶层设计和地方司法实践进行探索的重点课题。本文试从审判事务区分的角度,对未入额法官协助办案模式下的职责权能予以探讨。

1. 审判环节流程分类

以民商事审判流程为例,一个完整的审理环节大致分为:庭前阅卷—诉讼

---

① 参见薛永慧:《从台湾法官与司法辅助人员的关系看大陆法官员额制改革》,《台湾研究集刊》2015年第6期。

保全—送达—庭前调查—庭前调解—开庭审理—案件定案—裁判文书制作—归档结案等环节,而其中以审判权的核心要素(判断与裁量)作为切入点,可以分为核心审判工作与辅助审判工作:(1)核心审判工作包括事实认定、法律适用和司法裁判,例如上述审理环节中的庭前调解、开庭审理、案件定案、裁判文书制作四个阶段,必须由法官亲自完成;(2)辅助审判工作又可分为审判技术性工作、审判事务性工作,前者包括庭前阅卷、诉讼保全、庭前调查,由法官助理完成,后者包括送达、归档结案,由书记员完成。

2. 未入额法官的职责界定

5年过渡期内,未入额法官在"限权"的基础上可继续保留现有法律职务:独任审理简易程序案件或担任普通程序的合议庭成员,不得担任审判长,无裁判文书签发的权力。在审判事务的分工上,可从事庭前调解、开庭审理、案件定案、裁判文书制作四个阶段的核心审判工作,同时因其未进入员额编制,辅助审判工作中的审判技术性工作也应由其完成,而对于审判事务性工作可由书记员完成。

5年过渡期后,按照顶层设计的分期分批入额原则,部分原先已进入员额的法官会经考核退出机制完成优胜劣汰退出员额,而原先未入额的优秀人员经遴选也会进入员额,员额制法官的构成也趋于稳定。同时,经过5年的过渡期,审判辅助人员的分类定岗基本完成,审判团队的工作模式逐渐完善,审判资源配置得到比较合理的优化。在此情形下,还未入额的法官在审判能力方面或多或少存在着不足,已难以满足法官精英化、职业化、专业化的要求,故该部分人员可通过转岗措施予以安排,继续留任的可通过员额法官的养成机制予以入额,在入额前,可对其审判权限进行进一步"限权",比如不能从事开庭审理、案件定案、裁判文书制作的工作,但可负责庭前调解工作(由法官助理主持调解存在权源缺乏的问题)。

三、如何协助办案:契合当前法院
现状与司法改革走向

我国不同地区、不同层级法院的差异化特性,决定了在全国范围内无法套用同一种无差异化的改革模式,同时,基于平衡改革顶层设计自上而下带来的变动性与法院工作的稳定性之间的矛盾，司法改革走向理应契合地方司法实践，让改革更贴近而非更远离司法规律。

（一）审判资源整合：过渡期内未入额法官的协助办案模式

在法官员额制改革中，已经达成的共识是要打破法院现有的庭室结构，组建以员额法官为核心的审判团队，从而有效实现审判组织扁平化、提升审判质效和落实司法责任制的目标。在审判团队组建中，除了积极探索顶层设计倡导的"1 个法官+1 个法官助理+1 个书记员"模式，各地法院也应区分高级法院、中级法院、基层法院，甚至是一个法院不同部门间的工作属性，结合各自实际，科学组建多元化、专业化、特色化的审判团队，并界定团队成员的职责分工，细化工作流程、任务和标准：

1. 理想模式："1 个法官+1 个法官助理+1 个书记员"

员额制改革前，一线办案的法官除了核心审判事务外，还要承担着大量辅助的事务性工作。尤其是考虑到现如今法院信息化建设推进中的大量数据录入，更要加快法院人员的分类化管理，组建审判团队工作模式，给法官配备足够的法官助理和书记员，使其从大量的事务性工作中解脱出来，专心案件裁判工作。

在审判团队的组建模式中，多个省份的试点方案均确立了"1+1+1"的基本模式，如《上海试点实施方案》设定，基层法院独任法官与法官助理、书记员配比不低于 1∶1∶1（过渡期内独任法官与书记员或法官助理的比例不低于 1∶1），如《浙江省试点法院工作人员分类管理办法》设定，探索建立"1 个法官+1 个法官助理+1 个书记员"的审判管理模式。

但任何一种审判团队组建模式都不可能是放之四海而皆准的，法官、法官助理以及书记员的配比还要考虑各个法院的实际审判资源以及法院的审级与功能。如《上海试点实施方案》设定，中级法院合议庭中法官与法官助理、书记员配比不低于 3∶2∶1 或 3∶1∶2（过渡期不低于 3∶1∶1）。

2. "1+1+1"审判团队组建模式的探索及职能分工

在采用"1+1+1"模式的人员组建中，考虑到员额法官的人员类型（按职务分为院庭长法官、普通员额法官）、办案精力以及办案数量的差异，以及未入额法官协助办案因素的影响，要对审判资源配置作不同的区分：

（1）"1+1+1"：院庭长法官+未入额法官+书记员

在该种模式中，院庭长法官与未入额法官可以形成相对意义上的"互补"关系：一是从办案精力与办案数量上看，院庭长法官平时忙于大量的行政性事务工作，办案精力无法与普通员额法官相比，因而对其办案量应当以全院人均办案量为标准进行折比，同时，配备未入额法官作为承办简单案件的补充，兼顾着辅助审判工作中的审判技术性工作，而审判事务性工作则交由书记员来完成；二是从办案经验与法官养成机制上看，大部分院庭长法官具备长期积累的丰富办案经验与庭审驾驭能力，未入额法官作为今后入额的最主要候补人员，通过这种潜移默化的学习，有利于员额法官养成机制的形成。

在具体职能分工上，院庭长法官除担任领导事务外，承办该审判团队下的普通程序案件，在简转普案件中担任审判长，以及承办具有指导性的简易程序案件；未入额法官则承办大部分简易程序案件，对于案件复杂需要转入普通程序审理的，在合议庭中担任合议庭成员。

（2）"1+1+1"：普通法官+法官助理+书记员

在该种模式中，普通员额法官与法官助理可以形成"传帮带"关系：一是从审判人员分类管理上看，普通员额法官作为司改后的办案主力，承担着所在审判团队中全部案件的核心审判工作，配备法官助理作为其专属的审判辅助人员，从事该团队下的审判技术性工作，而审判事务性工作则交由书记员来完成；二是从办案经验与法官养成机制上看，普通员额法官在近些年基本上都是所在单位的业务骨干，具备较高的法律素养与实务技能，法官助理跟随其从事大量的审判技术性工作，为今后的入额积累初步的办案技能，有利于员额法官梯队机制的建设。

在具体职能分工上，关于法官助理是否能够从事调解工作，本文认为，调解书具有与判决书同等的法律效力，并且做好调解工作的前提是要查明法律事实，调解本身并不能与审判工作相剥离，这些都决定了调解权本质上也是审判权，具有独立性，故由法官助理组织调解并不合适。

（二）关于协助办案模式下核心审判权的运行

员额制改革的目标是要让入额法官独立行使审判权，落实司法责任制，做到让审理者裁判、由裁判者负责。

在审判权运行机制中,裁判权是审判权的核心,涵盖了对案件的判断和裁量,而其最终则体现在裁判文书的制作上。入额的法官可以独立、完整地行使审判权,按其对案件的考量制作裁判文书并予以签发。对于未入额法官,在5年过渡期内虽保留了法律职务和待遇,享有部分案件的裁判权,但该裁判权只是暂时赋予的协助员额法官进行办案的权力,其来源于员额法官的裁判权,并不具有完整的独立性,因而未入额法官裁判文书的签发应当由员额法官来行使。

四、未入额法官、法官助理的养成机制与晋升通道

在员额制改革中,尤其是5年过渡期后,对于仍未入额的法官以及法官助理,通过相应的养成机制与晋升通道,让其完成岗位的平稳过渡。本文结合日本和我国台湾地区关于法官选任与养成机制,对上述人员的制度安排予以分析:

(一) 法官养成路径的模式比较

1. 二元结构的养成路径

关于法官来源的选任,我国现行体制采用的是"法官助理(预备法官)—法官(审判员、助理审判员)"的进阶模式。员额制改革后,相对于之前的"二元"结构主体,未入额法官作为新出现的"一元"主体得以存在,虽然各试点方案规定了未入额法官在过渡期内享有进入法官员额的同等条件优先权,但该优先权的逻辑前提是将未入额法官与法官助理列为同类人员进行法官遴选与选任,而非作为独立的"一元"成为员额法官养成机制中必经的环节。过渡期内,未入额法官具有优先入额的权利,过渡期后,则不一定或不具备该种优先权,因而试点法院在法官选任模式上,基本沿用"法官从法官助理中择优选任"这一制度安排。

2. 三元结构的养成路径

与我国大陆地区不同的是,日本和我国台湾地区采用的是"三元"结构的制度设计:

在日本,法官称为"裁判官"(包括判事、判事补),法官养成采用的是"司

法修习生—判事补—判事"的路径。"判事"是全面的法官,类似我国员额制改革后的员额法官(主审法官),可以担任合议案件的审判长。"判事补"则是限权意义上的法官,任职满 10 年可申请遴选判事:第一阶段的 5 年,主要是协助判事办案,不能担任独任法官、合议案件的审判长;第二阶段的 5 年,可以办理独任案件,但不能担任合议案件的审判长。①

在我国台湾地区,法官养成采用的是"职业培训—候补(试署)法官—实授法官"的路径。法官人选经考训合格或经遴选并训练后便被委任为候补或试署法官,都享有一定的审判权,可参与或独任办理一定案件。候补或试署期满合格的,实授为实任法官,行使完整审判权。②

3."二元"和"三元"养成路径模式的比较

(1)养成路径设计理念的不同

在日本和我国台湾地区,审判人员的分类管理相对比较成熟,法官、法官助理和书记员的配比较为合理,法官和法官助理承担性质完全不同的工作,分处不同的选任和晋升管道。因而,其法官的选任遵循"分类化"管理的路径:以核心审判工作能力为考量,在司法人员遴选的基础上,通过职业培训和司法修习生制度,将考核合格的人员递补为候补(试署)法官和判事补,并赋予一定的审判权限,待其具备独立司法能力后,最终任命为实授法官和判事。

在推进员额制改革前,大陆地区的审判人员分类管理并不清晰,法官与法官助理在职能权责上存在着较大程度的混同,审判人员的选任和晋升采用的是"线性化"的单一路径:通过"审判事务性工作—审判技术性工作—审判核心工作"的养成机制,法官从法官助理(预备法官)中"择优选任",且在选任法官后,因审判辅助人员的配比不合理,法官与法官助理在职能权责上依旧存在混同。

(2)养成路径的优异分析

相对于大陆地区的制度设计,日本和我国台湾地区模式的优点在于对法官的训练内容专业且更贴近法官的素养需求,有利于避免法官与法官助理工

---

① 参见李邦友:《日本:法官遴选工作机制及其运作》,《人民法院报》2014 年 7 月 18 日。

② 参见薛永慧:《从台湾法官与司法辅助人员的关系看大陆法官员额改革》,《台湾研究集刊》2015 年第 6 期。

作的混同,从而保证审判的亲历性,也更有利于职业法官的养成①;其缺点则是缺乏对法官助理的激励,法官助理在职业发展上没有上升空间。

大陆模式的优点在于对法官助理的激励;缺点则是对法官的训练内容相对单一和不够专业性,也无法保证所有通过司法考试并经历了法官助理职位历练从而具备法官资格的人走上审判岗位。

(二) 候补法官的建立:员额制改革下法官的养成机制

审判人员的分类化管理是司法改革推进法官精英化、专业化、职业化的必然要求,在统一购买社会化服务的司法雇员制度建立后,法官预备人选再像书记员那样从事与裁判训练无关的审判事务性工作实无必要。借鉴日本和我国台湾地区对于法官人选训练专业化的经验,可以让通过司法考试的人员接受专业化的司法裁判训练,赋予其法官思维和视角,再配备相应的考核体系,在其具备初步从事审判核心工作能力后,赋予其一定的审判权限,任命为候补法官,并最终通过遴选进入员额。

在现今员额制改革中,在 5 年过渡期后,对于未进入员额的法官,在保证现有体制稳定性的前提下,在法官助理和法官之间设置原来既有的类似助理审判员职位,转任为候补法官;对于法官助理,可考虑在缩短法官助理服务年限的前提下,同样转任为候补法官,并赋予候补法官一定的审判权限,最终通过遴选进入员额,而实现从法官助理到法官的平稳过渡。

---

① 参见薛永慧:《从台湾法官与司法辅助人员的关系看大陆法官员额制改革》,《台湾研究集刊》2015 年第 6 期。

员额制下法院设置适当改革的思考
——司法区与行政区适度分离改革

赵敏丹 *

一、从司法数据看充分发挥法官人力资源的现实需求

(一)从改革样本的数据看法官人数变化

遴选优秀法官进入员额,显然会减少法官队伍的人数。以第一批纳入试点改革的上海、广州两地法院为例:上海,2013 年年底,全市法官占实有在编人数的 56%,2015 年 9 月,改革后入额法官总数为 2296 人,占总编制数的 25.5%,[①]减少一半多;广东,该省高院副院长霍敏透露,按照中央政法编制 39%的比例,全省 11111 名法官进员额的数量要控制在 7995 名以内,减少了 28%的比例。[②] 上述数字变化的背后,显然会导致员额后员额法官人均办案量明显增加,如 2015 年上海全市法官人均结案数达 187 件,同比上升 20.13%。[③]

(二)从全国法官结案数看审判人员配置

法院系统内部,关于"案多人少"提法不绝于耳,然在法院外部,对此却有

---

 * 赵敏丹,工作单位:温岭市人民法院。

① 参见陈伊萍:《上海司改后"案多人少"矛盾仍在,代表建议法官员额动态调整》,转载自 http://news.163.com/16/0128/20/BEEO0OCJ00014AED.html,访问时间:2016 年 2 月 19 日。

② 参见薛冰妮、尚黎阳:《广东司改全面铺开 3000 法官面临分流》,转载自 http://news.china.com/domestic/945/20151201/20849622_all.html,访问时间:2016 年 2 月 19 日。

③ 2016 年 2 月 29 日,最高人民法院在新闻发布会上发布的《中国法院的司法改革》白皮书。

不同的质疑。如一些学者根据官方统计数据,直接以案件总数除以法官人数,得出中国法官年人均办案量不足 59 起的结论,进而判定"案多人少"只是伪命题。① 平均的背后是对非审判岗位法官人数的忽视,是对我国幅员辽阔下的部分法院案件数量极少的忽视,平均下的数字显然也不能代表现实生活中大多数法官的办案量。如 2015 年浙江法院一线办案法官人均结案达 218 件,系全国平均数的 2.2 倍,居全国第一。② 与此同时,西部地区地广人少,经济落后,案件数量也极少,如青海部分牧区法院年人均结案数不足 10 件。③ 即使是东部案件多的地区,各庭室之间的案件数、案件难度也存在很大差异,如知识产权案件、行政案件等数量相对畸少,可能一年也办不了几个。

员额后,法官人数相比较大幅度地减少,法官资源显得更为可贵。不合理配置法官资源,就会造成部分法官资源的闲置或是过度利用,从而造成法官资源的浪费和流失,最终导致法官群体不能最大化地发挥其应有之功能。④ 故我们亟需在改革的同时关注法官资源的合理配置问题。

二、从法院设置看不能充分发挥法官资源的根本原因

反思上述不同地区人均办案量相差悬殊的数据背后,笔者以为,一个根本原因是我国法院设置存在一定的问题:

(一)按行政区划设置法院导致各地案件多寡悬殊

我国宪法规定,同级人大产生同级司法机关,故除海事法院、铁路法院等少数法院外,我国法院绝大多数按行政区划设置。然我国幅员辽阔,地区间经济发展不平衡,东西发展、南北发展存在较大差距。而一般来说,经济发达地区相比欠发达地区来说,案件数量多,涉及标的额大、案件类型复杂,有时甚至相比悬殊。故法院在各区域间如何进行合理设置就要充分考虑上述因

---

① 参见何帆:《法官多少才够用》,《人民法院报》2013 年 6 月 7 日。
② 来自浙江省高级人民法院院长陈国猛在浙江省十二届人大四次会议上所作的法院工作报告。
③ 参见许聪、袁有玮:《正视差异 凸显特色——青海法院人员分类改革调查(上)》,《人民法院报》2015 年 11 月 30 日。
④ 参见张晓冰:《法官资源合理配置问题初探》,《闽江学院学报》2011 年第 3 期。

素,保证员额法官办案量的基本均衡,充分发挥每位员额法官服务司法的作用。然我国的行政区划的设置根据的是协调资源分布、土地面积和人口多少,以促进区域发展的原则。显而易见,行政区划与法院区划设置考虑的因素截然不同。故按行政区划确定的法院设置未必能高效地进行审判资源配置,且容易导致司法实践中的人口密集、经济发达地区的法院人均办案量是人口稀疏、欠发达地区的几倍甚至几十倍的情况出现。

(二)带行政色彩照设庭室导致部分庭室过度设置

我国法院的行政管理色彩比较明显,四级法院之间的庭室设置存在照设的情况。法院庭室职能行使上基本是上下对应,高院、中院、基层法院也都有着庞大的内设庭室,在内部机构职能和设计上表现出一种直筒状的外观。①对于案件较多的庭室,照设产生的问题尚不明显,但对于案件较少的庭室,问题凸显:因受当地经济情况、人口数量、案件类型特点等因素的影响,会存在某一法院受理的某类案件数量极少,则照设的庭室法官工作量明显少于其他庭室。既已设立的审判业务庭室必然需要具备一名及以上员额法官,同时至少有一名要担任庭室的负责人,花费一定的精力用于行政事务,导致该庭室的设置显然不能充分发挥员额法官的办案作用。

由上可知,法院设置的自上而下按行政区划照设,忽略了"我国东部与西部、城市与农村、沿海与内地之间在经济、文化、社会各方面均存在较大差异,统一模式的管理难以实现"②这一现实国情导致横向上部分法院以及庭室之间收案的极不平衡,纵向上某些庭室设立的无必要性。法官资源配置不合理的情况可见一斑。而合理配置法官资源,显然要适当地调整我国现实的法院设置,这需要我们从宏观上进行改革,从整个法院系统内加以解决。变更法院设置的根本出路就是要我们打破目前的"统一模式",改革按行政区划作为法院设置的依据,改变从上而下的庭室照设现状,合理地在适当的区域间进行法院的设立,合理地进行法院内部的庭室设置。本质上,就是要求建立司法区与行政区适度分离的模式。

---

① 参见刘忠:《论中国法院的分庭管理制度》,《法制与社会发展》2009年第5期(总第89期)。

② 彭何利:《法院设置体质改革的方向与路径》,《法学杂志》2014年第3期。

三、从理论实践看司法区与行政区
适度分离的模式可能性

我们现今的司法体制改革,是"摸着石头过河",离不开对于理论思维的析辨,域外经验的借鉴,更离不开司法改革试验的成败分析。

(一)我国的理论探讨

理论上,关于司法区与行政区的适度分离有且有不同的观点:有人提出,在省市区内划定独立的司法区,在司法区内重新调整中级人民法院与基层人民法院的地域管辖范围,且不一定和行政区相重合。根据该方案可以有效消除县、市两级法院对地方行政的依附的各种弊端,同时案件管辖则可以按照现行方式运作,不需要修改民事诉讼法设定的管辖制度。[①] 也有人提出,由最高人民法院往各省、市高级法院派法官组成巡回法庭,专门受理跨省之间的重大疑难案件,涉及管辖权争议的案件,以及死刑复核案件。[②] 还有人提出,应当跨省区设置各级法院,将若干个省、自治区、直辖市划定为一个司法区,在每个司法区设立一个上诉法院,其级别相当于高级人民法院。[③]。

(二)域外类似的司法实践

美国,州法院系统中的郡法院的初审权被限定在一个或几个郡中,[④]联邦基层法院则负责每个州中的一个或几个划分好的区。[⑤] 可见美国的司法区与行政区并非一一对应。德国,法院审判机构的划分是以不同的"司法管辖权区域"划分的,应统称为司法管辖区。也就是说,将各类不同性质的案件以案

---

① 参见沈德咏:《为中国司法体制问诊切脉:关于修改完善人民法院组织法的几点意见》,《中国律师》1997 年第 7 期。

② 参见王利明:《司法改革研究(修订版)》,法律出版社 2002 年版,第 180 页。

③ 参见关毅:《法院设置与结构改革研究》,《法律适用》2003 年第 8 期。

④ 参见宋冰编:《读本:美国与德国的司法制度及司法程序》,中国政法大学出版社 1998 年版,第 98 页。

⑤ 参见宋冰编:《读本:美国与德国的司法制度及司法程序》,中国政法大学出版社 1998 年版,第 106 页。

件类别组合为分片管辖的区域,而后再进行专类案件的审理。每个司法管辖区不是按地域划分,而是按不同的案由进行划分。① 英国,其不同的地方法院之间受理案件的类型、范围可能相差甚大,一般来说,地方法院主要受理简易罪和可诉罪,但也有的地方兼受理某些轻微民事案件,如有关婚姻、收养或抚养纠纷等家庭类、酒类销售执照和赌博等。② 美、德、法、英四国的操作模式各有不同,然在司法区与行政区都不完全吻合这一点是相同的,且均能在本土长期适用,显然有其存在的自身价值。

(三)改革有现实基础

一方面,目前的司法体制改革为改革提供了理论依据。司法要想被尊重,首先要做到公正、高效、权威。而目前已有的司法体制显然不能满足中国特色社会主义司法的要求,故党的十八大报告中提出"进一步深化司法体制改革,坚持和完善中国特色社会主义司法制度"。可见,国家层面已然深刻认识到单靠小修小补的完善不能解决司法现存的深层次问题,需要从体制着手。而司法体制是指一个国家完整的司法体系,包括制度、法律、机构以及从业人员等各方面的信息。故法院设置的适当调整显然属于司法体制改革可以讨论的话题。另一方面,信息交通的高度发达提供了物质保障。法院自上而下的照设,具有明显的行政色彩,但设立之初显然存在着现实需求:20 世纪,我国的经济发展水平与目前相差甚远,交通、通信等设施落后,如果非重大、特别的案件要跨县市区进行诉讼,显然对当事人来说诉讼成本相当高,不利于司法解决纠纷之初衷。然进入 21 世纪之后,特别是近几年,我国加大了对于基础设施的投入,交通、通信、信息网络等事关民生的基础设施得到了跨越式发展,当事人参与诉讼越来越便捷,如现在的送达方式都出现了"微信"送达等快捷、低成本的高科技送达方法,法院网的信息也越来越丰富,方便了老百姓与法院之间的信息互动、交流沟通。

---

① 参见张军伟:《德国法院的设置》,http://www.chinacourt.org/article/detail/2003/09/id/82192.shtml,访问时间:2016 年 6 月 9 日。

② 参见中国驻英大使馆:《英国法院的组织体系及职责》,转引自 http://wenku.baidu.com/view/13c2e487e53a580216fcfee3.html,访问时间:2016 年 6 月 9 日。

(四)我国的实践探索

实践当中,我国也已有多种司法区与行政区适度分离的模式,这些尝试提供了改革样本:

1. 另设独立的法院模式。如海事法院模式、直辖市中院模式等模式的创设,这些模式的创设或是让特定类型的案件获得了专业、高效的处理,或是在上诉案件的管辖上在区域之间进行了适当的平衡。

2. 部分巡回法庭的设立。巡回法院在操作上并不固守于某一地域的审判,具有很大的灵活性、机动性,"不失为解决少数边远经济困难地区法院法官资源严重不足的良策。同时对于统一执法标准和尺度,提高相关地区法院审理疑难复杂案件能力,在工作交流中提升法官队伍整体司法水平,亦具有重要意义。"①

3. 环境公益诉讼模式。最高人民法院在 2015 年 1 月 6 日召开的《最高人民法院关于审理环境民事公益诉讼案件适用法律若干问题的解释》发布会上明确提出"考虑到部分基层人民法院较早建立了专门的环保法庭,在审理环境民事公益诉讼方面已经积累了一定经验,依据《中华人民共和国民事诉讼法》第三十八条的规定,可将部分环境民事公益诉讼案件通过'一案一指'的方式交给基层人民法院审理。"由此产生了环境公益诉讼案件可跨区域管辖模式。②

4. 各专门庭室的探索。各地根据实际情况创设了知识产权庭、建筑庭、劳动争议庭、畜牧审判庭等专门法庭。各地专门法庭的设立一般也是根据当地需要设置,有效地服务了当地的司法需要。

上述的各种模式显然各有优点,但这些改革的模式或是限定在某一地域范围,或是限于极少数特定案件类型,有些甚至是出于内部领导职数扩张的需求,并非经过统筹协调的周全数据分析,在更高层次上看来未必发挥了最优的资源配置效果,受益的范围也是相当有限。但其作为司法改革中关于法院设

---

① 来自最高院的答复,转引自张军才:《为了司法的统一和尊严》,《民主》2004 年第 11 期。

② 《最高人民法院关于审理环境民事公益诉讼案件适用法律若干问题的解释》第六条规定:第一审环境民事公益诉讼案件由污染环境、破坏生态行为发生地、损害结果地或者被告住所地的中级以上人民法院管辖。中级人民法院认为确有必要的,可以在报请高级人民法院批准后,裁定将本院管辖的第一审环境民事公益诉讼案件交由基层人民法院审理。

置的排头兵,给我们提供宝贵的改革样本,我们可以在调研法院、庭室设置的效果的基础上,根据实际情况进行合理的法院庭室设置。

四、笔者对司法区与行政区适度分离改革的设想

(一)改革的整体原则

我国的司法区与行政区适度分离的改革,一定要立足于我国的司法国情,宏观上进行统筹协调、符合地方实际情况。

1. 立足于我国的司法国情,主要是要正视我国目前的法院设置情况。目前的法院设置全部推倒重来,从司法的衔接性、可接受性、成本性等各个角度分析都是不符合现实的。故我们的改革要在充分发挥现有资源的基础上进行,通过对现有资源重新整合的方式进行改革,而不是彻底改革。如对调研发现的已经高效运作,且资源配置强的专门法庭要予以保留,同时合理扩大该专门庭室的案件管辖范围,充分发挥其经验优势。

2. 宏观上进行统筹协调,其实包含了三个相互渐进的过程。首先,需要对现有的审判资源以及审判的效能进行详尽的摸底,详细到各个法院各个庭室的司法资源的利用效率,如此为改革提供数据支持;其次,将该数据和附近区域的数字进行比较,从数据看背后进行司法区域调整的方向;最后,根据数据分析、比较之后,再考虑如何进行合理的司法区域的划分,使司法资源的利用效率达到更高效、更平衡的状态。总之,资源的重新整合应当不单着眼于单个县市,而应当从国家的层面、区域的层面进行宏观设计。

3. 符合地方实际情况,主要是指在进行宏观考量的同时,要兼顾个性,要对某区域、某法院的相对特别的现实情况进行充分考虑。如西部地区虽案件量少,但地广人稀,如单纯进行司法资源的统筹协调,可能导致诉讼成本大增,需要其他相关的配套措施跟上,下文将进行详述。又如某县市经济发展程度很高,涉及知识产权的案件相对较多,则如果在进行区域统筹的情况下,至少要在区域范围保留一个知识产权庭,抑或者将该庭室直接设置在受理该类案件数特别多的法院。故在统筹协调的同时,对特殊情况要予以特别的关注,防止改革出现"一刀切"的情况,确保改革收到较优的成效。

（二）措施的具体设想

管辖权进行适当调整,应当包括两方面的含义,既包括平级法院之间对不同案件类型的管辖范围根据现实情况进行适当调整,即同级法院之间的管辖调整,也包括基层法院与中级法院之间甚至或是高级法院之间对某类案件的适度调整,即跨级别法院之间的管辖调整。

1. 同级法院之间进行适当的管辖权调整。同级毗邻法院之间,因各县市区发展的不平衡,不同案件类型的受案数量难免有多寡差距,甚至部分多寡悬殊。如某甲法院与某乙法院毗邻,甲法院受理的劳动争议纠纷案件特别多,甚至专门设立了劳动争议庭,而乙法院则因各种原因,劳动争议案件较少,在该种情况下,显然甲法院在办理劳动争议纠纷案件上存在办案经验的优势,以及其导致的办案能力、效率的优势。如果将乙市发生的劳动争议案件的管辖权法院也设在甲法院,则更加充分发挥了甲法院的优势资源,而乙法院多出来的司法资源也可以办理其具有优势资源的案件,如此整体的资源利用效率就会提高。

2. 跨级别法院之间进行适当的管辖权调整。不同的案件类型显然有不同的案件数量,如民间借贷的案件数量显然会多于知识产权案件,部分基层法院民间借贷的数量一年动辄几千件,而与此同时知识产权案件可能就只有几件,整个中级法院管辖范围内的知识产权案件数量可能也就几百件。在此情况下,如果还是根据层层照设,则基层法院设立该庭室其实并无大的必要性,且因为办理的案件数量及从事的法官人数都极少,则经验积累和交流都少,对提高整体办案水平不利。当然,我们法院在设立知识产权庭的时候也考虑该问题,只在部分的基层法院进行设置,然毕竟未从宏观的角度进行统筹协调。笔者认为,趁着改革的机会,我们其实可以进行宏观的知识产权庭等其他专门庭室的合理设置。对该类案件数量相对较少,且比较有地域特色的案件类型,完全可以将一审管辖权交于当地中级人民法院,更甚者,可以直接交由省高级人民法院。

3. 重视管辖权流动的巡回法院的司法作用。对于偏远地区、地广人稀、案件少的地区,根据行政区设立基层法院,在现实中,出现了一个法院一年办不了几十件案件的情况。然法院的设置必然少不了一些基本部门的设置,如此就会产生人员利用率严重低下的问题。然如果出于效能的考虑,直接将各县市区域的案件管辖权进行合并而未进行相关配套措施的话,则对当地百姓来说,可能要到几百里之外进行诉讼,又将极大地增加了诉讼成本。笔者认为,在此情况下,巡回法庭就有重大的现实意义。在设立巡回法庭的同时,对现有的法院设置进行相应的编制缩减,甚至或是功能调整。

(三)改革的制度保障

改革难免会涉及各方面的利益,为顺利推进改革,保障改革顺利开展并取得良好的实效,需要完善相关配套措施,为改革提供制度保障。

1. 司法信息的高度公开。司法区与行政区适度分离改革,其打破的是按行政区划作为划分案件管辖地的主要依据这一现状,必然会导致案件管辖范围的调整,同一县市区不同类型的案件可能由不同的法院管辖。在该情况下,如果老百姓不能够通过快捷、便利的方式获取案件管辖范围的调整情况,则会造成去哪立案无所适从的情况出现。对此,笔者认为,应当建立高度公开的法院信息公开系统,且该信息系统应当设立完善、易操作的指引系统。如就案件管辖这一搜索项目,指引系统需要具备的功能是:只需通过输入案件发生地、原被告所在地、案件类型,就可以跳出哪些法院对该案具有管辖权的信息。

2. 人员流动的便捷高效。司法区与行政区适度分离改革,难以避免法院内部各庭室的调整,以及由此而带来的人员流动的需要。而目前的人员流动需要组织、人事部门等审批同意,法院之间的平级调动也要花费一年半载的时间是常态,显然不能适应司法改革的需要。其实,司法人员与行政公务人员本应当分属不同的序列,对其的人事管理也应当予以区别对待。司法人员流动的审批主要应当在法院系统内部,上级法院根据其改革的需要对人员的安排进行宏观调整。适当减少、弱化外部的审批程序,可考虑变审批为备案。

3. 法官激励的去行政化。司法区与行政区适度分离改革,此举显然会通过不同法院之间的庭室资源优化配置减少行政职数。有人认为会降低部分法官的司法尊荣感,不利于提高办案积极性,对审判权运行并无益处。对此,笔者认为,之所以产生上述质疑,是因为目前的法官激励行政化存在一定的不合理性。正如有学者提出的,按照行政职务和行政级别分配资源已成为法官制度改革的瓶颈,不解决这一问题,职业化无法继续推行,设计者所图景的"法治理想国"也会因为缺乏最核心的守卫者而功亏一篑。① 法院司法改革的一个主要目的就是让法官专职于司法,故减少行政职数本也是符合司改预期,然如何在改革的同时又不影响法官的积极性呢? 这就需要变更目前法官晋升现状,建立法官去行政化激励措施,树立对办案法官能力尊重之职业激励措施。

结　　语

司法区与行政区适度分离改革,是笔者以期通过宏观上法院设置的调整提高法官资源利用效率的设想。目的为确保员额制后的法官都能充分发挥其司法能力,防止出现"累坏部分法官"同时也"闲坏部分法官"的情形出现。然司法体制改革毕竟是牵一发而动全身的变革,更何况在全国层面开展的法院设置调整。故相关调整方案及配套措施的完善也绝非本文所述之简单,谨希望本文能就法院设置调整的讨论及改革起到抛砖引玉之作用。

---

① 参见李蓉:《法官等级制度与法官等级化》,《广西社会科学》2013 年第 6 期(总第 216 期)。

附　录

以审判为中心的诉讼
制度改革研究综述

2014 年 10 月 23 日,党的十八届四中全会在《中共中央关于全面推进依法治国若干重大问题的决定》(以下简称《决定》)中首次提出了以审判为中心的诉讼制度改革的要求。为了贯彻这一要求,经过两年多的经验探索之后,2016 年 10 月 11 日,两高三部根据宪法要求,结合工作实际,共同发布了《关于推进以审判为中心的刑事诉讼制度改革的意见》(以下简称《意见》),切实将以审判为中心的诉讼制度改革推向了深入,引起了实务界和理论界对这一制度改革的广泛关注,并取得了一系列研究成果,其中有分歧,也有契合。为了更好地实现"以审判为中心"的诉讼制度改革,使理论与实践更好的结合,现将近几年的相关研究成果综述如下:

一、以审判为中心诉讼制度改革的时代背景

以审判为中心的诉讼制度改革的诞生,有其深刻的时代背景及意义,它是我国法治文明进步的重要表现,对于构建公正高效的司法体制机制具有重要意义。尤其是近几年来,随着佘祥林、赵作海、聂树斌、浙江叔侄等系列冤假错案浮出水面,意味着我国在诉讼制度改革方面必须从以侦查为中心向以审判为中心作出改变。

习近平总书记明确指出:"在司法实践中,存在办案人员对法庭审判重视不够,常常出现一些关键证据没有收集或者没有依法收集,进入庭审的案件没有达到'案件事实清楚、证据确实充分'的法定要求,使审判无

法顺利进行。"①所以,"推进以审判为中心的诉讼制度改革,目的是促使办案人员树立办案必须经得起法律检验的理念,确保侦查、审查起诉的案件事实证据经得起法律检验,保证庭审在查明事实、认定证据、保护诉权、公正裁判中发挥决定性作用。这项改革有利于促使办案人员增强责任意识,通过法庭审判的程序公正实现案件裁判的实体公正,有效防范冤假错案产生。"②由此可见"以审判为中心"的诉讼制度改革总的任务就是要实现程序公正和实体公正。

因此,"建设具有中国特色的社会主义法律体系和具有中国特色的法治国家,保证司法公正,提高司法的公信力,必然要进行诉讼制度的改革,使刑事诉讼走科学发展之路。要科学发展必然要遵循诉讼规律、诉讼阶段论,三道工序、三个车间、流水作业的方法一定要改革,一定要实现审判的功能和作用,实现刑事诉讼最后一道工序的决定性作用。审判程序的侦查和起诉必须适应庭审的要求,以审判为中心,这样才能保障作出公正的裁决。因此,以审判为中心是由诉讼的规律决定的"。③

不少实务界的人士也明确表示,"以审判为中心诉讼制度改革的目标促进侦查、审查起诉活动围绕审判程序进行,确保侦查、审查起诉的案件事实证据经得起法律的检验,以防止事实不清、证据不足的案件进入审判程序,对进入审判程序的要依法纠正,避免冤假错案发生"。要推进这一制度的改革,"关键是发挥审判特别是庭审的职能作用,通过法庭审判最终解决被告人的罪责问题。"但他们同时也认为,"以审判为中心的诉讼制度改革,不是以法院为中心,也不是法院一家的事,而是涉及到侦查、起诉、辩护、审判等职能的系统性改革"④。因为,"审判所具有的三方组合的诉讼构造是司法公正的最佳程序保证";"刑事诉讼中的民主原则和重要制度在庭审中体现得最为集中、充分,为增强司法公信力提供了保障";"审判中心是尊重司法规律,革除传统

---

① 习近平:《中共中央关于全面推进依法治国若干重大问题的决定》,人民出版社 2014 年版,第 58—59 页。

② 习近平:《中共中央关于全面推进依法治国若干重大问题的决定》,人民出版社 2014 年版,第 59 页。

③ 樊崇义:《解读"以审判为中心"的诉讼制度改革》,《中国司法》2015 年第 2 期。

④ 刘晓燕、关祥国:《"以审判为中心诉讼制度改革"研讨会综述》,《人民检察》2015 年第 15 期。

运作机制弊端的现实需要"①。

二、以"审判为中心"内涵的不同解读

从党的十八届四中全会的《决定》提出以审判为中心的诉讼制度改革以来,不论是理论界还是实务界,对"以审判为中心的诉讼制度"内涵的理解应该说既有共识,也有诸多分歧。

中国政法大学终身教授陈光中认为:"首先,是指审判在公诉案件刑事诉讼程序中,居于中心地位。……侦查、起诉毕竟都是为审判做准备的诉讼活动。而执行则是对法院审判结果——判决的兑现。可见侦查、起诉和执行都是围绕着审判中心展开的。""其次,是指在审判中,庭审(开庭审理)成为决定性环节。……庭审要真正成为审判的决定性环节,必须使庭审实质化不能流于形式。……要求在控辩双方平衡对抗,法官居中裁判的诉讼结构中,控辩双方举证在法庭、质证在法庭、非法证据排除在法庭(此程序必要时可独立)、辩证说理在法庭,从而使案件的公正裁判形成在法庭"。②

陈光中教授在他的另一篇论述中,还认为"审判中心是从最终认定被告人是否有罪这一权力由人民法院行使的角度来讲的"。"意味着侦查、起诉阶段为审判作准备,其对于事实认定和法律适用的标准应当参照适用审判阶段的标准"。③

中国人民大学法学院陈卫东教授认为"以审判为中心"的内涵"可以从以下层面加以解读:首先在职能意义上,只有审判职能才能最终决定被告人是否有罪以及处以何种刑罚,侦查、起诉、执行等其他职能不具有此项功能。其次,只有审判职能藉以运作的审判程序才能够在个案中实现国家刑罚权,侦查、起诉只是审判的准备程序。再次,就权力主体而言,审判职能只能由法院行使。最后,在权力运作层面,审判权的运作、审判权的发挥必须以审判的方式进行,即被告人是否有罪,是否处以刑罚以及处以何种刑罚不能用行政化的方式决

---

① 陈光中、步洋洋:《审判中心与相关诉讼制度改革初探》,《政法论坛》2015 年第 2 期。
② 陈光中:《推进"以审判为中心"改革的几个问题》,《人民法院报》,2015 年 1 月 21 日。
③ 陈光中、步洋洋:《审判中心与相关诉讼制度改革初探》,《政法论坛》2015 年第 2 期。

定。这也决定了要强调一审程序和庭审在发挥审判职能方面的核心作用。"①

中国政法大学樊崇义教授则认为:"以审判为中心的内涵,是控、辩、审三种职能都要围绕审判中事实认定、法律适用的标准和要求而展开,法官直接听取控辩双方意见,依证据裁判原则作出裁判。其内涵有三:一是审前程序的侦、诉两种职能,即公安和检察机关要形成合力,执行控诉职能;二是要充分发挥刑事辩护职能的功能和作用,坚持有效辩护、实质辩护,充分行使诉讼权利;三是审判法官要坚持以审判为中心原则。做到兼听则明,认真听取控辩双方的意见,严格依法断案,作出公正裁判。以上三种职能的发挥,其中关键是坚持证据裁判原则,坚持做到以事实为依据、以法律为准绳。""以审判为中心的实施主体,不仅仅是人民法院,而是由法院、公安、检察、辩护律师形成合力,才能贯彻实施以审判为中心。就整个诉讼法律关系而言,控、辩、审三种职能缺一不可,缺少任何一方,这一诉讼就是一个不完整的诉讼,就是一个失败的诉讼。从这一意义而言,我们认为,以审判为中心是一个综合指标,是公、检、法和辩护律师正能量的合成。"②

曾任最高人民法院领导的一位同志则作了如下阐述:"(一)推进以审判为中心的诉讼制度改革,其实质是在诉讼全过程实行以司法审判标准为中心。……也就是说,从刑事诉讼的源头开始,就应当统一按照能经得起控辩双方质证辩论、经得起审判特别是庭审标准的检验,依法开展调查取证、公诉指控等诉讼活动,从而'确保侦查、审查起诉的案件事实证据经得起法律的检验'。(二)推进以审判为中心的诉讼制度改革,无需也不会改变公检法三机关'分工负责、互相配合、互相制约'的诉讼原则。(三)不能把以审判为中心简单地理解为以法院为中心。'以审判为中心',是就侦查、审查起诉和审判这三个诉讼程序之间的相互关系而言,而不是就公安、检察、法院三机关之间的相互关系而言的。"③

曾任最高人民检察院领导职务的一位同志对于如何理解"以审判为中心"时指出:"第一,'以审判为中心'是指以审判特别是庭审作为诉讼的中心,

---

① 陈卫东:《以审判为中心:当代中国刑事司法改革的基点》,《法学家》2016年第4期。

② 樊崇义:《"以审判为中心"的概念、目标和实现路径》,《人民法院报》2015年1月14日。

③ 沈德咏:《论以审判为中心的诉讼制度改革》,《中国法学》2015年第3期。

同时也指法官是庭审的中心,但并不意味着在诉讼和庭审之外他们也是中心。简言之,在诉讼中,审判是中心;在审判中,庭审是中心;在庭审中,法官是中心。""第二,以审判为中心与公、检、法在诉讼中相互配合相互制约、检察机关对审判活动实行法律监督等原则是并行不悖的。""第三,以审判为中心表明庭审在查明事实、认定证据中的决定性,但并不意味着庭上证据与审前证据不一致时就以庭上证据为准。""第四,以审判为中心是对诉讼制度的重要改革和完善,但并不意味着刑事诉讼法要'大改写'。""第五,'以审判为中心'是对'以侦查为中心'的否定,检察机关审查批捕、审查起诉也要谨防'以侦查为中心'。"①

中国政法大学顾永忠教授认为以上观点看似有共性,实则有分歧,尤其是对"以审判为中心"的"审判"含义的理解有较大不同,分别存在"审判机关""审判职能""审判阶段""审判程序""审判活动""审判标准"等种种观点,最后他认同"审判活动"的观点。原因有二:一是审判活动不是法院单方的活动,而是控、辩、审三方依法共同参与的活动。而审判机关、审判阶段、审判程序、审判职能都不具有此属性或特征。二是审判活动的目的是直接并最终解决被告人是否有罪、是否处以刑罚以及如何处以刑罚的诉讼活动,涉及定罪量刑两个方面,与刑事诉讼的目的关系最为密切,而侦查活动、起诉活动、执行活动都无法与审判活动相比拟,审判活动自然应当成为刑事诉讼的中心。并认为这是审判之所以能够成为、也应该成为刑事诉讼制度中心的根本所在,应当以此为核心推进以审判为中心的诉讼制度的改革。②

四川大学左卫民教授的观点则与顾永忠教授的观点完全相左,他认为:"未来应更多关注以法院为中心的司法体制层面的改革,确保裁判权力的实质性和独立性。"③

按照湖南大学法学院谢佑平教授的理解,"以审判为中心诉讼制度中'审判'二字,指涉的是审判职能,建立以审判为中心的诉讼制度,实际上是要求建立以审判职能为中心的诉讼制度。将'审判'理解为诉讼职能,有利于避免

---

①　朱孝清:《略论"以审判为中心"》,《人民检察》2015 年第 1 期。

②　参见顾永忠:《一场未完成的讨论:关于"以审判为中心"的几个问题》,《法治研究》2020年第 1 期。

③　左卫民:《地方法院庭审实质化改革实证研究》,《中国社会科学》2018 年第 6 期。

分歧,统一认识,在不改变大体制背景下,通过对侦查、起诉和审判职能的正确定位与科学调整,对我国传统诉讼制度进行卓有成效的改革"①。

中国社会科学院王敏远教授认为,其一,以审判为中心的诉讼制度要求,贯穿于整个刑事诉讼程序中,占核心地位的应当是法庭审判程序,而非任何审前程序或审后程序,犯罪嫌疑人或被告人的刑事责任只有经过符合正当程序要求的法庭审判活动,才能被最终确定。其二,以审判为中心的诉讼制度改革,不仅表明,侦查、审查起诉等审前活动是为了审判活动做准备的刑事诉讼程序,更要求审判机关不仅在刑事诉讼进入审判阶段发挥其主导刑事诉讼的作用,而且在审前程序中也发挥积极作用,对公安机关和检察机关的控诉活动形成有效的制约,以使刑事审判在刑事诉讼中真正具有决定性作用②。

三、"以审判为中心"诉讼制度改革的价值预判

"以审判为中心"诉讼制度改革能够产生什么样的现实价值或作用功效,或者说,此次改革能否切中刑事诉讼程序中长期存在的时弊,能够产生哪些影响,尤其是在改革之初,不论是理论界还是实务界都发表了很多不同的观点予以回应,中间不乏争议。

(一) 对"以审判为中心"诉讼制度改革价值的积极探讨

首先,"以审判为中心"的诉讼制度对审前程序产生了重要影响,尤其是对侦查机关产生了重要影响。所以,侦查机关一是应贯彻好无罪推定和疑罪从无的办案理念,但"不能从一个极端走向另一个极端,在办理案件过程中,在证据方面存在一点疑点和矛盾是正常现象。……对侦查机关来说,落实无罪推定和疑罪从无原则并不是一遇到这种情况就作撤案处理。在侦查阶段,还是要全面客观及时地收集各种证据,尽可能查明案件事实真相,不断提高破

---

① 谢佑平:《论以审判为中心的诉讼制度改革——以诉讼职能为视角》,《政法论丛》2016年第5期。

② 参见王敏远:《以审判为中心的诉讼制度改革问题初步研究》,《法律适用》2015年第6期。

案率。有效打击犯罪"①。二是要贯彻非法证据排除原则,确保"侦查、审查起诉的案件事实证据经得起法律的检验"②。三是要转变"由供到证"的侦查模式,即言词证据多、实物证据少,弊端是因为言词证据是人们对经历的一种感觉,加之个体的差异性容易导致言词证据的不稳定性,难以有效应对犯罪嫌疑人翻供和证人翻供,并且不符合围绕庭审开展侦查工作的新要求。③

王敏远教授认为,"现代刑事诉讼制度之所以强调以审判为中心,主要基于两个方面的原因。一是刑事审判比较审前程序能够更全面体现现代司法公正的基本要求,因此,以审判为中心这种司法体制,更有利于实现刑事司法公正的目标。二是审前程序在刑事诉讼中具有极为重要的作用,但因为审前程序由强大且强势的侦查机关主导,如果不能受到司法的有效制约,易于偏离现代刑事司法公正的要求。正是基于促进和保障刑事司法公正的需要,我国现在提出了推进以审判为中心的诉讼制度改革"④。

中国政法大学教授卞建林认为,"'以审判为中心'的提出,是为了扭转'以侦查为中心'的现实困境"⑤。具体主要体现在审判机关通过对侦查机关的制约来纠正侦查失控和控辩失衡的问题,一方面,以审判为中心的诉讼制度确立,不仅要求侦查机关破案,而且还要求其收集的证据确实充分、手段合法,将侦查结果接受审判机关的检验。另一方面,非法证据排除原则与直接言词原则将取代"卷宗中心主义",达到控辩双方的平衡,使控方在庭审中面临更大的压力和变数,能有效解决法庭质证难、法庭发问难、法庭辩论难控辩失衡的问题。⑥

华东政法大学叶青教授则认为,以审判为中心"具有很强的现实意义,即对侦查中心主义的纠偏,对案卷中心主义的矫正,对诉讼阶段论的检讨",但

---

① 王峣:《"以审判为中心"诉讼制度改革中的侦查工作》,《法学杂志》2017 年第 2 期。

② 《中共中央关于全面推进依法治国若干重大问题的决定》,人民出版社 2014 年版,第 45 页。

③ 参见陈光中、步洋洋:《审判中心与相关诉讼制度改革初探》,《政法论坛》2015 年第 2 期。

④ 王敏远:《以审判为中心的诉讼制度改革问题初步研究》,《法律适用》2015 年第 6 期。

⑤ 卞建林、谢澍:《"以审判为中心"视野下的诉讼关系》,《国家检察官学院学报》2016 年第 1 期。

⑥ 参见李晓丽:《"以审判为中心"——冲破我国刑事诉讼制度发展瓶颈的改革》,《东岳论丛》2016 年第 6 期。

不否定审前阶段的重要性,也不否定检察机关的诉讼监督。①

与上述观点相同的还有实务界的观点,最高人民检察院副检察长陈国庆也承认,"'以审判为中心'正是为了克服我国目前刑事诉讼实践中存在的侦查中心主义的弊端而提出的,是对侦查中心主义的否定,可见这一判断基本得到学界和实务界的认可"②。因为,2012 年我国对刑事诉讼法修改以后,刑讯逼供非法取证现象仍然存在,控辩平衡对抗的模式仍然无法实现,重实体轻程序,冤假错案时有发生,使我国刑事诉讼制度面临严重的发展瓶颈。究其根本,是由我国诉讼制度中长期奉行以侦查为中心、以侦查案卷笔录为中心的办案模式造成的,导致庭审虚化,而以审判为中心的诉讼制度改革正是对这一问题的有力回应。因此,这一制度的确定,对于司法公正的实现、刑事诉讼制度的发展,意义十分重大,影响非常深远③。

(二) 对"以审判为中心"诉讼制度改革局限性的认识

"以审判为中心"的诉讼制度改革到底能否达到决策者所预期的成效,也有学者从不同的角度看到了这次改革的局限性并提出了自己的观点,表达了自己的质疑。

四川大学龙宗智教授则认为,鉴于分工负责、互相配合、互相制约原则与"以审判为中心"存在不相容,因此,"以审判为中心"只是针对某一具体问题的方案,并直接将"以审判为中心"称为"'技术型'审判中心论"。④ 认为其发挥作用有限。吉林大学法学院李拥军教授非常赞同龙宗智教授的这种观点,"由于这种技术性的策略没有触及既有的诉讼结构,因此这种改革模式必然带有相当大的局限性。在这些技术性举措被现有的诉讼结构、司法权力结构牢牢困住以致无法发挥作用时,真正的'以审判为中心'的诉讼机制是不可能建立起来的"。集中表现在"技术性改革与固有诉讼结构之间的

---

① 参见叶青:《以审判为中心的诉讼制度改革之若干思考》,《法学》2015 年第 7 期。

② 陈国庆、周颖:《"以审判为中心"与检察工作》,《"以审判为中心"与审判工作发展——第十一届国家高级检察官论坛论文集》,2015 年 12 月 3 日。

③ 参见李晓丽:《"以审判为中心"——冲破我国刑事诉讼制度发展瓶颈的改革》,《东岳论丛》2016 年第 6 期。

④ 龙宗智:《"以审判为中心"的改革及其限度》,《中外法学》2015 年第 4 期。

冲突"。因为在"线型"结构下的刑事诉讼过程中，"所谓的监督不过表现为彼此意见不一致，即后一道工序否定前一道工序的结论而已，但是同属一个大的政法机关的公、检、法三个部门，后者要想颠覆前者已经形成的结论是需要勇气的，是要承担合作方面的风险的，并且越是处于流水线的后端，其压力就会越大。因为前面机关形成的合力会使既有的结论更具有顽固性和确定性，颠覆这样的结论就具有更大的难度，要承受更大的风险。例如，法院作出无罪判决意味着检察官办了错案，这样直接影响到检察官的绩效考核，反过来检察院的抗诉同样也影响到法官的工作绩效，因此选择彼此合作是成本最小的方式"。公安机关"无论在政治地位、人员数量还是在实际管理能力等方面都占有绝对的优势，掌握着大多数不通过其他机关就可自行实施的侦查手段和强制措施（逮捕除外）"，"而作为起诉方的检察院却能监督法院"。在当下的刑事诉讼权力架构中法院成了"弱势群体"，"只具有确定犯罪嫌疑人是否有罪的功能，而不具有监督侦查程序是否合法的功能"，"反而侦查通过自行作出的笔录决定着审判"。因此，"这样的诉讼三角形结构必然不能平衡，法院所作的裁判必然要更倾向于公、检两方"，"与其说是公检法共同发现犯罪、打击犯罪的过程，不如说是公安、检察机关两家共同说服法院与其保持一致的过程。在这一过程中，作为'弱势群体'的法院很难坚持自己的独立意见"。因此，在李拥军教授看来，"如果不对基本的诉讼结构作调整，那么任何技术性的改革都只能是一种'带着绳索的跳舞'①，没有实质性意义。在法官不敢与检察官意见相左的诉讼结构下，即使庭审实质化了，律师的辩护技能提高了，法庭调查程序规范了，司法效果也仍然不会有实质性的改变"。"一些案件一旦'带病'进入审判环节，那么试图通过责任倒逼机制把错案从弱势一方倒逼回强势一方也是不现实的。"②中国社会科学院研究员熊秋红也认为"多年以来，检察院基本上以法律监督权为抓手来扩充检察权"③。

---

①　龙宗智:《"以审判为中心"的改革及其限度》,《中外法学》2015 年第 4 期。

②　李拥军:《司法改革中的体制性冲突及其解决路径》,《法商研究》2017 年第 2 期。

③　刘晓燕、关祥国:《"以审判为中心诉讼制度改革"研讨会综述》,《人民检察》2015 年第 15 期。

（三）对"以审判为中心"诉讼制度改革的中庸立场

面对上述观点的分歧,有些学者既看到"以审判为中心"诉讼制度的积极意义,也不否认其局限性的一面,而采用一种中庸立场来看待这次改革,避免陷入两个极端。其中以广州大学法学院张泽涛教授为代表,他认为,"无论是从《决定》的本意,还是刑事诉讼制度的基本法理以及《意见》来看,作为引领我国未来刑事司法改革方向标的'以审判为中心',其地位及其作用具有纲领性、统摄性、全程性特点。"因此,"'以审判为中心'既要坚持分工负责、互相配合、互相制约原则,也要矫正该原则在运作中存在的偏差。'以审判为中心'既要求庭审实质化,又明确突出了侦查、起诉、审判三大阶段中审判的中心地位。而审判的中心地位核心内容是以庭审为中心"。[①]

中国人民大学李奋飞教授则也同其他学者一样对侦查中心主义的构造模式进行了批判,并认为这是"公检法三机关职能及关系的异化"的结果,"这种诉讼模式可称为'顺承模式',其既与刑事诉讼作为'诉讼'的基本特征相悖离,也易导致刑事审判虚化,难以发现并纠正检警机关犯下的错误。'以审判为中心'的诉讼制度改革,为中国刑事诉讼模式的理性转型提供了新的契机。中国刑事诉讼如能从'以侦查为中心'走向'以审判为中心',案件将随程序的层层推进接受愈来愈严格缜密的审查。这种革新后的诉讼模式可称为'层控模式'。两种模式既存在共性基础又具有个性差异。两者之间有某种天然的血缘关系,而不是截然对立的地位。'层控模式'是'顺承模式'的升级形态,通过弥补、修复前者存在的缺陷和漏洞,构筑既反映宪政诉求又符合中国实际的诉讼体系。这种升级更新,并未摆脱犯罪控制的价值引领,正是维护社会秩序这一传统观念形态的自然延伸。然而,转化过程的完结,也是以符合若干指数标准为界值的,因此具有可评估性,包括公正指数、效率指数、信度指数和人权指数。'顺承—层控'的模式界分,不但有助于提升中国刑事诉讼的理论品质,或许还能为世界范围内的诉讼模式学说增添新的亮色"。[②]

[①]　张泽涛:《"以审判为中心"的内涵及其制度完善》,《法学》2016 年第 11 期。

[②]　李奋飞:《从"顺承模式"到"层控模式"——"以审判为中心"的诉讼制度改革评析》,《中外法学》2016 年第 3 期。

四、"以审判为中心"诉讼制度改革的实际成效

关于"以审判为中心"诉讼制度改革所取得的实际成效,学者多有论述,从其发表的论述来看,很多学者认为以审判为中心的诉讼制度改革存在着诸多难以突破的困境与限度。

A市中级人民法院为全国范围内率先探索与开展刑事实质化改革试点工作的法院,四川大学教授左卫民将其作为研究关注的对象,最后得出结论是:A市两级法院"是否真正实现了庭审'实质化',进而推动了审判的'中心化',似乎较难轻易给出肯定答案"。具体表现在:"首先,示范法庭尚未实现充分言词化,庭审的决定性效果并未充分凸显。这充分体现在大量的案卷证据作为主要证据在庭审中被出示,且其对定罪量刑的影响依然显著。……其次,示范庭庭审尚未呈现充分对抗化的景象,庭审结构未发生实质性变化。所谓未充分对抗化,是指控辩双方对他方举证与法律见解的争论都只是在少数方面有限展开。……再次,示范庭庭审未实现充分的详细化。未详细化的庭审集中体现在控方举证除部分尤其少数关键或争议的证据外,基本上均是概括性或选择性、要点式举证。"[①]

原因是:"技术层面,首要的问题便是改革对象选择有所误选。……对于可能适用刑事速裁程序或简易程序的大部分案件而言,并不具备实质化庭审的必要。从试点目的出发,庭审实质化改革应筛选有必要试行实质化庭审的案件作为试点对象……其次,证据调查方式改革探索不成熟。一直以来,中国的刑事庭审在很大程度上就是宣读与审查书面证据,各方主体也习惯了这样的庭审,然而,庭审实质化改革所要求的是一种现场式、言词化的证据调查与证明方式,几乎完全迥异于以往展示经过'裁剪'的书面证据的审判模式。从某种意义上讲,如何通过口头化方式引出证据进而展开法庭调查、查明案件事实对控辩审三方可能都是亟待破解的难题。……最后,关键证人出庭比例依然不高。""从结构层面而言,第一,审前与庭审证据关系并未改革。斩断庭前书面证据与庭审的直接链接是庭审实质化改革的最重要目标,这需要改变目前庭前与庭审的

---

① 　左卫民:《地方法院庭审实质化改革实证研究》,《中国社会科学》2018 年第 6 期。

证据关系结构。……审判证据的固有采信结构在试点改革中并未发生实质性改变:法官的裁判还是以庭前书面证据为主,证人当庭证言的优势证明力并未得到体现,被告人的当庭陈述也并未得到更多重视,法官依然依赖庭前书面证据。毫无疑问,实质化庭审的意义因此而受到极大的限制。这也从侧面证实了庭审实质化试点改革并未彻底撼动当下已经固化的刑事审判结构。第二,控辩审的诉讼构造未改变。可以说,以审判为中心的庭审实质化改革是整体性、彻底性的改革,必然甚至是必须对现有的控辩、侦控、控审的关系结构进行根本上的调整与变革。从试点改革的情况来看,A 市两级法院没有也无法从诉讼结构上考虑审判中心化改革,更多只是从技术层面关注证人出庭、法庭质证、律师辩护这几个方面,并未通盘考虑诉讼结构层面的改革。……因此,示范庭中控方在庭审中的强势地位依然显著,辩方仍难以与之对抗,法官据以定罪量刑的依据也以书面材料为主,总之,虽然庭审的各种技术指标有所提高,但改革试点并未带来彻底性的改变,就此而言,改革试点似乎陷入'头痛医头、脚痛医脚'的误区,而非釜底抽薪式的根本性变革。另外,繁简分流的程序机制未能合理构建并充分运行,保障审判人员独立办案的机制不完善。"①

其他专家学者对"以审判为中心"的诉讼制度改革实际成效有所论述,具体的各种意见主要有:

一是"宪法原则、国家本位与刑事司法权力一体化",使公检法在职能上未实现真正的分离,相互制约与监督的功能没有得到充分发挥,反而在运行中产生了趋同。② 二是作为公诉机关的检察机关站在法院之上作出法律监督,使审判的中心地位受到了限制。三是"侦查中心的强势地位与当下中国的压力维稳型体制紧密相关"③,所以侦查中心在中国仍有生命力。为此,该学者认为以审判为中心的改革应划分为三个阶段,近期目标是立足现行刑诉法的框架,推进"技术型"审判中心改革④。第二个阶段,是跳出侦查中心的桎梏,实现审判对侦查和公诉的有效制约。第三个阶段是修改《宪法》与《刑事诉讼

---

① 左卫民:《地方法院庭审实质化改革实证研究》,《中国社会科学》2018 年第 6 期。
② 参见张健:《以审判为中心诉讼改革的限度与前景》,《江苏大学学报(社会科学版)》2019 年第 4 期。
③ 刘忠:《"命案必破"的合理性论证——一种制度结构分析》,《清华法学》2008 年第 2 期。
④ 参见龙宗智:《"以审判为中心"的改革及其限度》,《中外法学》2015 年第 4 期。

法》,真正建立制约与监督的刑事司法体系①。

　　这正如有学者所预料的那样,此次改革是司法改革的一个重点,也是一个难点,难就难在诉讼方式的改变。"'以审判为中心'的诉讼制度与'以侦查为中心'的诉讼制度,对侦查的要求是不同的,其对侦查将提出更高的要求,即不仅要求其破案,而且要求其收集到确实、充分的证据证明其确实破了案,甚至还要求其是采用刑事诉讼法所规定的合法方式履行其侦查职能;更进一步来看,侦查应当能够经受得住公正审判的检验。实现所有这些要求,将使侦查的结果接受审判的检验,甚至侦查本身也将越来越受到来自司法的制约。这对侦查机关来说将是一个艰难的过程。"②因此,纠正"以侦查为中心"的诉讼制度,确立"以审判为中心"的诉讼制度,不可能一蹴而就,可能需要一个漫长的过程。

　　以审判为中心诉讼制度改革遇到阻碍的一个明显表现是诉讼卷宗中心主义仍然大行其道,庭审实质化受到制约,中国人民大学魏晓娜教授通过对2018 年和 2014 年基层法院审理的有争议刑事案件判决书抽样调查并在一系列核心指标上进行了研究比对,认为该项改革启动四年来,除了在辩护指标上有明显好转外,在证人、鉴定人出庭率等核心指标上,2018 年的数据与 2014的数据相比没有观察到明显变化。以审判为中心改革的实际效果有限。究其原因,在以"案卷"为中心的审判认知结构和"副卷"集中反映的判决权威结构未发生根本性改变的情况下,改革的实际空间十分有限。因此,深化以审判为中心改革,需要解决好以"两卷"问题为代表的审判认知结构和判决权威结构的问题。为重塑审判认知结构,需要弱化案卷在审判中的作用,强化被告人的对质权;需要合理确定院庭长的审判监督与法官依法独立公正履行审判职责之间的界线。以审判为中心改革的深入推进,会引发审前阶段的连锁反应,客观上强化检察机关指导和控制侦查人员取证行为的合理需要。目前,检察机关内部的"捕诉一体"化改革是这种诉求的反映。然而,满足这种需要的正确路径应当是加强"侦诉一体"化。③

---

　　①　参见张健:《以审判为中心诉讼改革的限度与前景》,《江苏大学学报(社会科学版)》2019 年第 4 期。

　　②　王敏远:《以审判为中心的诉讼制度改革问题初步研究》,《法律适用》2015 年第 6 期。

　　③　参见魏晓娜:《以审判为中心的诉讼制度改革:实效、瓶颈与出路》,《政法论坛》2020 年第 2 期。

曾任最高人民法院领导的一位同志明确指出："以审判为中心的刑事诉讼改革最终被落脚在刑事庭审实质化改革上，其目的是提升法庭审判发现疑点、厘清事实、查明真相的能力"。① 但是，李奋飞教授却认为有五个方面制约着刑事庭审实质化的开展："其一，司法决策的卷宗依赖，仍然是导致刑事庭审流于形式的'元凶'；其二，庭前会议功能异化，即本应在庭审环节解决的事项被前移到了庭前会议阶段，导致法庭审理被虚置乃至被替代；其三，当庭讯问的程序不当，对举证、质证环节造成了'喧宾夺主'的影响；其四，控辩对抗的效果不彰，特别是被告人难以获得有效的辩护，使得控辩双方在法庭上'你来我往'的效果非常有限；其五，审理期限的巨大压力，客观上也使得法官难以进行从容不迫的实质化审理。不仅如此，独具中国特色的政法体制，实际也构成了庭审实质化的关键制约因素。"②

为了完善以审判为中心的诉讼制度，2017 年 11 月，最高人民法院出台了"三项规程"③，以促进庭审实质化。但有学者指出，以"三项规程"为代表的技术推进模式使庭审实质化的成效有待商榷。呈现的主要问题有：控方怠于申请证人出庭作证；便宜证人④替代关键证人出庭；证人庭上证言因不符合传闻证据规则或直接言词原则，难以发挥认定案件事实的证据功能。主要原因：一是"重实体轻程序"的理念弱化了庭审实质化的价值目标；二是直接言辞原则的改革进路被"证人出庭例外原则"取代；三是被告人的质证权居于法官决定权的附庸地位。因此，根据我国的本土法治目标，可以适当吸收其有益经验，重塑"程序先行"的诉讼理念，落实直接言词原则，将改革模式从技术推进型调整为权利推进型，以回应以审判为中心的改革要义。⑤

"审判中心只有在律师辩护的刑事案件中才能真正地得以实现"⑥。但

---

① 沈德咏：《庭审实质化的六项具体改革措施》，《法制日报》2016 年 9 月 5 日。

② 李奋飞：《论刑事庭审实质化的制约要素》，《法学论坛》2020 年第 4 期。

③ 该"三项规程"包括《最高人民法院关于印发〈人民法院办理刑事案件庭前会议规程（试行）〉〈人民法院办理刑事案件排除非法证据规程（试行）〉〈人民法院办理刑事案件第一审普通程序法庭调查规程（试行）〉。参见最高人民法院"法发〔2017〕31 号"文。

④ 根据该学者调研，在某辖区 170 件有证人出庭的刑事案件中，78% 为侦查人员出庭作证，作证的主要内容是说明抓获经过，既与案件事实没有实质联系，也无接受辩方质证之必要，相对于关键证人，笔者将这些侦查人员的角色称为便宜证人。

⑤ 参见郭航：《刑事庭审实质化的权利推进模式研究》，《政治与法律》2020 年第 10 期。

⑥ 陈光中、步洋洋：《审判中心与相关诉讼制度改革初探》，《政法论坛》2015 年第 3 期。

是,"因推进案件繁简分流而导致的程序简化压缩了律师的辩护空间"。"由于《刑事诉讼法》对辩护律师在侦查阶段是否有权收集证据规定不明确,相关条文表述不一致,导致辩护律师在侦查阶段的取证权难以保障"。侦查中心主义的加剧"从而带来辩护效能的降低"[①]。"当前,我国的刑事辩护工作与人民群众的要求还有相当的差距。一是辩护不到位,尚有 50%—70% 的刑事审判辩护律师缺位;二是到位的刑事辩护尚未达到实质化,实体辩护和程序辩护均残缺不全;三是法律援助工作还处在艰难的推进中,无效辩护制度尚未建立"[②]。

华东政法大学崔永东教授以程序分流为视角,认为"以审判为中心的刑事诉讼制度改革和刑事案件认罪认罚从宽制度,均体现了'繁者更繁,简者更简'的改革趋势,犯罪结构的变化对统筹推进庭审实质化和案件繁简分流提出现实需求"[③]。

五、如何推进"以审判为中心"的诉讼制度改革

针对"以审判为中心"的诉讼制度改革取得的实际成效,专家学者对于今后如何推进"以审判为中心"的诉讼制度改革,发表了很多颇有见地的观点,可谓是仁者见仁,智者见智。

左卫民教授对 A 市法院展开实证研究后认为:"关键是要处理好以下方面的关系:其一,应处理好地方首创试点与顶层系统设计的关系。……需要更高的权力主体介入与更多权力资源投入,需要有超越地方与法院的整体性顶层设计与充分共识。由此,A 市中院试点实践中那种铺得开、深不下的问题方能解决。其二,处理好程序的技术化改革与体制的整体性改革之关系,以司法的整体改革而非庭审改革为着力点与突破口。因为庭审实质化改革是一种在司法领域尤其审判领域展开的有限改革举措,并不能成为以审判为中心改革的主要抓手,未来应更多关注以法院为中心的司法体制层面的改革,确保裁判

① 熊秋红:《审判中心视野下的律师有效辩护》,《当代法学》2017 年第 6 期。
② 樊崇义:《解读"以审判为中心"的诉讼制度改革》,《中国司法》2015 年第 2 期。
③ 崔永东、胡萌:《刑事诉讼法治战略及其实施报告》,载崔永东主编:《中国法治战略研究年度报告(2018)》,人民法院出版社 2018 年版。

权力的实质性和独立性。其三,处理好改革重点对象与非重点对象之间的关系。当下改革似乎未能明确和区分改革重点对象与非重点对象。即对实践中被告人认罪认罚或对基本事实争议不大的案件没必要实现'实质化庭审',将不认罪案件和可能判处重刑的案件作为改革的重点对象。……其四,处理好实质化庭审与非中心的审前阶段之关系。重心在于,树立以当庭证据定案的制度,消除庭前案卷证据的功效。……其五,处理好'书面惯习'与'口头化改革'之间的关系,确立言词化、对抗化与职权性相结合的可操作具体机制。当下庭审实质化实践已经显示出专业司法人士惯习展开具有高度控制性、书面化的法律化操作方式,在实质化庭审中一旦尝试转换成'口头化'的方式,立马导致诉讼各方在如何展开'口头化'方式的多样化、差异化乃至混乱化、低效化。"①

中国政法大学樊崇义教授认为:"应当重点把握以下几个关键环节。第一,规范侦查行为,严格取证规则,为公正审判打下坚实基础……第二,审查起诉、提起公诉是以审判为中心的诉讼制度改革的中间环节,也是防范冤假错案的屏障。因此以审判为中心诉讼制度改革必然要求检察机关提高公诉质量把好关口,严防刑事错案的发生。……第三,庭审是以审判为中心诉讼制度改革的核心,更是以审判为中心的关键环节……第四,必然要求刑事辩护律师工作进入实质化。"②对于公检法如何应对以审判为中心这一历史变化,樊崇义教授认为应从四个方面入手:"一是培育现代司法理念,准确为审判权定位。二是坚持对抗式诉讼模式。三是正确处理庭审的公诉职能和法律监督职能。四是以审判为中心对控辩双方参与诉讼以及证据的运用都提出了更高的要求。"③

李奋飞教授认为:一是法官戒除对案卷笔录材料的依赖,做到一步到庭;二是给庭前会议以准确定位,即整理争点、交换证据、安排证人及非法证据排除;三是改法庭讯问为询问,避免强迫被告人自证其罪;四是改革和完善刑事辩护制度,建立控辩双方平等的诉讼地位;五是确立集中审理原则,尽可能当庭宣判。此外,根据被告人是否认罪是否被羁押设置不同的审判期限,对可能

---

① 左卫民:《地方法院庭审实质化改革实证研究》,《中国社会科学》2018 年第 6 期。
② 樊崇义:《解读"以审判为中心"的诉讼制度改革》,《中国司法》2015 年第 2 期。
③ 樊崇义:《解读"以审判为中心"的诉讼制度改革》,《中国司法》2015 年第 2 期。

判处无期徒刑以上的案件可以设置更长的审判期限或不设审判期限。① 李奋飞教授还认为,"检察机关的法律功能重构势在必行,尤其需要尽快明确其在刑事审前程序中的地位和作用。藉由羁押控制权、程序控制权以及救济控制权的交替运用,检察机关无疑可以成为刑事审前程序中当仁不让的主导者。在刑事审前程序中,检察权的角色定位基本具有三重属性:一是侦查质量的评价主体;二是司法资源的调控主体;三是诉讼权利的保障主体。这种'三位一体'的类型设定,既可以大致勾勒出检察机关在刑事审前程序中的动态脉络,也可有力地促成'审前—审判'的无缝对接,进而实现刑事诉讼程序的整体流畅与和谐。"②

张泽涛教授则认为应从五个方面对"以审判为中心"制度进行完善。一是"确保人民法院依法独立行使审判权,切实贯彻司法责任制"。二是"切实扭转庭前会议'实体化'倾向"。三是"提高侦查、检察人员的专业素养,以尽快适应'以审判为中心'的要求"。四是进一步完善法律援助制度,提高法律援助的受援比例与辩护质量。五是"确立直接言词原则"③。针对辅助庭审中心的庭前会议可能流于形式的问题,四川大学左卫民教授认为,庭前会议既要找准自身功能定位,又需要与庭审机制相契合④。

中国社会科学院研究员熊秋红认为:"以审判为中心的诉讼制度改革中,辩护律师的角色不可或缺,因为如果缺乏辩护律师的有效参与,一系列具体的改革举措将无法落地生根","控辩双方在法庭上的平等对抗及其控辩职能的有效展开,是庭审实质化的基础,也是公正审判的保障"。因此,"律师有效辩护目标的全面实现,至少包括提高律师辩护率、加强律师辩护功能和提升律师辩护质量三个方面"。⑤

针对辩审关系的完善上,中国政法大学栗峥教授则认为,我国刑事诉讼法多处关于办案机关应当"听取辩护律师意见"的规定明显不当,认为"'听取'是过程性动词,是仅对'聆听'这一行为的描述性修饰词,并没有对办案人员

---

① 参见李奋飞:《论刑事庭审实质化的制约要素》,《法学论坛》2020 年第 4 期。
② 李奋飞:《论检察机关的审前主导权》,《法学评论》2018 年第 6 期。
③ 张泽涛:《"以审判为中心"的内涵及其制度完善》,《法学》2016 年第 11 期。
④ 参见左卫民:《未完成的变革》,《中外法学》2015 年第 2 期。
⑤ 熊秋红:《审判中心视野下的律师有效辩护》,《当代法学》2017 年第 6 期。

作任何后果性约束,属于无效表达。"可能会流于形式,因此"刑事诉讼法应建立意见书面答复机制,促使司法人员表态",通过这一留痕机制,达到辩护实质化与"审判中心化"双赢效果。

华东政法大学叶青教授则认为"以审判为中心"在实践中要求司法人员将无罪推定原则、证据裁判原则、控辩平等原则这三大诉讼理念作为自己的信仰,培养和提高侦查能力、审查证据能力、出庭公诉能力以适应新的工作模式,司法机关要完善相关配套机制,建立"诉前会议"制度,一方面检察机关"可以(通过诉前会议)强化审查起诉在刑事诉讼中的中枢作用;另一方面可以使审判引导侦查的间接传递作用具体成为起诉引导侦查的直接衔接作用,最终能够实现以审判为中心对引导起诉和侦查的层层牵引、无缝对接"①。

有学者提出要塑造新型侦诉关系,因为《最高人民检察院关于贯彻落实〈中共中央关于全面推进依法治国若干重大问题的决定〉的意见》明确提出"探索建立重大疑难案件侦查机关听取检察机关意见和建议制度"。同年印发的《最高人民检察院关于加强出庭公诉的意见》提出以"对重大、疑难、复杂案件,坚持介入范围适当、介入时机适时、介入程度适度原则,通过出席现场勘查和案件讨论等方式,按照提起公诉的标准,对收集证据、适用法律提出意见,监督侦查活动是否合法,引导侦查机关(部门)完善证据链条和证明体系"。由此勾勒出我国"检察介入侦查引导取证的基本蓝图,按照起诉标准对侦查机关'提出意见','引导其完善证据链条和证明体系'的制度非常具有想象力,契合我国的基本国情"。②

中国人民大学陈卫东教授也由此提出要完善和发展侦查指引制度,并认为"'侦捕诉一体化'的办案模式是检察系统在推行捕诉一体化既定制度框架之下,完善警检良性互动关系的积极探索"。"从而把以往乃至现在不少地方检警之间相对隔离的状态通过改革予以完善,在融合检警关系的同时也适应了以审判为中心的诉讼制度改革和法律适用的效果,为检察机关出庭指控奠定了坚实的基础"。因为"'侦捕诉一体'的改革以证据为抓手,对侦查取证行为进行技术补强,试图构建和完善侦捕诉三种职能之间的良性衔接关系,其并

---

① 叶青:《以审判为中心的诉讼制度改革之若干思考》,《法学》2015 年第 7 期。
② 崔凯、彭魏倬加、魏建文:《检察机关"介入侦查引导取证"的理论重塑》,《湘潭大学学报(哲学社会科学版)》2017 年第 2 期。

不是对审前诉讼结构的颠覆,而是一种有限度的、合理的创新举措"。此外,"在审判作中心的前提下,把审前程序作为总体的轮廓性设置,打破了现在诉讼阶段论中各个阶段壁垒森严、沟壑纵横、难以跨越的现状。这样就形成了以审判为中心之下的审前程序的功能整合,也就是'侦捕诉一体化'形成的检警合力"。但是,检察机关要注意四点,一是检察机关的提前介入侦查是"互动层面的引导,而不能代位行使侦查权;引导的方式是对证据收集发表意见或提供建议,而不能指挥侦查"。二是"重大、复杂案件的介入,而非全面介入"。三是注重"宏观层面的类案指引和微观层面的个案指引"①。四是"建立检警部门之间的信息共享机制,检察机关加强与公安机关的协同互动,共同推动信息共享平台建设,或可建立检警网上信息共享平台"②。他还认为,相对于推进庭审实质化改革而言,对刑事司法进行"去行政化"改造,并认真对待现行的政法体制,特别是要逐步淡化司法独立的政治色彩,并构建起依法独立行使职权为核心的司法独立,③可能是最为迫切的课题。

李拥军教授则主张调整诉讼结构,认为"对于诉讼权力结构的调整,必须发挥中央全面深化改革领导小组或中央政法委员会这些机构的协调功能,打破公、检、法、司各机关的利益壁垒,做实质意义上的权力调整,让'以审判为中心'落到实处。""建立起由审判权统领、监督侦查权的体制。从务实的角度看,当务之急应该是在法官的法律安全和责任豁免上作出具体的制度安排"。

中国政法大学刘静坤教授认为,应当将"以审判为中心"入法。为了巩固改革成果,应将以审判为中心作为一项基本原则纳入我国刑事诉讼法的规定之中。并确立统一的司法裁判标准,具体包括统一的证据收集指引、刚性的证据排除规则和更加具体的疑罪认定标准;建立公正审判的核心程序标准,具体包括"基于客观公正原则塑造侦查程序","基于程序把关职能强化审查起诉程序","以解决争议为宗旨完善审判程序";系统完善人权司法保障制度,具体包括"基于权利要素要求完善人权保障规范体系","基于无罪推定原则强

①　陈卫东:《论检察机关的犯罪指挥体系——以侦查指引制度为视角的分析》,《政治与法律》2020 年第 1 期。

②　陈卫东:《我国检察权的反思与重构——以公诉权为核心的分析》,《法学研究》2002 年第 2 期。

③　参见陈卫东:《司法机关依法独立行使职权研究》,《中国法学》2014 年第 2 期。

化人身权司法保障","基于权利救济原则健全程序内部救济机制"。①

王敏远教授认为应理性认识改革面临的困难,因为此次改革"所要解决的问题,即所谓的'以侦查为中心'及其所产生的问题,是长期影响我国刑事诉讼的问题,是对我国刑事司法制度有着深刻影响的问题,是对整个刑事诉讼都有影响且与其他诸多因素纠结在一起的问题,因此,推进'以审判为中心'的诉讼制度改革是个复杂工程,也是一个系统工程,更是一个艰难工程。"认识到这项改革的这些特点,有助于我们展开针对性研究,以确定这项改革的着力点,有效、有序、妥善处理改革所面临的各种困难。真正实现改革的目标。

武汉大学法学院王洪涛教授认为,落实"以审判为中心"需要解决四大关键问题:一是建立统一的证据规则体系。因为"以审判为中心"本质上就是各种刑事诉讼活动应当以人民法院作出裁决的证明标准来开展工作,公检法三机关必须"统一认识,统一理解,统一把握,才能使法庭作出具有法律效力,又具有权威性的裁判","这是'以审判为中心'要解决的基础问题"。二是要有"切实有效的侦查活动监控程序。如果不能把审判的要求传导给侦查,使侦查活动围绕审判来进行,那么审判难以发挥公正裁判的作用"。三是"独立的办案责任主体制和案件质量终身负责制"。四是用"科学的案件繁简分流机制"来解决公平正义与诉讼效率之间的矛盾。②

此次改革与司法改革的关系问题上,浙江大学光华法学院教授胡铭认为:"中国当前刑事司法改革的基本内容可以概括为:围绕更加充分有效地保护被追诉人的权利,合理界定公安、检察和法院的权力范围及相互关系,逐步形成符合司法规律、现代化且富有中国特色的刑事司法体制。应以新刑事诉讼法和司法改革为契机,围绕对质权这一公正审判权的'基本要素',保障直接言词原则与有效辩护制度的实现,推动庭审实质化;削弱侦查对审判的影响,从证明力切入逐渐限制证据能力;提升司法权在刑事司法的地位,完善分工配合制约原则,渐次展开审判中心主义改革,以实现刑事司法中看得见的正义。"

---

① 刘静坤:《以审判为中心的诉讼制度改革之立法思考》,《中国刑事法杂志》2019年第1期。

② 参见王洪涛:《"以审判为中心"改革三题》,《中南大学学报(社会科学版)》2016年第5期。

　　王敏远教授认为:"推进以审判为中心的诉讼制度改革是司法改革的重要组成部分。这项改革,应当在确定的司法理念的指引下推进,即按照司法的规律及坚持'司法是社会公平正义的最后一道防线'推进改革;这项改革所要解决的问题,不仅仅是充分发挥法庭审判的功能,更重要的是为了促进司法公正、更加有力地保障司法公正、更加有效地维护司法公正。"①

　　顾永忠教授认为,"推进以审判为中心的刑事诉讼制度改革的核心要义是庭审实质化。庭审实质化体现了确保被告人获得公正审判的应然要求,但从实然层面上讲,并非每个被告人都要求对其采用庭审实质化的审判,特别是自愿认罪认罚并确实有罪的被告人。庭审实质化的前提是确保证人(广义)出庭,载体是交叉询问制度。我国尚未确立交叉询问制度,《法庭调查规程》对庭审询问制度作出了突破性规定,已经基本体现出交叉询问制度的轮廓或者框架,应当吸收英美交叉询问制度的精髓,建立符合我国实际的交叉询问制度",他进而言之,"对被告人不认罪的部分案件进行庭审实质化,一方面确保被告人及其辩护人的辩护权,另一方面切实查明案件事实,是非常必要的。而庭审实质化集中体现为证人出庭作证并接受质证,交叉询问制度则能够为控辩双方提供公平、充分的作证发问和质证发问的平台"。②

　　来自中央政法委的实务工作者李战亚明确提出了司法公开对于"以审判为中心"诉讼制度改革的重要性,认为,"落实庭审实质化要求庭审活动必须更加公开……通过司法活动的完全公开,司法的神秘主义被打破,众目睽睽之下法官必须注意自己的行为举止,必须严格按照诉讼程序来审理,必须充分运用证据规则来判断,必须准确援引法律来裁决,促进司法行为更加规范,裁判结果更加公正,案件执行更加有效"。③

　　关于庭审实质化,崔永东教授这样认为:"以审判为中心的刑事诉讼制度改革强调庭审实质化,公诉人要通过庭上有效举证质证,与被告人及其辩护人充分展开辩论,实现指控和证实犯罪的目标,这使得出庭公诉愈发成为追诉犯

---

　　①　王敏远:《以审判为中心的诉讼制度改革问题初步研究》,《法律适用》2015 年第 6 期。

　　②　顾永忠:《庭审实质化与交叉询问制度——以〈人民法院办理刑事案件第一审普通程序法庭调查规程(试行)〉为视角》,《法律适用》2018 年第 1 期。

　　③　李战亚:《落实庭审实质化推进以审判为中心的诉讼制度改革——以修改后的〈人民法院法庭规则〉为中心》,《法学杂志》2016 年第 12 期。

罪的关键战场,出庭公诉的工作重要性更加凸显。随着证据制度逐步确立完善,证据合法性越来越成为庭审争议的焦点,'四类人员'出庭渐成常态,庭审举证质证方式发生转变,简单出示证据已不能满足指控犯罪需要,力证证据'三性'、构建证据体系、排除合理怀疑、驳斥辩方质疑成为公诉人成功指控犯罪的关键,出庭公诉面临更高要求。"①

中国人民大学魏晓娜教授则认为,"推进以审判为中心的刑事诉讼改革,应当把握两个维度:在水平方向上,首先应当在宏观的侦查、审查起诉和审判的关系上实现'以审判为中心',其中的关键在于抑制案卷移送制度的不良影响,同时为'审判中心主义'发掘更大的空间;其次在审判阶段应当做到'以庭审为中心',其核心要求是保护被告方的对质权;法院判决的权威性来自公正的庭审,法院自身也不能脱离庭审来进行事实认定。在纵向的审级结构上,在打造坚实的第一审基础上,确立第一审在事实认定方面的权威地位,同时合理界定和调整第二审和死刑复核程序的功能,确保第一审在整个刑事程序体系中居于'重心'地位"。②

坚持证据裁判原则的重要性不言而喻,有学者认为坚持证据裁判原则,前提是证据的合法取得,即"采取合法方式,通过合法程序取得证据,使其成为法官裁判案件的依据,是实现证据功能的基础,更是落实'以审判为中心'的刑事诉讼改革的基本要求。而非法证据排除规则与司法审查规则则是实现这一基本要求的核心规则。非法证据排除规则与司法审查规则通过对侦查机关的调查取证行为以及公诉机关的庭上举证行为提出更高的要求、形成更有效的制约,并强化辩方权利保障,确保进入审判这一核心程序且作为审判依据的证据的合法性"。该学者对证据裁判原则的主张是"在法庭上,由控辩双方平衡对抗,对其向法庭提交的证据进行辩论,并以此作为依据,由中立的法官对被告人定罪量刑,是证据规则的最终归宿,亦即'以审判为中心'的刑事诉讼制度的基本要求。而直接言词原则则是作为长久以来为大陆法系国家刑事诉讼所奉行的一项基本原则,正是在证据裁判上实现'以审判为中心'的刑事诉讼制度改革所应遵循的原则,其包含直

---

① 崔永东、胡萌:《刑事诉讼法治战略及其实施报告》,载崔永东主编:《中国法治战略研究年度报告(2018)》,人民法院出版社 2018 年版。

② 魏晓娜:《以审判为中心的刑事诉讼制度改革》,《法学研究》2015 年第 4 期。

接审理原则和言词审理原则两个方面"。①

坚持证据裁判原则,必须认识到刑事证据标准与证明标准的异同。对此,有学者指出,"证据标准与证明标准在我国自产生以来就混同在一起,其后虽经历了在审前阶段与审判阶段用语上的区分与理论上的分野,但二者实质上仍裹缠在一起,由此导致理解与适用上的混乱"。"二者无论是在内容上还是在对诉讼构造的要求上,无论是在审查判断主体和评价方式上还是在功能与法律效果上,都存在根本性差异。证据标准是一个独立的概念,其适用并不依附于证明标准,而且具有完全不同于证明标准的价值、功能和存在意义"。"为推进以审判为中心的刑事诉讼改革,统一证据标准是切实可行的。相反,统一证明标准不但违背了其在不同诉讼阶段的功能和价值,而且这一统一不可能真正实现。未来,应打破证据标准与证明标准一元化格局,构建二元评价模式"。②

落实证据裁判原则,在探究错案防治路径上,西安理工大学陈敏教授则认为,审判阶段必须细化"排除非法证据"的规定,认为,"非法证据排除要走向'强硬化'需要在程序设置上实现专门化、可诉性、在羁押场所管理上实现中立性,增强辩方获得'排非'证据线索的能力和条件,一是要解决非法证据概念模糊化的问题,进一步细化刑讯逼供等非法方法的范围。二是解决'排非'启动难、申诉难的问题"。同时规范运用"排除合理怀疑","针对案件中的矛盾与可疑之处,区分'根本性矛盾'(被告人是否构成犯罪)与'非根本性矛盾'(被告人是否应当追究刑事责任以及如何追究刑事责任)","积极吸纳域外传闻证据规则、直接言词原则及其例外的规定,改革长期以来我国刑事审判中存在的卷宗、书面证言中心主义"。③

针对科学证据审查面临的困境,有学者认为应该"寻求外力——'有专门知识的人'对案件中的专业性问题予以解决已经成为诉讼的核心内容。如何保障科学证据的科学、准确也就成为司法实践的一项重要课题。立足于以审判为中心的诉讼体制,通过对现有体制的探索,认为在人民陪审员制度基础之上的改良的专家陪审员制度可有效缓解现有科学证据审查的困境",以应对

---

① 李晓丽:《"以审判为中心"——冲破我国刑事诉讼制度发展瓶颈的改革》,《东岳论丛》2016 年第 6 期。

② 熊晓彪:《刑事证据标准与证明标准之异同》,《法学研究》2019 年第 4 期。

③ 陈敏:《证据裁判视角下刑事错案的生成与防治》,《法学家》2017 年第 6 期。

诉讼朝复杂化、专业化发展带给法官的挑战。①

针对侦查指引制度的完善,有学者专门提出"应当考虑将侦查行为纳入庭审评价体系,由警检双方共同承担案件的败诉风险,将责任倒追至侦查工作中,以此倒逼侦查机关接受引导的主动性和积极性"②。

上海市高级人民法院院长黄祥青认为要厘定改革重心,"推进以审判为中心的诉讼制度改革,应当抓住两个重点:一是严格规范侦查取证行为,二是加强审判活动的实质性审查把关功能。以法定'证明标准'和案件类型为基础,制定明晰、可操作的刑事'证据标准',有利于从源头上规范侦查取证行为。主张实行侦审隔离,要求法官审前不接触任何卷证材料而中立听诉的见解,并不切合国情和实际。侦查、起诉、审判是查明案件事实真相的一个去粗取精、去伪存真、由表及里的完整认识过程,不宜人为隔断;力图把法庭打造成可以完整回溯、再现案件事实之场所的努力,并不真正可取。"③

曾任最高人民法院领导的一位同志则提出推进以审判为中心的诉讼制度改革要做到"四个统一"和"四项原则"。"一、统一证据采纳标准,严格落实证据裁判原则"。"二、统一程序适用标准,严格落实繁简分流原则"。"三、统一庭审规程标准,严格落实直接言词原则"。"四、统一案件裁判标准,严格落实疑罪从无原则"。④

"当下正在进行的司法改革,无视了人民检察院和人民法院在职能定位上的差异,改革的内容完全相同,存在着将检、法一碗水端平的现象。要建立真正意义上的以审判为中心的诉讼制度,必须抛弃平均主义的做法,以司法规律为依据,对人民检察院和人民法院实行差别化改革。具体内容包括:1.关于员额制。……审判是作出案件结论的最后时期,要保证案件结论的正确,法官的素质和水准至关重要,因此法官必须精英化,要通过制度确保法官的整体水

---

① 参见朱晋峰:《以审判为中心诉讼制度改革背景下科学证据审查的困境及出路》,《法律适用》2018 年第 13 期。

② 熊东来、王艳:《捕诉一体办案模式下检警关系问题研究》,《检察调研与指导》2019 年第 3 期。

③ 黄祥青:《推进以审判为中心的刑事诉讼制度改革的若干思考》,《法律适用》2018 年第 1 期。

④ 沈德咏:《统一刑事司法标准 推进严格公正司法——略论人民法院推进以审判为中心的诉讼制度改革的工作重点》,《人民司法》2015 年第 19 期。

平在法律职业共同体中最高,……而检察官的工作都是集体研究基础上进行的,且不是诉讼的最后阶段。因此,员额制应该在人民法院内推行,不适宜在人民检察院内过分强调。2. 关于遴选制。必须打破检、法两家的界限,优秀的检察官应该作为法官的遴选对象,使全社会优秀刑事司法工作者向法院集中。3. 关于司法责任制。法院内部的审级制度使得司法的决策是一个缓慢的过程,如果一审有错误可以通过二审修改,……因此,责任制是行政管理中的概念范畴和有效方法,有着与司法行为和司法机制难以相融的基因,不宜在未来的司法改革中过分强调"。①

结　语

以上专家学者从各个不同的角度,采用不同的方法对"以审判为中心"诉讼制度改革进行了深入研究,并提出了自己深入的见解。这些见解不但促进了"以审判为中心"诉讼制度改革的进程,而且从宏观层面对我国司法体制改革进行了创新性的思考,必将能够引领我国司法体制改革的未来,最终真正确立各方都能普遍认同的"以审判为中心"的诉讼制度。

不可否认,受制于各方面的因素,此次"以审判为中心"的诉讼制度改革并没有显示出全面、充分、长远的整体效果,尤其是认罪认罚从宽制度推行以来,很多专家学者认为公诉机关的确定刑量刑建议是对"以审判为中心"诉讼制度的侵蚀,不但没有确立以审判为中心,而是确立了以公诉为中心。诚然,认罪认罚从宽制度在庭审实质化上与以审判为中心的精神在方向上是一致的,但也不能无视二者之间的差别。另如,2018 年刑事诉讼法修改确立的缺席审判制度,如何避免其对"以审判为中心"诉讼制度的消解,均需要学理上的进一步研究和探讨。再者,正如诸多专家学者论述的那样,在不触动现有的刑事诉讼结构而仅满足于技术层面上的完善与修补,能否真正建立"以审判为中心"的诉讼制度,都是引人思考的,而这些思考也正是今后司法改革所要拓展的空间所在。

---

① 谢佑平:《论以审判为中心的诉讼制度改革——以诉讼职能为视角》,《政法论丛》2016年第 5 期。

责任编辑:张　立

责任校对:陈艳华

图书在版编目(CIP)数据

以审判为中心的诉讼制度改革研究/崔永东 主编. —北京:人民出版社,
　2021.9

ISBN 978－7－01－022918－8

Ⅰ.①以…　Ⅱ.①崔…　Ⅲ.①诉讼-司法制度-体制改革-中国-文集
　Ⅳ.①D925.04-53

中国版本图书馆 CIP 数据核字(2020)第 257674 号

以审判为中心的诉讼制度改革研究

YI SHENPAN WEI ZHONGXIN DE SUSONG ZHIDU GAIGE YANJIU

崔永东　主编

人民出版社 出版发行

(100706　北京市东城区隆福寺街99号)

北京汇林印务有限公司印刷　新华书店经销

2021年9月第1版　2021年9月北京第1次印刷
开本:710毫米×1000毫米 1/16　印张:15.75
字数:260千字

ISBN 978－7－01－022918－8　定价:69.00元

邮购地址 100706　北京市东城区隆福寺街99号
人民东方图书销售中心　电话 (010)65250042　65289539